中公新書 1977

岡田明子
小林登志子 著

シュメル神話の世界

粘土板に刻まれた最古のロマン

中央公論新社刊

はじめに

シュメルとは

シュメル人は古代メソポタミア文明の最古の段階である紀元前四千年紀（前四〇〇〇〜三〇〇〇一年）後半に登場した民族系統不詳の人々である。彼らが住んでいたのがメソポタミア南部のシュメル地方で、現イラク共和国のペルシア湾付近にあたる。

シュメル人は最古の普遍的な都市文明を築いた。つまり現代の文明社会の起源はここにあるのである。それまでのような数千人が暮らす村落社会から、工夫した灌漑《かんがい》農耕によって穀物を増産し、数万人からなる都市国家群をつくりあげた。

政府組織ができれば、文字の読み書きのできる書記（役人）が必要となり、書記を養成するための学校があった。学校では楔形《くさびがた》文字シュメル語の読み書きだけでなく、さまざまな科目が教えられていた。

「学校で書かれた」

シュメル人は前二千年紀にはいると、歴史の表舞台から退場し、シュメル語は死語になっていく。だが、その時期に学校で記された文学作品のなかに、本書で紹介する「シュメル神話」がある。

「シュメル神話」のいくつかは神事で朗誦《ろうしょう》されていて、その後に文字にされた。作品が書かれた粘土板の末尾に「学校で書かれた。ニサバ女神万歳」と書かれていることがある。ニサバは書記術を司《つかさど》る女神である。

学校には図書館もあって、粘土板に書かれた文学が多数保管されていたので、蔵書を記録した「図書目録」が必要であった。複数の「図書目録」が出土していて、そこに神話の書名が見える。ということは、「神話」は学校の生徒たちに読まれていたのである。

「シュメル神話」

文学作品が「ユネスコ世界遺産」に登録できるならば、その第一は「シュメル神話」である。「シュメル神話」は最古の神話のひとつで、その後に生まれた神話に多大な影響を与えたのであった。後代への影響が大きかった神話のひとつは『ギルガメシュ叙事詩』に結実したビルガメシュ神のいくつかのシュメル語版の物語であり、もうひとつが『旧約聖書』の「ノアの大洪水」にまで伝わるシュメル語版『大洪水伝説』である。

死を見据えた英雄

アッカド語で書かれた『ギルガメシュ叙事詩』の主人公ギルガメシュは古代オリエント世界最大の英雄である。

ギルガメシュは英雄物語の主人公にふさわしく、「杉の森」の番人フンババ退治や「天の牡《お》牛《うし》」殺害を功業とした。だが、ギルガメシュが古代オリエント世界に生きた人々に好かれた理由はその腕力だけではない。冒険のはてに、不死をあきらめたギルガメシュは故国ウルク市へ戻り、王としてなすべきことをはたしたのである。「死を見据えた」英雄ギルガメシュは「ギリシア神話」の死を甘受した英雄アキレウスの先駆けといえる。

普遍的な文明社会であるシュメルの神話は他民族の共感を得た。「人間は死すべきもの」と見据えたところから、生き方が定まるのであり、この考え方は多くの民族が共有でき、古代世界だけでなく、二一世紀を生きる日本人にとっても示唆に富む神話である。

「大洪水伝説」

シュメル起源の『大洪水伝説』は『ギルガメシュ叙事詩』第一一書板に見える「大洪水の物語」を経て、『旧約聖書』の「ノアの大洪水」へと継承されたことをたどることができる。「大洪水」はイスラエル人の祖先が経験したことではなく、シュメル人の経験であり、シュメル人の世界観であって、大洪水を送るのは神々であった。「シュメル神話」では人間は神々の労働を肩代わりするためにつくられたが、その人間が傲慢《ごうまん》であったときに大洪水が送られた。

伝説上の王たち

「シュメル神話」にはビルガメシュ王のほかにも、ビルガメシュの父ともいわれるルガルバンダ王やエンメルカル王といった伝説上のウルク市の王たちが、外国と渡りあう、あるいは外国へいって活躍する英雄物語もある。

こうした物語から、資源不足の沖積平野に住むシュメル人たちが文明社会を営むためには、外国との交易が不可欠であったことを知ることができる。そして読者はシュメルの英雄たちと、世界中からさまざまな物資をかき集めて、先進文明社会を発展させている資源のない我が国の「商社マン」を重ね合わせて、神話を深く楽しむこともできるだろう。

ビールを飲む神々

「シュメル神話」は重い話だけではない。限りある時間の現世を楽しんだシュメル人にふさわしいユーモラスな神話もある。

文明人ならばパンを食べ、ビールを飲むべきとシュメル人は考えていたので、男神も、女神もビールを嗜《たしな》んだ。大神たちのなかでは、知恵の神エンキ神は親しみのもてる神で、ビールを飲みすぎて酩酊《めいてい》したことが一度ならずあり、そこから愉快な物語が展開していくのである。

前おきはこのくらいにしておこう。読者には、最古の文明人が粘土板に書き残してくれた物語《ロマン》を存分に楽しんでほしい。

シュメル神話の世界　目次

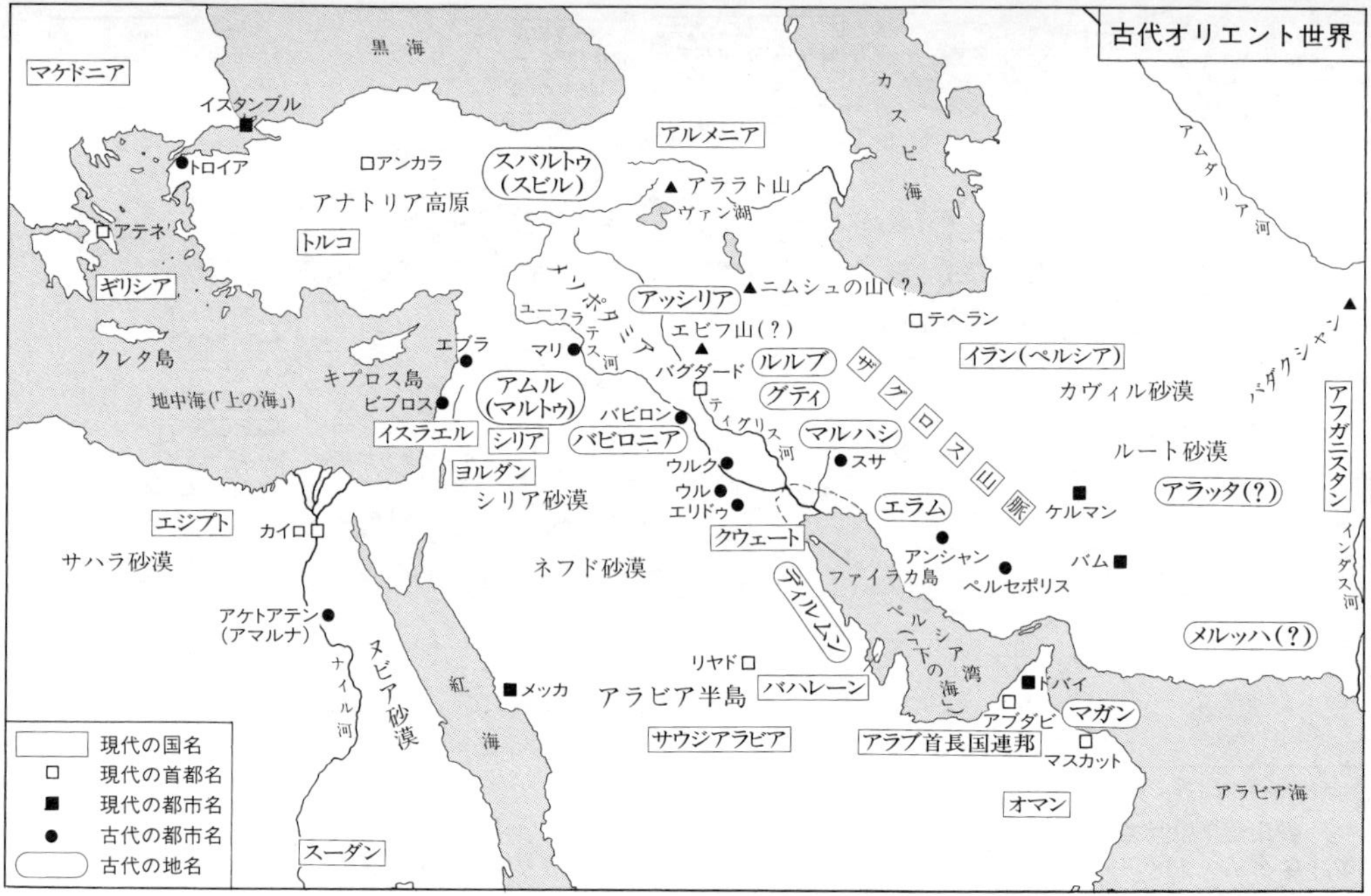
古代オリエント世界
黒海
マケドニア
イスタンブル
トロイア
アテネ
ギリシア
クレタ島
アンカラ
アナトリア高原
トルコ
スバルトゥ(スビル)
アルメニア
アララト山
ヴァン湖
カスピ海
アムダリア河
メソポタミア
ユーフラテス河
アッシリア
ニムシュの山(?)
テヘラン
エビフ山(?)
エブラ
マリ
キプロス島
ビブロス
地中海(「上の海」)
アムル(マルトゥ)
イスラエル
シリア
ヨルダン
バビロン
バビロニア
バグダード
ティグリス河
ルルブ
グティ
ザグロス山脈
マルハシ
スサ
イラン(ペルシア)
カヴィル砂漠
バダクシャン
アフガニスタン
ルート砂漠
アラッタ(?)
ウルク
ウル
エリドゥ
エラム
ケルマン
シリア砂漠
エジプト
カイロ
サハラ砂漠
クウェート
ネフド砂漠
アンシャン
バム
ファイラカ島
ペルセポリス
ディルムン
インダス河
アケトアテン(アマルナ)
ナイル河
ヌビア砂漠
紅海
メッカ
リヤド
アラビア半島
バハレーン
ペルシア湾(「下の海」)
ドバイ
アブダビ
マガン
メルッハ(?)
サウジアラビア
アラブ首長国連邦
マスカット
オマーン
アラビア海
スーダン
現代の国名
現代の首都名
現代の都市名
古代の都市名
古代の地名

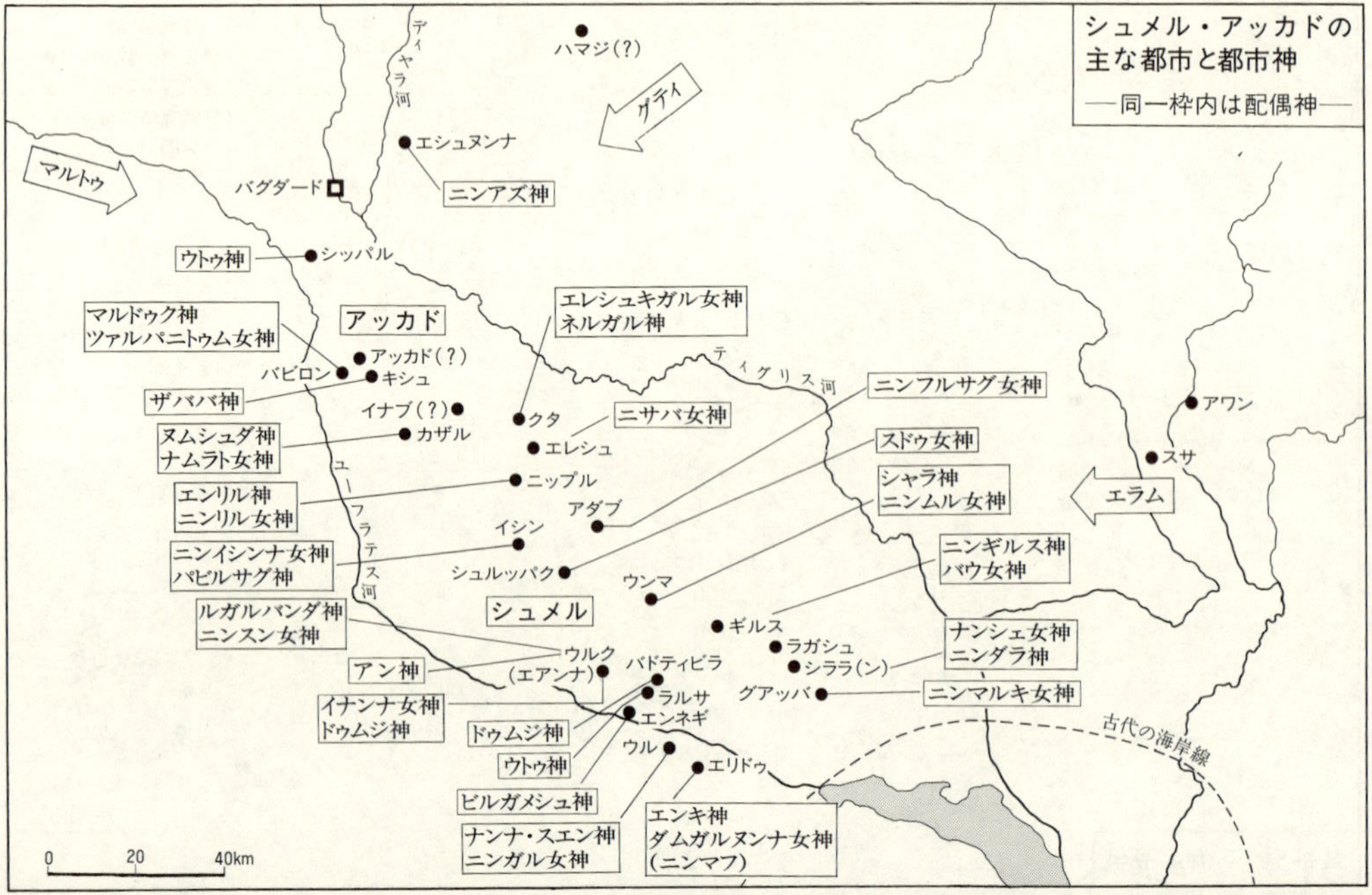

シュメル・アッカドの
主な都市と都市神
—同一枠内は配偶神—
ハマジ(?)
グティ
ティヤラ河
エシュヌンナ
ニンアズ神
マルトゥ
バグダード
ウトゥ神
シッパル
エレシュキガル女神
ネルガル神
アッカド
マルドゥク神
ツァルパニトゥム女神
アッカド(?)
バビロン
キシュ
ザババ神
イナブ(?)
ヌムシュダ神
ナムラト女神
カザル
クタ
ニサバ女神
エレシュ
ティグリス河
ニンフルサグ女神
スドゥ女神
シャラ神
ニンムル女神
エンリル神
ニンリル女神
ニップル
ユーフラテス河
アダブ
イシン
ニンイシンナ女神
パピルサグ神
シュルッパク
ウンマ
ニンギルス神
バウ女神
シュメル
ルガルバンダ神
ニンスン女神
ギルス
ラガシュ
ナンシェ女神
ニンダラ神
アン神
ウルク
(エアンナ)
バドティビラ
シララ(ン)
グアッバ
ニンマルキ女神
イナンナ女神
ドゥムジ神
ラルサ
エンネギ
ドゥムジ神
ウトゥ神
ウル
エリドゥ
ビルガメシュ神
ナンナ・スエン神
ニンガル女神
エンキ神
ダムガルヌンナ女神
(ニンマフ)
古代の海岸線
アワン
スサ
エラム
0
20
40km

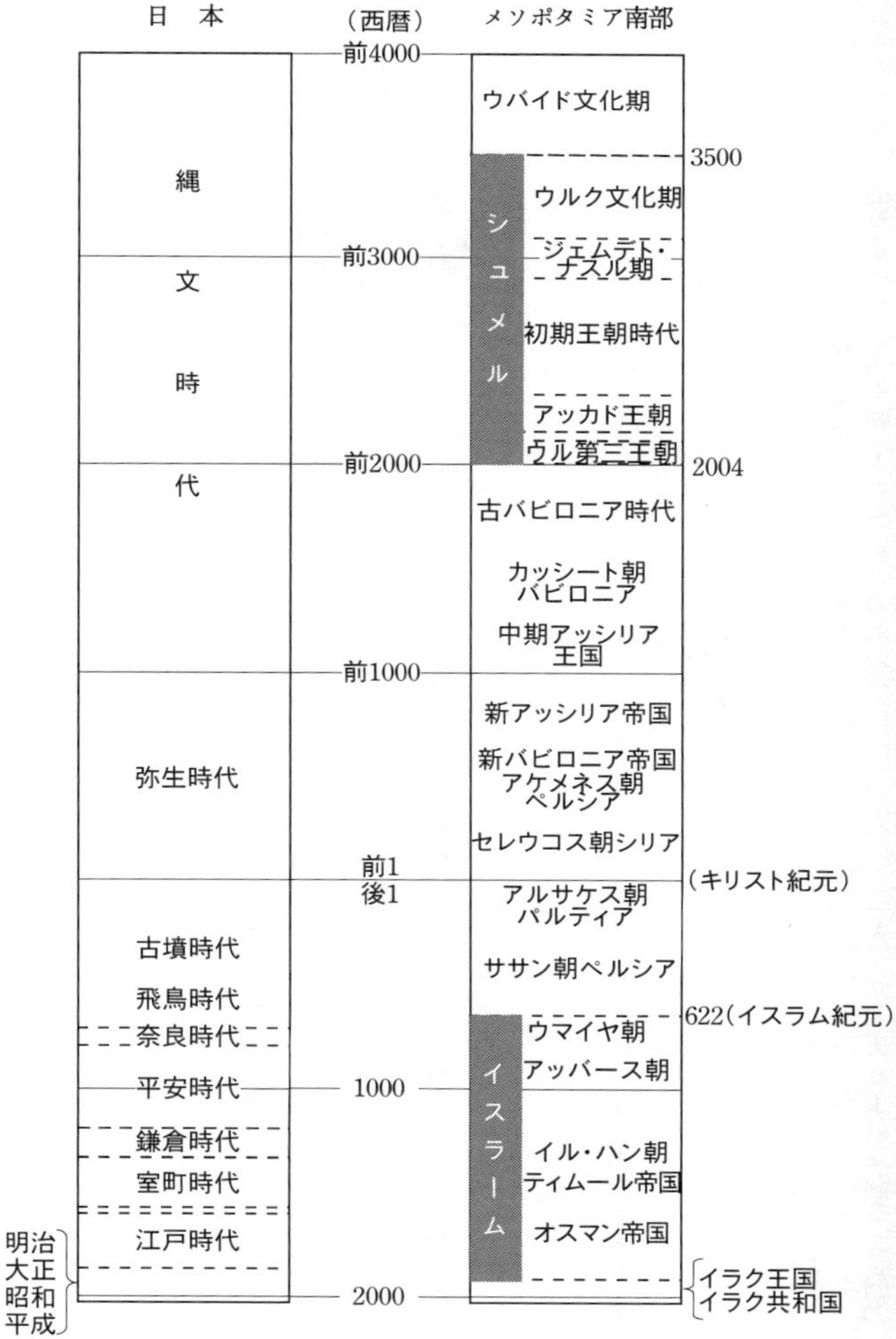
日　本
（西暦）
メソポタミア南部
前4000
ウバイド文化期
3500
縄
ウルク文化期
シュメル
前3000
ジェムデト・ナスル期
文
初期王朝時代
時
アッカド王朝
ウル第三王朝
前2000
2004
代
古バビロニア時代
カッシート朝バビロニア
中期アッシリア王国
前1000
新アッシリア帝国
弥生時代
新バビロニア帝国
アケメネス朝ペルシア
セレウコス朝シリア
前1
後1
（キリスト紀元）
アルサケス朝パルティア
古墳時代
ササン朝ペルシア
飛鳥時代
622（イスラム紀元）
奈良時代
ウマイヤ朝
イスラーム
アッバース朝
平安時代
1000
鎌倉時代
イル・ハン朝
室町時代
ティムール帝国
江戸時代
オスマン帝国
明治
大正
昭和
平成
2000
イラク王国
イラク共和国

略年表

年代（頃）（王名は在位年）	本書関連事項〔亀甲カッコ内の人名は実在の確証なし〕	世界の出来事
紀元前八〇〇〇	新石器時代－農耕開始。トークン（粘土製計数具）	
七〇〇〇（後半）	スタンプ印章の出現	エジプト、農耕開始
五〇〇〇	ウバイド文化期（〜三五〇〇）－灌漑農耕の開始	中国、新石器時代
三五〇〇	ウルク文化期（〜三一〇〇）－都市文明成立	エジプト、ナカーダⅡ文化期（〜三〇〇〇）
三二〇〇	円筒印章の出現。ウルク古拙文書	メソポタミア文化の影響を受ける
三一〇〇	ジェムデト・ナスル期（〜二九〇〇）－「ウルクの大杯」	ヒエログリフ（聖刻文字）出現
二九〇〇	初期王朝時代（〜二三三五） 第Ⅰ期（二九〇〇〜二七五〇）、第Ⅱ期（二七五〇〜二六〇〇）、第ⅢA期（二六〇〇〜二五〇〇）、第ⅢB期（二五〇〇〜二三三五） ウル古拙文書	エジプト初期王朝時代（三〇〇〇〜二六八六） ナルメル王のエジプト統一。「ナルメルの化粧板」
二八〇〇	〔キシュ第一王朝〕 〔エアンナ／ウルク第一王朝：エンメルカル王、ルガルバンダ王、ビルガメシュ（＝ギルガメシュ）王〕 〔キシュ王エンメバラゲシの子アッガ〕	エジプト古王国時代（二六八六〜二一八一） エジプト第三王朝（二六八六〜二六一三）－ジェセル王の階段ピラミッド
二六〇〇	ウル王墓（ウル第〇王朝）－多数の殉死者、豪華な副葬品。メスカラムドゥグ王、アカラムドゥグ王ら	中国、黄河文明
二五〇〇	メスアンネパダ王、アアンネパダ王（ウル第一王朝） シュメル語楔形文字体系の整備	インダス文明 エジプト第四王朝（二六一三〜二四九八）－ギザの三大ピラミッド
二四〇〇	ラガシュ王ウルナンシェ、アクルガル、エアンナトゥム（ウルナンシェ王朝）－ウンマとの国境争い	エジプト第五王朝（二四九九〜二三四五）－ピ

二三五〇	このころ、キシュ王ウルザババ、ウンマ／ウルク王ルガルザゲシ、アッカド王サルゴン（同世代）	ラミッド内部に最初の「ピラミッド・テキスト」
二三三四	**アッカド王朝**（～二一五四）	
二三三四～二二七九	初代王サルゴン、シュメル・アッカドを統一―エンヘドゥアンナ王女、ウルのギパル初代エン大神官に就任	
二二五四～二二一八	第4代王ナラム・シン、地中海沿岸、北方山岳地域などに遠征。ルルブ族に勝利	
二二〇〇	グティ人の侵入―混乱期。ラガシュのグデア王一族繁栄	
二一五四	アッカド王朝滅亡	
二一二〇	ウルク王ウトゥヘガル、グティ人を撃退	
二一一二	**ウル第三王朝**（～二〇〇四）	
二一一二～二〇九五	初代王ウルナンム―『ウルナンム「法典」』、「王讃歌」成立	
二〇九四～二〇四七	第2代王シュルギ	**エジプト中王国時代**（二〇四〇～一七九三） 『シヌへの物語』成立
二〇二六～二〇〇四	第5代王イッビ・シン	
二〇一七	**イシン第一王朝**（～一七九四） イシュビ・エラ（ウル王イッビ・シンの将軍）、イシンを根拠地として王朝樹立。シュメル統一を図る	
二〇〇四	ウル第三王朝滅亡	**クレタ（ミノア）文明**―クノッソス宮殿、「ミノタウロス伝説」
二〇〇〇	**古バビロニア時代**（～一六〇〇）	
一八九四	**バビロン第一王朝時代**（～一五九五）	**ギリシア、ミケーネ文明**
一七九二～一七五〇	第6代王ハンムラビ、『ハンムラビ「法典」』成立 バビロンの都市神マルドゥク、「国家神」に昇格	
一五九五	バビロン第一王朝滅亡	エジプト、ヒクソス王朝

一五〇〇 一四〇〇 一三〇〇	カッシート朝バビロニア（～一一五五） メソポタミア北部に中期アッシリア王国（～一〇〇〇） アマルナ時代（～一三四〇） 『ギルガメシュ叙事詩』標準版成立	エジプト新王国時代（一五五二～一〇七〇） エジプト第一八王朝（一五五二～一三〇六） 中国、殷時代 アマルナ時代 エジプト第一九王朝（一三〇六～一一八六） ラメセス2世（一二九〇～一二二四） 『ウェンアメン航海記』成立
一〇〇〇 七二一～六二七	新アッシリア帝国時代（～六〇九） サルゴン2世、アッシュル・バニパル王（サルゴン王朝）	中国、周時代 ギリシア、第1回オリンピック（七七六）、ホメロスの『叙事詩』成立（七五〇） 中国、春秋時代（七七〇～四〇三）
六二五 六〇九 六〇四～五六二 五五五～五三九 五三九	新バビロニア時代（～五三九）―ナボポラッサルのメソポタミア南部統一 新アッシリア帝国滅亡 第2代王ネブカドネザル2世、「バビロン捕囚」 第6代王ナボニドス王、月神シンを信奉。ウルのジクラト再建。ペルシア王キュロスに敗北 新バビロニア帝国滅亡	『イソップ寓話』成立（六〇〇） インド、釈迦（五六六～四八六） 中国、孔子（五五一～四七九）
五五〇 五五九～五三〇 五〇〇～四七九 三三一 三三〇	アケメネス朝ペルシア時代（～三三〇） キュロス大王、「バビロン捕囚解放令」（五三八） ギリシアとの間で「ペルシア戦争」 マケドニア王アレクサンドロス大王のバビロン侵攻。東征の帰途バビロン再入城。熱病にて死去（三二三） アケメネス朝ペルシア滅亡	ヘロドトス（四八五～四二五）『歴史』 中国、戦国時代（四〇三～二二一） ヘレニズム時代

序章
粘土板に書かれた物語
シュメル神話の基礎知識

円筒印章が押印された封泥と復元図解　シュメル初期王朝時代の都市国家ウルの王メスアンネパダの名前が刻まれ、英雄神話を想起させる闘争場面が描かれている。王はどんな物語を印章に彫らせたのだろうか（ウル出土。前2500年頃）

大河と湿地と海――シュメル人の栄えた地

メソポタミアのシュメル人――ティグリス・ユーフラテス両河のあいだの地

現在は見渡す限りの砂漠に囲まれた沼地の葦原《あしはら》しか見当たらないイラク南部。この地で、約七〇〇〇年前に世界最初の都市文明の萌芽《ほうが》「ウバイド文化期」が開花した。

このウバイド文化に根差した「村・町」が一五〇〇年の時を経て「都市」へと発展する。人類初の「都市文明」を、この地に完成させたのがシュメル人である。

地図を見ると、三角形の大きなおむすびのような形をした現在のイラクであるが、二本の大河が北西のシリア国境線から南東のペルシア湾（またはアラビア海）へと貫いている。北東側を流れているのが流れの速いティグリス河で、現在の首都バグダード市内を貫通している。南西側を流れるユーフラテス河は比較的ゆるやかな流れで、古代都市バビロンはこの河のほとりにあった。

この両大河は、隣国シリア領を経てトルコ東部までさかのぼった水源アララト山塊からの雪解け水を運んでくるが、ときには突然の大洪水を引き起こすこともあった。古代人にとっては予測もつかないこうした大惨事は「大洪水伝説」として、第二章に見られるように神話の世界にも描かれている。

ティグリス・ユーフラテス両大河に挟まれた地域を、古代ギリシア人は「メソポタミア」と呼んだ。「メソ」は「中間」、「ポタミア」は「河（ポタモス）の」というギリシア語である。

古代メソポタミアの北方はアッシリア、南方はバビロニアと称された。バビロニア地方をさらに南北に分けると、北部がアッカド地方、南部がシュメル地方ということになる。

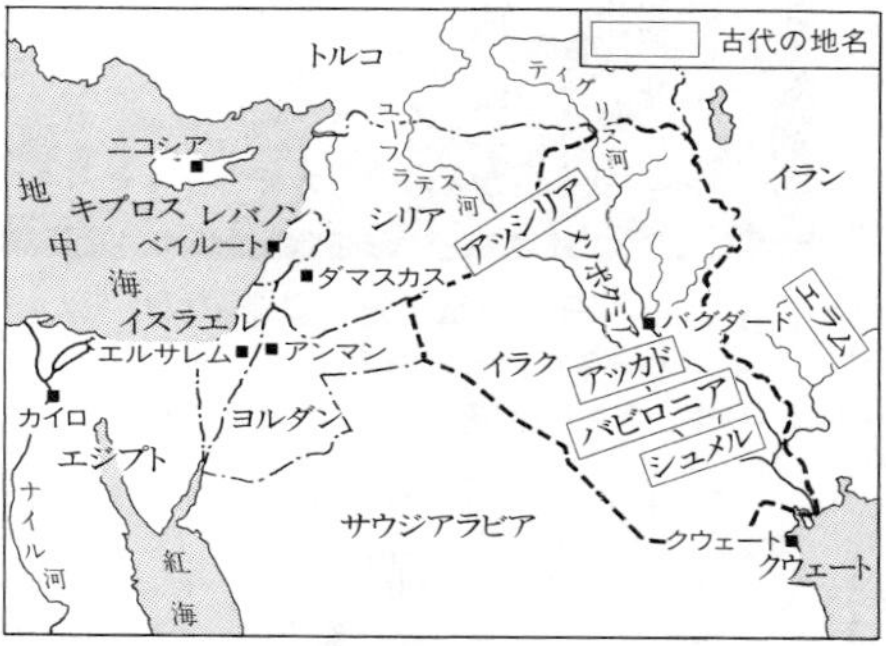

序－1　現在のメソポタミア

シュメル文明は「泥んこ」文明

イラク南部の両河付近は現在でも沼の多い湿地帯であるが、今から一万年前にはペルシア湾の海岸線は現在よりもっと内陸部にあったようで、約五〇〇〇年前のシュメル諸都市の多くはその内海から水路を引き、水利を活用した交易活動で経済を潤していた。

他方、石材や大きな木材に乏しいこの地域で、一般庶民が日常生活に使用できるものといえば、塩害にも水害にも強いなつめやしと湿地に生い茂る葦、そしてとりわけ重要なのが、どこにもかしこにも潤沢にある「泥んこ・粘土」であった。

「シュメル」という呼称はアッカド語で、シュメル人自身

序－2　円筒印章とその印影の例　シュメルの水神エンキを表した礼拝場面（蛇紋岩製。前3千年紀後半。ルーヴル美術館蔵）

は自分の国を「キエンギ」と呼んだ。「キ」は大地、「エン」は主人という意味を表し、「ギ」は「葦」の絵文字から発達した楔形《くさびがた》文字だが、その意味は文明を表す単語「ギ（ール）」とする説もある。

ともあれメソポタミア南部は葦と泥んこが豊富な地域であった。葦は割いて筵《むしろ》に編み、泥んこは固めて乾かして煉瓦《れんが》を作って、小さな住宅から倉庫や城壁、果ては神殿付属の巨大な聖塔「ジクラト」まで建造した。泥んこをこねて轆轤《ろくろ》にかけてさまざまな形の土器を製作した。また泥んこの粘土を丸めて掌《てのひら》に載せて、柔らかいうちに葦筆で文字を記した。それが粘土板文書で、お役所仕事や商取引には欠かせない書類が作成されたのである。

さらには、粘土を器の口縁部や、神殿の門や倉庫の閂《かんぬき》に塗り付けて、そこに円筒印章を転がして封泥《ふうでい》とし、国庫財産の保管を確実にした。

このように、メソポタミア南部の「泥んこ」は庶民の強い味方であるばかりでなく、シュメル都市国家体制にとっても重要な役割を果たした。第一章で語られるように、泥んこや粘土はシュメルの神話では「人間創造」にさえかかわっているのであった。

円筒印章その他の造形作品に表された「物語」

備蓄された余剰生産物資や轆轤で大量生産される土器類が、ウルク文化期（前三五〇〇〜三一〇〇年。年代は概略であるが、以下「頃」は省略。また王名の年代は在位年を示す）に交易で大きな利潤を得るようになると、帳簿などの必要性から印章や楔形文字がその産声をあげた。

我が国では「ハンコ」は現在でもお役所仕事になくてはならない重要なものであるが、今から約五〇〇〇年前のウルク（現代名ワルカ、聖書のエレク）ではすでに「ハンコ」の一種である円筒印章が常用されていた。「円筒印章」とは文字どおり「円筒形のハンコ」のことである。ウルク文化期後半に成立したもので、形や大きさは私たちが普段使用している三文判と似たようなものが多いが、私たちのハンコは底面に名字や姓名を彫ったスタンプ型なのに対し、シュメルのハンコの特徴は胴体部分にぐるりと図像や楔形文字が彫られていることで、これを柔らかい粘土板上に押し付けて転がすと、展開図柄が続けざまに表れるのである。胴部は底面より印面が広いので、かなり込み入った内容の図柄も彫り込むことができ、それを解釈することによって、古代の「神話物語」を推測することもできる。「聖婚儀礼」や、古代オリエント全域に流布した『ギルガメシュ叙事詩』の英雄たちや天地創造神話『エヌマ・エリシュ』の神々の戦いを髣髴《ほうふつ》とさせる闘争場面、家畜や野獣や人間が混在する呪術《じゅじゅつ》や儀式の場面なども多い。

石材の乏しいメソポタミアでは貴重な大型石製容器にも、儀式や神事を意図した図像が彫られているものがある。たとえばウルク出土のアラバスター製大杯の細長い胴部には三段の帯状に浮彫が施されているが、最下段にはシュメル人の生活を支える大麦などの植物、羊などの動

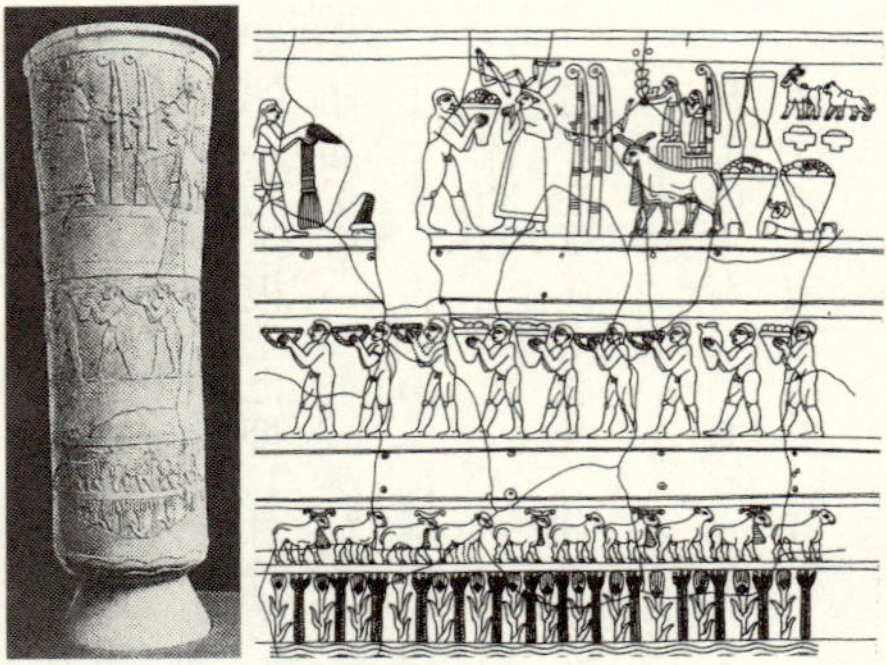

序－3　ウルクの大杯と展開図（高さ約1.05m。前3000年頃。バグダード、イラク国立博物館蔵）

物、水の流れが描かれ、中段には籠《かご》や壺《つぼ》を捧《ささ》げもつ裸体の人々の行列が見られる、最上段には女神イナンナの神殿の門を象徴する二本の葦束を境として、向かって右側は神殿内部の供物類が表され、左側には立派な衣装の女性が、捧げ物をもって先導する裸体男性とそれに続く人物（王か。欠損部分）の裳裾《もすそ》をかかげた従者らを迎えている場面が描かれ、「新年祭」「豊饒《ほうじょう》儀礼」を表した最古の図とも考えられている。

また貝殻や貴石を粘土板や木枠にはめこんだモザイク細工にも、物語を想起させる人物や動物が描かれたものがある。たとえば「ウル王墓」出土の「旗章（スタンダード）」には「戦争場面」（二五三ページ上図参照）「宴会場面」が表裏に表されていた。

メソポタミアから大海原までを制する者

シュメル地方は、沼地と砂漠に囲まれた土地であったが、ここに芽生えた文明を支える経済活動で最も大きな役割を担ったのは「二つの大河」ティグリス・ユーフラテスであり、大洋つまりペルシア湾である。陸路の「道なき道」をたどり、驢馬《ろば》の背に荷物を積んで交易するよりは、船で繰り出すほうが大量の物資輸送に有利であることはまちがいない。

両大河の支流と運河とは、当時の人々の文字どおりの「生活用水路」であった。昔も今も人々は日々の暮らしに必要な物資を小舟で運んで、小商いをした。巷《ちまた》の人間ばかりでなく、大いなる神々もまた聖船で都市から都市へと移動すると考えられていた。

シュメル歴代の王はメソポタミアでは産出しない石材、巨木材、貴石類を求めて、河から入り江へ、入り江から果てしなき海洋へと冒険を重ねたのであったが、流れの比較的ゆるやかなユーフラテス河を船でさかのぼってゆけば現在のシリア北部に達し、そこから少し陸路をいけば地中海岸はもう目の前である。そして海岸沿いに南下すれば、レバノン杉の生い茂る「杉の山」に分け入ることもできる。侵入された側から見れば「異邦人襲来」の大椿事《だいちんじ》かもしれないが、メソポタミア方面からの闖入者《ちんにゅうしゃ》にとっては、耳慣れぬ言葉、変わった服装や態度の人々がまさに「異次元の怪人」であって、異国で怪人や怪獣と戦い、杉の巨木を得て、遠路はるばる帰国した「英雄たち」の活躍ぶりは、子々孫々にまで「英雄譚《えいゆうたん》」として語り継がれたであろう。

シュメルの「大いなる神々」――都市神とシュメル都市国家の覇権争い

シュメル社会の「精神世界」――神話と社会規範

今から約五〇〇〇年前、シュメル社会の精神生活を支える神殿機構を中心に形成されたのが、神々の活躍を描いた「神話」であった。それらは神殿の儀式や王宮での集会の折々に朗誦されたほか、書記が筆写して後代に伝わったものもある。本書で紹介するのはそうした文書の一部である。

「神話」とは原古、太古の時代における一回的なできごとを物語ったもので「世界、人間、文化の起源」を物語るものなので、そこにはそれぞれの文化圏の世界観が表明されている。つまり、その文化圏が存続している間は、各神話の根底に示されている「住民たちが守るべき規範」が効力を発揮し、絶対的真実として承認され、生活全般を律していたのである。シュメル神話の場合、生計の根幹をなす農耕牧畜がなにゆえ生じたか、といった身近なことから、「文明と野蛮とはどういうものか」、「人間はなんのために存在しているのか」といった哲学的なことも含んで、その「神意」を説明する物語となっている。シュメル神話の根底には神々の定めた「メ」という掟《おきて》が存在し、それがシュメル社会の「守るべき規範」となっていた。

シュメル神話の伝播——古代オリエント神話の源泉

ところで、シュメル人の出自についてはいまのところはなにもわかっていない。特に不思議なのは、解読されはしたが、シュメル語の言語系統がまったく不明なことである。

シュメル語が膠着語《こうちゃくご》を主体とする言語（独立する単語に「てにをは」のような文法的意味を示す語が付着して成り立つ。日本語、韓国語、トルコ語など）であることは確認されている。しかし前三千年紀（前三〇〇〇〜二〇〇一年）以前のメソポタミア周辺でシュメル語と関連のありそうな膠着語を使用した他民族は今のところ発見されていない。そこで、シュメル人の源郷や係累については、「不明」としか言いようがないのが現状である。

シュメル人と古くから共存してきたアッカド人はセム系語族で、アッカド語は屈折語（単語自体が語形・語尾変化して文法的関係を示す。英語その他の印欧語など）だが、シュメル人の創案した楔形文字をうまく活用し、読みの送り字をつけるなどして自分たちの言語を表記する工夫を凝らした。そうした点でこの両者の関係は、日本語（仮名混じり文）と中国語（漢字）との関係にいくらか似ている。

シュメル人が歴史舞台から姿を消した後も、アッカド語はバビロニアから北方のアッシリアにまで方言として拡散し、前六世紀に新バビロニア帝国がアケメネス朝ペルシアに敗北するまで、当時の国際語のひとつとして、ちょうど現代の英語のような役割を果たしていた。シュメル文学は、このアッカド語を通じて古代オリエント世界に広範囲に伝播《でんぱ》していく。

そういったわけで、本書でとりあげる「シュメル神話」は、メソポタミアに興亡したアッシリア帝国やバビロニア帝国などをはじめ、はるか遠くアナトリア高原（現在のトルコ中央部）のヒッタイト帝国やシリア・パレスティナの諸国にまで伝播し、今日の西欧の精神世界を支えている聖書にさえ、シュメル神話との関連が指摘される部分が多々見られる。そのことについては、おりに触れて語ることにしよう。

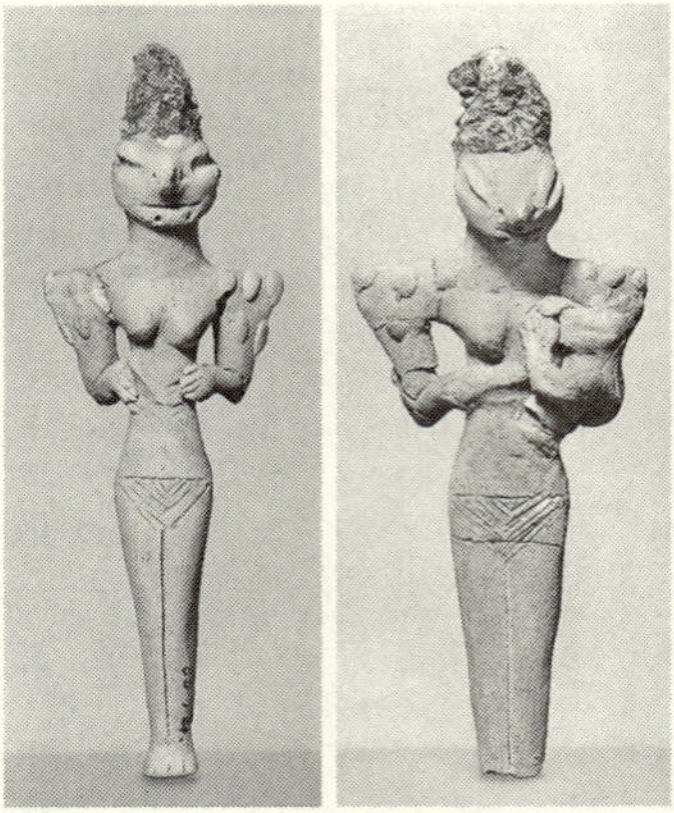

序－4　ウバイド文化期の豊饒祈願像　地母神像か、右は胸に子供を抱いている。瀝青製の帽子を被った蛇のような頭部が特徴（ウル出土。前5千年紀中頃。バグダード、イラク国立博物館蔵）

「大いなる神々」

　シュメルの宗教は、世界各地の古代宗教と同様に、太陽や星辰《せいしん》、大気、大地、水といった自然物を「カミ」と崇《あが》め、また出産や発芽といった豊饒祈願を基礎とした「大地母神」信仰から発生した。特異な点は「都市生活、文化」を守護する神々の存在で、シュメルの「大いなる神々」は自然の威力の権化であると同時に、シュメルのどれかの主要都市と深い絆《きずな》を保ち、都市神として固有の都市に主神殿を有していたことである。都市神とは特定の都市を守護する神で、都市の「真の王」と考えられていた。

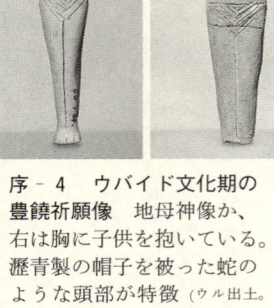

　シュメル人の「大いなる神々」には、「この世」「生命」を司る神々として、天空神アン、大気神エンリル、水神エンキ、月神ナンナ（＝スエン）、太陽神ウトゥ、明星神イナンナ、大地母神ニンフルサグなどがあり、また「あの世」「死者」を司る神々の首領としては冥界神《めいかいしん》エレシュキガル、メスラムタエア（またはネルガル）の名があげられる。

　このうち「天の女主人」という意味のイナンナ、「山の女主人」ニンフルサグ、「冥界の女王」エレシュキガルは女神だが、他はすべて男神である。太陽神も我が国の最高神「天照大御《あまてらすおおみ》神《かみ》」やヒッタイトの最高神エスタン／イスタヌは、豊饒信仰とかかわりがある女神だが、シュメルのウトゥ（アッカド名シャマシュ）は男神である。またメソポタミアの太陽神は「大いなる神々」の一員ではあるけれども、古代エジプトの太陽神のように国家神として重要視される存在ではなかった。メソポタミアの神々の頂点は、古くは天空神アンが担い、後には大気神エンリル、古バビロニア時代（前二千年紀前半）以降はバビロンの都市神マルドゥク、北方のアッシリアでは首都アッシュル（現代名カルアト・シェルカート）が神格化した神アッシュルが司った。そこには都市文明開闢《かいびゃく》以来の、メソポタミアの覇権を巡る諸都市の力関係が反映されていると考えられる。

「王権は天から降ってくる」——『シュメル王朝表』の「王権天授」説

古代メソポタミアに伝わる文書のなかに、諸都市の興亡を王名とともに記した『シュメル王朝表（王名表とも。Sumerian King List）』と呼ばれるものがある。シュメルの神話的時代から古バビロニア時代初期までの「メソポタミアの覇権を巡る諸都市の力関係」を端的に示す文書である。

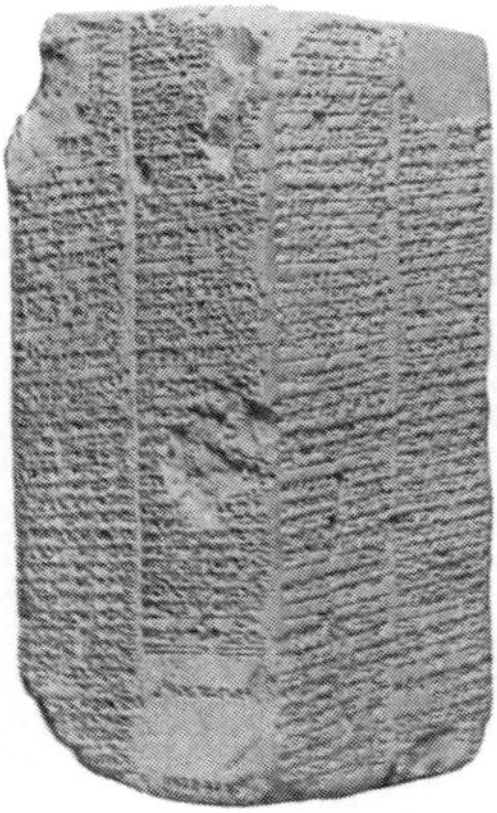

序‐5 『シュメル王朝表』が書写された「ウェルド・ブランデル角柱」（高さ約20cm。アシュモール博物館蔵）

これは王朝の交替に主眼を置いた記録

で、「天から都市Aに王権が降《くだ》り、○○王在位●●年、□□王在位■■年、……合計△△人の王が▲▲年統治。都市Aが滅亡すると都市Bに王権が移行。都市Bが滅亡すると都市Cに王権が移行、……」というようにすべての王朝と王名が系統的に記されている。各地から多くの粘土板写本が出土しており、内容はかなりまちまちだが、最初の王権所在地エリドゥ（現代名アブ・シャハライン）から最後のイシン（現代名イシャン・アル・バフリヤト）までの記述は一応復元されている。

王朝表作成の最初の時期は、ウル第三王朝時代（前二一一二〜二〇〇四年）とする説がある。このシュメル社会の成熟期にこうした文書が作成された意図は、「天から下された王権がこのような経緯を経て、現在の我が王朝に伝わったのである。天下に二人以上の王が並び立つことはなく、我らは由緒正しき王統である」ということをあまねく知らしめることにあった。後にシュメル文明の衣鉢《いはつ》を継ぐセム語族アモリ人国家のイシン第一王朝（前二〇一七〜一九八五年）もその顰《ひそみ》にならっている。

「洪水」が分けるシュメル人の「世界史観」

『シュメル王朝表』によれば、大洪水によって時代は二分されている。「洪水以前」にシュメル地方で栄えた王朝（都市）はエリドゥ、バドティビラ（現代名アブ・マダー）、ララク、シッパル（ジムビルと読む説もある。現代名アブー・ハッバとデル・エッ・デール）、シュルッパク（現代名ファラ）の五都市である。また「洪水以後」の王権の所在地は、キシュ（現代名ウハイミル）、エアンナ／ウルク、ウル（現代名テル・アル・ムカヤル）、アダブ（現代名ビスマヤ）、アクシャク、アッカド、イシンなどの諸都市であるが、最高神エンリルを祀《まつ》る都市ニップル（現代名ヌッファル）、初期王朝時代以来の有力都市ラガシュ（現代名テルロー）、ウンマ（現代名テル・ジョハ）についての記述はない。

他方、北東のアワン、ハマジ、西方のマリ（現代名テル・ハリリ）などシュメル・アッカドの地から遠く離れた地域の都市が記載されている。またキシュ、ウルク、ウルはこの間に何度も王権が交替して第二、第三の王朝を樹立したことがわかる。

これらの王朝は、必ずしも『シュメル王朝表』に述べられているように整然と順序よく立ったわけではなく、戦争や外交その他の別史料から、たとえばウルク王ビルガメシュとキシュ王アッガ、キシュ王ウルザババとアッカド王サルゴンとウルク王ルガルザゲシ、ウル王カクとアッカド王リムシュなどのように、時代的に並存や鼎立《ていりつ》状態にあったことも推定されている。「洪水以前」の五都市は文化の発展過程を示す神話時代であるが、洪水以後の各王朝はシュメル人にとってのいわば「世界史」、つまり「史実」であり「現実」であった。本書冒頭の略年表で見ると、キシュ第一王朝は初期王朝第Ⅱ期に成立し、キシュの王メシリムが国境争いを調停したとされるラガシュとウンマとは、初期王朝第ⅢA期に栄えた。メスアンネパダ王の統率するウル第一王朝、そのウルと外交関係をもったマリなどは第ⅢB期である。

初期王朝時代（前二九〇〇〜二三三五年）はシュメル諸都市が覇権を巡って激しい抗争を繰り広げるが、ウルク王ルガルザゲシがシュメル全土を統一した。このルガルザゲシを破って、シュメル・アッカドを統合したアッカド人のサルゴン王がアッカド王朝（前二三三四〜二一五四年）を創建する。王朝末期には山岳民族グティの襲来で国土が混乱に陥るが、この間ひっそりと栄えたのがラガシュのグデア王一族であった。やがてウルク王ウトゥヘガルがグティ追放に成功し、将軍だったウルナンムがウル第三王朝（前二一一二〜二〇〇四年）を樹立してシュメル文化の最盛期を迎える。だが、わずか百年余りでシュメル人最後の王朝は幕を閉じ、混乱に乗じて侵入してきたアモリ人が都市国家を建設しはじめる。古バビロニア時代と呼ばれるこの時代を制したのはバビロン第一王朝（前一八九四〜一五九五年）の大王ハンムラビであった。

シュメル・アッカドの地を取り巻く諸民族

「都市文明」を誇るシュメル人は、狩猟採集や牧畜生活を営み、転々と移住する周辺の遊牧民を「野蛮」とみなしていた。しかし異民族でも自分たちと同様に都市生活を送るアッカド人に対しては、そうした差別・蔑視観《べっしかん》はもっていなかった。単に「生きる」「食べる」ことばかりでなく、思索し創造する「都市生活」をもつか否かがシュメル人の文化基準だったのである。

草木に乏しく、岩と砂ばかりの野蛮な地「クル」には、怪人や怪獣が棲《す》むと考えられていた。第八章の「ビルガメシュ物語」に登場する「杉の山の番人フワワ」は怪人の一例である。

険しい山岳地には頭が獅子《しし》、爪《つめ》が猛禽《もうきん》という怪鳥が棲息《せいそく》するとされ、アンズー鳥《ちょう》と呼ばれて恐れられた。そのアンズー鳥を手なずける王子の話は第七章で紹介する。

シュメルの神々・アッカドの神々

大いなる神々の系譜――シュメル・アッカドの「神統譜」

シュメルの神名とアッカドの神名とを一覧表にしてみよう（次ページ参照）。大気神エンリルなど共通なものもあるが、大体は多少の相違があり、それぞれまったく独自の神名もある。

序‐6　ニップル遺跡　北方神殿発掘現場から見たジクラトとエンリル神殿跡（1954年）

ニップル――「神々の王」エンリル神を祀る都市

シュメル・アッカドの最高神は歴史時代のはじめから終わりまで天空神アン（アッカド名アヌ）であったが、神話のなかで活躍し、さまざまな場面で行動力を発揮するのは大気神エンリルであった。つまり最高の「実力を伴う主神」はエンリルで、そのエンリル神の守護する都市、それがニップル（あるいはニブル）である。

シュメル神名	アッカド神名	属性・特徴	主な信仰中心地名・神殿・《ジクラト名》他
アン	アヌ	天空神 最高神	ウルク・アヌのジクラト・白神殿
エンリル	エンリル	大気神 神々の王	ニップル・エクル神殿 《エドゥルアンキ》
エンキ	エア	水神・知恵の神 深淵の神	エリドゥ・エアブズ神殿・ジクラト
イナンナ	イシュタル	愛と豊饒・戦いの女神・王権の守護神・明星神	ウルク・エアンナ・ジクラト
ウトゥ	シャマシュ	太陽神・正義の神	シッパル／ラルサ エバッバル神殿・ジクラト
ナンナ／スエン	シン	月神	ウル・エキシュヌガル神殿 《エテメンニグル》
ニンフルサグ	ニンフルサグ	大地母神	アダブ・エマフ神殿／アル・ウバイド・ニンフルサグ神殿
ニンギルス（ニンウルタ）	ニヌルタ	戦闘神・農業神 「エンリル神の勇士」	ラガシュ・エニンヌ神殿／ ニップル・エシュメシャ神殿
エレシュキガル（ニンキガル）	エレシュキガル	冥界の女王	クタ
メスラムタエア（ネルガル）	ネルガル（エラ）	冥界の王	クタ・エメスラム神殿
ニサバ／ニダバ	ニサバ	穀物女神・書記術の守護神	エレシュ

序‐7　シュメル・アッカドの主な神名一覧

ニップルはシュメルとアッカドの境に位置し、初期王朝時代からアケメネス朝ペルシア時代まで存続した宗教都市で、『シュメル王朝表』には出てこないが、ウバイド文化期以来の聖都エリドゥや最高神アンと大女神イナンナをともに頂く都市ウルクと並んで多くの神話に登場する。

ニップルが『シュメル王朝表』には出てこないということは、政治的覇権をもたなかったためであるが、シュメル・アッカドを統御する覇者は大いなる神エンリルの都ニップルを掌中に置くことで、全土の支配権を全《まっと》うしたのである。

都市神・個人神――大いなる神々・身近な神々

シュメルの大いなる神々は天空、大気、大地、深淵《しんえん》、冥界などといった固有の神性を有するほかに各都市の守護神としての役目も司っているので、たとえば終章の『シュメルとウルの滅亡哀歌』では、人間たちの不遜《ふそん》ゆえに大いなる神々の意志によって滅亡させられたシュメル諸都市の運命を、各都市神が嘆き悲しむ様子が謳《うた》われる。大いなる神々は自分の慈しんでいる都市を、自らの決定に従って滅亡させなければならなかったのである。

またシュメル人は、大いなる神々に直接接することのできない微々たる人間を救済し、幸福をもたらしてくれる身近な神「個人神」の存在を信じていた。それは巷の一市民ばかりでなく王であってもそうであった。たとえばラガシュ王グデアの個人神はニンギシュジダ神やニンアズ神で、碑文には「彼の神はニンギシュジダ神」というように記され、円筒印章図柄にも王が個人神によって大いなる神々に紹介される様子が描かれている。

序－8　山型模様の玉座の大いなる女神（ニンフルサグか）に女主人（右から2人目）をとりなす個人神（女神）　女性ばかりの珍しい紹介場面（アッカド王朝時代後期。エルサレム、バイブルランド博物館蔵）

序-9　現人神ナラム・シン王は1対角冠、大いなる月神ナンナは多重角冠を被っている　（左）ナラム・シン王の戦勝碑部分（ルーヴル美術館蔵）、（右）ウルナンム王の建築碑部分（ペンシルヴェニア大学博物館蔵）

神々の身分の上下は、図像的には冠の角の数で判別される。何対もの角がつけられている像は大いなる神々を表すが、ほとんどの個人神や神格化された王「現人神《あらひとがみ》」は一対だけである。

王の神格化——シュメルの「現人神」

第七章に登場する「ルガルバンダ神」や第八章の「ギルガメシュ／ビルガメシュ神」は『シュメル王朝表』のウルク第一王朝の王名であるが、どちらにも神格化を示す「神（ディンギル）印」がつけられている。

歴史上ではアッカド王朝のナラム・シン王（前二二五四〜二二一八年）が初めて自らを神格化し、ウル第三王朝のシュルギ王（前二〇九四〜二〇四七年）も「正義を全うし、庶民を守護するもの」として神格化され、「現人神」として名前の前に「神」を表す印をつけた。しかしシュメルの「現人神」は大いなる神々と同格ではなく、臣民の安寧を神々に取り持つ役目を負う「下位の神」とみなされていた。

『シュメル王朝表』におけるウル第三王朝の王たちのディンギル印はついたりつかなかったり

で統一性に欠けるが、第二代王シュルギは自らを神格化したうえ、父王ウルナンムにも後から「ディンギル印」を付加しており、他の史料から結局この王朝の五王はすべて神格化されたことが伝わっている。

『シュメル王朝表』最後のイシン第一王朝でも「神格化」が記されているが、なんと一四王のうち一〇王にディンギル印がつき、しかも最後の九王はすべて神王なのである。それでいて彼ら「現人神」の在位期間は約三～二〇年と短い。この王朝で最も長期在位は創設者イシュビ・エラの三三年間である。この王はウル第三王朝最後の王イッビ・シンの家臣であったが、ウルの政情不安定に乗じてイシン市で新王朝を興し、前王朝崩壊後は旧勢力圏をあらかたとりこむなど目覚ましく活躍し、後に神格化された。

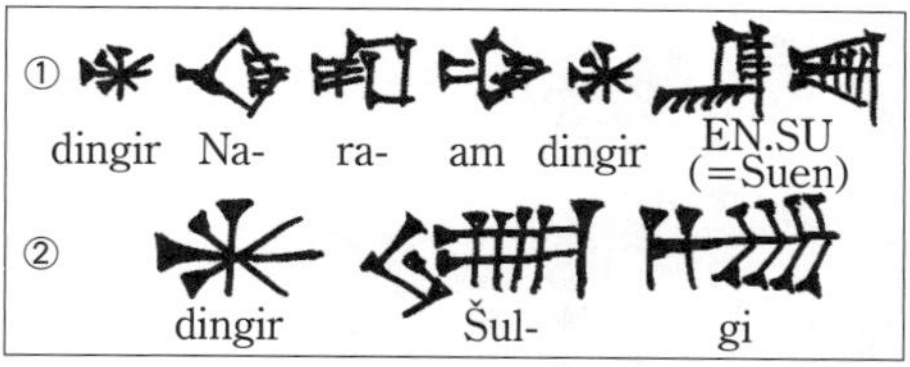

序－10　神格化された王名　①「神（ディンギル）ナラム・神（ディンギル）シン」王、②「神（ディンギル）シュルギ」王。＊印のような文字が神印で、①の２つ目の「神（ディンギル）」は本来の神名「シン神」を表す

余談だが、一種の影武者のような「身代わり王」制度が出現したのはこの王朝のことで、第九代王エラ・イミティ神が在位八年目に「熱いスープを飲んで絶命」したとき、後を継いだエンリル・バーニはじつは「身代わり王」で本来の職業は園丁だったというが、王としてはニップル市確保、神殿や城壁建造など外征、内政ともに成果をあげ、自らの神格化にも成功し、二四年間の治世を全うしたという。

シュメルの神話と詩の形式——粘土板に刻まれた最古の詩

神話と「詩」の起源

シュメルの文学作品は粘土板に刻まれ、「神話」のあらかたが「詩」の形式で書かれている。「詩」の起源は人類の文化・言葉の誕生と同じくらい古くたどることができるといわれるが、「詩」の構成や法則は、当然ながら言語によって異なる。

古代ギリシアの叙事詩では韻律（リズム）が重要で、ホメロスの『イリアス』や『オデュッセイア』は長音節と短音節の組み合わせ、つまり「長短短、長短短」（あるいは「長短短、長」など）を巧みに組み合わせてできている。また日本の詩歌の枕詞《まくらことば》「たらちねの・母」「みどりなす・黒髪」などと似たような決まった組み合わせの装飾語が多用され、たとえばホメロスには「輝く目の・女神アテーネー」「策に富む・オデュッセウス」「ばら色の指の・曙《あけぼの》」などのような決まり文句がたくさん出てくる。

我が国の『万葉集』には長歌や短歌があり、五七五七七の形式をもつ短歌は後代の和歌の源流であるが、上の部分つまり五七五なら俳句や川柳となる。いずれも古来日本人の文化形成に貢献してきた文型で、「月はおぼろに東山」のような歌謡から「ヴィオロンの音《ね》の溜《た》め息《いき》の」などの翻訳詩、はては「この土手に登るべからず、警視庁」のごとき掲示にいたるまで、七五調ならなんでもピタッとくるのが一般的日本人の「詩的感覚」かもしれない。

では、シュメル人の詩的感覚とはどのようなものだったのだろうか。

シュメルの「重複文体」──「脚韻」形式と「畳句」形式

シュメル神話は後述するように「重複文体」が基本形であるが、世界的には音韻合わせを重んじる詩形が多く、なかでも文末が揃《そろ》うのを「脚韻」と呼ぶ。

中国の唐詩で、シルクロードの地を詠《うた》った一例をあげてみよう。この詩では起承転結のうち、転以外の語尾「杯、催、回（ハイ、サイ、カイ）」が韻を踏んでいる。

葡萄美酒夜光杯　葡萄《ぶどう》の美酒に、夜光の杯か
欲飲琵琶馬上催　飲酒を欲すれば、琵琶《びわ》が馬上で勧めるではないか
酔臥沙場君莫笑　酔うて砂上に臥《ふ》したからとて、君笑うことなかれ
古来征戦幾人回　古来戦場に赴きし者が、幾人生還したというのか

（王翰《おうかん》「涼州詞」。下段は意訳）

英詩でも同様で、たとえばこんなナイルのワニを詠ったものがある。ここでは、一行置きの「クロコダイル」と「ナイル」、「テイル」と「スケイル」が韻を踏んでいる。

How doth the little crocodile　　ほら、小さなクロコダイル・ワニさんが
Improve his shining tail,　　煌《きら》めく尻尾《しっぽ》を、あんなに上手に使ってさ
And pour the waters of the Nile　　ナイルの水を、あんなにたくさん振り掛けて
On every golden scale!　　身体じゅうの黄金の鱗《うろこ》が、ピッカピカ！

（L・キャロル『不思議の国のアリス』より。下段は意訳）

ところでシュメル語の「詩」の文体はそういったものとはちょっと違う、数行（多くは二〜四行一組）が少しずつ内容の異なる繰り返しの語句からなる「重複文形式」が根底にある。声に出して「朗誦《ろうしょう》する」ことを前提とした口承文学では、繰り返しが聞き手の耳に心地よく響くのだろう。

たとえばシュメルの口承詩『ドゥムジ神の夢』の冒頭をあげてみよう。

šà-ga-ne ir im-ši edin-šè ba-ra-e　　彼の心は涙で溢《あふ》れ、彼は草原へ出ていった。
guruš$_2$ šà-ga-ne ir im-ši edin-šè ba-ra-e　　若者は心が涙で溢れ、草原へ出ていった。
^{d}Dumu-zi šà-ga-ne ir im-ši edin-šè ba-ra-e　　ドゥムジは心が涙で溢れ草原へ出ていった。

（本文は音訳。下段は意訳）

この三行の「彼、若者、ドゥムジ」は同一人物を指している。このように最初に代名詞を出し、次に形容句、そして最後に固有名詞が出るのは、シュメル詩の重複文形式の特徴のひとつといえよう。こうすることで「彼ってどんな人?」「若者ってなんていう名前?」と聞き手の好奇心をかきたてる効果が期待される。

しかし、この調子で繰り返しの多い神話の全文を訳すととても長々しくなるため、本書では要約した「物語」を紹介する。ちなみに『ドゥムジ神の夢』のあらすじは第六章で語られる。

では、いよいよ次章からシュメル神話を具体的にみていこう。

第一章
「創世神話」
人間はなぜ創造されたか

労働する神々　神殿建設に従事か（円筒印章印影図。アッカド王朝時代）

『エンキ神とニンマフ女神』――酔っぱらった神々の創造合戦

登場する主な神々

エンキ神　アブズ（深淵）を司る知恵の神、エリドゥ市の都市神
ナンム女神　ナンマともいう。「原初の海」「原初の母」、エンキ神の母
ニンマフ女神　母神、ニンフルサグ女神の別名、アダブ市の都市神

不平をいう神々

古《いにしえ》の日々に、古の日々に、天と地がつくられたときに、古の夜々に、古の夜々に、天と地がつくられたときに、古の年々に、古の年々に、運命が定められたときに、シュメルの神々が生まれ、女神たちが娶《めと》られ、女神たちは天と地に分けられた。身ごもった女神たちは次々に出産し、神々が増えたので、神々は食物を得るために働かねばならなかった。運河を開鑿《かいさく》し、浚渫《しゅんせつ》するなどのつらい仕事に耐えていた神々は不平をいい出しはじめた。きつい仕事をさせられた低位の神々はことにそうだった。

こうした事情を知らずに、神々が頼りにしている知恵の神で、創造神でもあるエンキ神は熟睡していた。

そこで「原初の母」ナンム女神は神々の嘆きを息子エンキに伝えにいった。

「息子よ、起きなさい。あなたの知恵を使って、神々がつらい仕事から解放されるように身代わりをつくりなさい」

1－1　アブズの中に座すエンキ／エア神
エンキの前に双面の従神イシム／ウスム神、左右に裸体のラハム神（円筒印章印影図。アッカド王朝時代）

母の言葉で目覚めたエンキは母に次のようにいった。

「母上よ、あなたが計画した創造物は存在するようになるでしょう。籠を運ぶ仕事をその者にさせましょう。母上がアブズの最上部の粘土をこねて、創造物をつくるでしょう。ニンマフ女神に母上の手助けをさせましょう。ほかに七柱の女神たちにも手伝わせましょう。母上が運命を宣言した後で、ニンマフはその者に籠を運ぶ仕事をさせるでしょう」

酒の上のできごと

数行の破損の後で、文書が再び読めるようになると、宴

1－2　饗宴図　上段両端は杯をほす王と后妃、真ん中は竪琴をもつ女楽師か。奉納額断片（ニップル、イナンナ女神神殿出土。初期王朝時代第Ⅱ期）

会の場面になっている。どうやら創造物つまり人間の創造に成功し、喜んだエンキ神は母ナンム女神とニンマフ女神のために宴席を設けたようである。

最高位の神々であるアン神やエンリル神も臨席し、つらい仕事から解放された神々はエンキの知恵を大いに讃《たた》えた。

したたかビールを飲んだので、エンキとニンマフはすっかり気分が昂揚《こうよう》してしまった。ニンマフがエンキに「人間の身体は良くも悪くもすることができ、良い運命あるいは悪い運命のどちらも私の心次第です」といった。すると、エンキはニンマフに「私はあなたが定めた運命がなんであれ、つりあわせてみせよう」と答え、二柱の神は競うことになってしまった。

ニンマフはアブズの最上部から粘土をとって最初の人間をつくった。その人間はひろげた手を曲げることができない。エンキはひろげた手を曲げることができない人間をよく見て、その運命を定めた。エンキはその者を王の従者に定めた。

第二に、ニンマフは目に異常がある者をつくった。エンキはこの者に音楽のなんらかの技をあてがい、王の御前《ごぜん》で演奏することを定めた。

第三に、ニンマフは足の不自由な者をつくった。この後の部分は文書が欠損していて、エンキがあてがった職業がなんであったかはわからない。

第四に、ニンマフは排尿をがまんできない者をつくった。この者についてはエンキは治療行為をしたようで、入浴させ、彼の身体から病気を引き起こすナムタル悪霊を追い出した。

第五に、ニンマフは子供を産めない女性をつくった。エンキは彼女を「后《きさき》の家」に所属させた。

第六に、ニンマフはその身体にペニスもヴァギナもない者をつくった。エンキは「ニップル市の宦官《かんがん》(?)」と名づけ、王の前に侍《はべ》ることを定めた。

ウムウルの創造

さて、今度は逆にエンキ神が人間をつくり、ニンマフ女神がその者の運命を定めることにしようと話がまとまった。エンキがつくったのはウムウルであった。ウムウルは目や首など身体全体が弱く、呼吸もほとんどできず、パンを口に入れることもできない。足はよろめき、畑にいくこともできない。

エンキはニンマフに「あなたの創造物のために私は運命を定め、私はそれらの者に日々のパンを与えた。今度はあなたが私の創造物のために運命を定めるべきで、彼にも日々のパンを与えるべきだ」と文句をいった。

ニンマフはウムウルに質問をしたが、ウムウルは答えられない。ニンマフはウムウルにパンを差し出したが、ウムウルはそれに手を伸ばすことができない。

「あなたがつくった人間は生きてもいないし、死んでもいません。彼は自分自身を支えられないではありませんか」とニンマフはエンキを非難した。ニンマフはウムウルが生計を立てる職業の種類を思いつけなかった。

ニンマフの非難に対して、エンキはニンマフが創造した六人の人間それぞれにパンを与えたことを強調して、反論した。

ニンマフ女神の恨み言

文書が破損しているが、ニンマフ女神がエンキ神に恨み言をいい続けている。

「あなたは天に住まないし、地上に住まない。あなたは国を見るために出てこない。あなたが住まない、私の家が建てられるところで、あなたの言葉は聞かれない。あなたが住まないところで、私の都市が建てられるところで、私自身は沈黙させられる。私の都市は破壊され、私の家は破壊され、私の子は捕らわれた。私はエクル神殿を去らねばならなかった逃亡者で、さらに私自身はあなたの手から逃げることはできませんでした」

エンキ神のニンマフへの返事は「ウムウルに我が家を建てさせよう」といって終わる。

この後は、「ニンマフ女神は偉大な主人エンキ神とくらべられることはできなかった。父エンキ神、あなたを讃えることは良きかな」と物語は結ばれる。

神々の代わりに働く人間

「創世神話」

「なぜ宇宙はあるの」「なぜ人間は生まれたの」といった質問を子供から受けても、子供が納得いくような説明ができる大人は多くはないだろう。

現代は自然科学が発達したので、宇宙のはじまりについては「約一五〇億年前のビッグバン（大爆発）で宇宙ははじまり、現在も膨張している」というような説を、人間の誕生については神による創造ではなく、「進化論」をもち出すことになるだろう。現代の大人たちはこうした説を受け入れていて、子供が理解できてもできなくても、これらの説で説明するのではないだろうか。

だが、こうした考え方が受け入れられるようになったのは、人間の長い歴史のなかでもごく最近のことである。それでもなかには、アメリカ合衆国のキリスト教原理主義者（ファンダメンタリスト）のように二一世紀になっても『旧約聖書』に書かれた神による「天地創造」を古代のイスラエル人と同様にかたくなに信じている人たちもいる。

古代人が「天地創造」「人間創造」について思いをめぐらしたときには、当然ながら神々が一役かった創造という考え方にならざるをえない。科学知識の発達していない古代ではものごとの真理を説明する際には、「神々の思《おぼ》し召《め》し」「神々の怒り」のように神々がいると説明しやすい。

シュメルでは「宇宙」をアンキという。アンはシュメル語で「天」、キは「地」を意味する。その宇宙つまり天地がいかに創造されたかについての物語は、粘土板にシュメル語で刻まれる前に口承された長い歴史があったはずである。しかも、シュメルでは都市国家が分立していた長い歴史があることから、「天地創造」についてもひとつの説ではなく、地域によっていくつもの伝承があったにちがいない。従って、一様でない「天地創造」に触れたシュメル語の作品はいくつもある。

エンキ神の功業

本章冒頭で紹介した『エンキ神とニンマフ女神』は「天地創造」についても書かれているが、

それ以上に「人間創造」に力点を置いた神話である。現在私たちが読めるものは、ウル第三王朝時代（前二一一二～二〇〇四年）のいくつかのシュメル語文書と新アッシリア帝国時代のシュメル語、アッカド語二ヵ国語写本から復元された全文一四一行の神話で、本来別々であった二つの物語がひとつにされ、エンキ神を讃える祭儀で朗誦されていたようだ。ということは「人間創造」はエンキの功業ということになる。

物語の前半は「天地創造」から「人間創造」にいたる話で、後半は身体に障害のある人間たちの創造とその者たちがいかにしてパンを食べていくか、つまり生計を立てていけるようになったかを説明した神話である。

以下、物語の流れに従って、この神話を詳しく見ていこう。まずは「天地創造」からである。

あっさり書かれた「天地創造」

『エンキ神とニンマフ女神』には天と地は「大昔につくられた」とだけあっさり書かれている。誰《だれ》が天と地をつくったかは書かれていない。これではシュメル人が「天地創造」の次第をどのように考えていたかがよくわからないので、別の物語から情報を得るとしよう。

別の物語『ビルガメシュ神、エンキドゥと冥界』（物語の詳細は二四三ページ参照）の発端は次のように語られている。

古の日々に、遠き古の日々に、古の夜々に、遠き古の夜々に、古の年々に、遠き古の年々に、
古に必要なものがもたらされた後で、古に必要なものが初めて秩序づけられた後で、
パンが国の聖所で初めて食べられた後で、国のかまどで（パンが）焼かれた後で、
天が地から分けられた後で、地が天から分けられた後で、人間の名が定められた後で、
アン神が天を運び去った後で、エンリル神が地を運び去った後で、エレシュキガル女神が贈り物として冥界に連れ去られた後で……。

ここではすでに存在している天と地が分離された後で、人間の創造が定められているが、これ以上のことは語られていない。

さらに別の物語『エンリル神と鶴嘴《つるはし》の創造』の前半にも「創世神話」がある。ここではエンリル神は地から天を分け、ニップル市の「ドゥルアンキ」（シュメル語で「天と地の繋《つな》ぎ目」の意味）聖所で、「鶴嘴」をつくりだし、人間が生まれる。人間は神々に割り当てられ、都市を築き、家を建てる重要な道具である「鶴嘴」が与えられた。

この神話でも、人間は自生したように書かれているが、人間は神々のために働き、その際の道具「鶴嘴」をつくって与えたのは、天地を分けたエンリルであった。物語の主題はなぜ「鶴嘴」がつくられたかであることから、「鶴嘴」を使う儀式、たとえば我が国で行われる「鍬入《くわい》

れ式」のような儀式の際に、この物語は朗誦されたのではないかといわれている。

はじまりは「原初の海」

『エンキ神とニンマフ女神』『ビルガメシュ神、エンキドゥと冥界』『エンリル神と鶴嘴の創造』のいずれも、天地が最初に存在したように語られているが、その前があったようだ。シュメルのいくつかの物語から、次のような「天地創造」の過程が推測される。

最初に存在したのは「原初の海」ナンム女神である。ナンムを表す楔形文字は表語文字で「海」を意味し、女神は「海」そのものであった。この「原初の海」が天と地をひとつに結合している宇宙的山を産んだ。

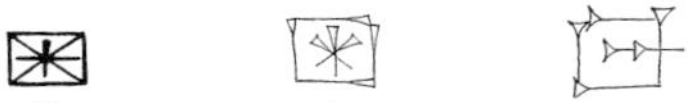

①　②　③

1-3　ナンム　nammu　①古拙文字　②前2400年頃の楔形文字　③前1千年紀の楔形文字。ナンムのほかにアブズの別名エングルも表す

神々は人間と同じ姿をしていて、「天」アンは男神、「地」キは女神であった。彼らの結婚が大気を司るエンリル神を産み、エンリルは次に天を地から分離した。天を運び去ったのは父アンであったが、エンリル自身が、母であるキ、すなわち地を運び去った。そしてエンリルが母なる大地と結合したことが、宇宙の生成、「人間創造」、そして文明の樹立のための舞台を用意することになったという。

なぜ人間は創造されたか

日本の神話で人間が創造されない理由

ひるがえって我が国の『古事記』『日本書紀』の神話を読むと、「天地創造」はあるが「人間創造」は語られていない。伊耶那岐《いざなぎ》、伊耶那美《いざなみ》は交合により国土や神々を産むが、「人間創造」については沈黙している。「記紀神話」が編まれた大きな理由は、なぜ天皇が日本を支配するのかという問いかけに答えることであった。天皇は伊耶那岐や天照大御神《あまてらすおおみかみ》といった神々の子孫だからということになる。このことを説明するために書かれたのが「記紀神話」であり、この文脈では「人間創造」は説明する必要はなかったといえる。

シュメル神話で人間が創造された理由

一方、『エンキ神とニンマフ女神』では人間がなぜ創造されたかが明確に説明されている。神々の労苦を取り除き、身代わりとして働くために創造されたのが人間であるというのである。「人間創造」はエンキ神の功業のひとつであるから、エンキの祭儀で朗誦される物語に、「人間創造」は組み込まれていた。

『エンキ神とニンマフ女神』では、神々は増え、食物を得るために、神々のなかでもことに低位の神々はつらい農作業をしなければならなくなった。身代わりをつくる際には知恵の神エンキが人間を産み出すための道筋を考えた。エンキは母神ナンムに人間を創造させ、ニンマフ女神や低位の女神たちに手伝わせようと、つまり助産婦の役割をさせようと考えたが、肝心の「人間創造」の箇所は文書が破損している。だが、文書が読めるようになると、神々の宴会の場面になっていることから、人間は無事に誕生したようである。

この「人間創造」についての考え方はシュメル社会の農民たちの姿を反映しているにちがいない。シュメル地方は肥沃《ひよく》な土壌から豊かな収穫を得ることはできた。だが、灌漑網が整備され、農作業が工夫されていても、農民たちが額に汗して働かないことには豊かな収穫は得られなかった。労働は楽ではない。農民たちはつらい作業をする際に、神々の代わりに働いているのだと、自らを納得させていたのであろう。「人間は働く者」というのがシュメル人の人間観であり、労働観である。

粘土から創造

神々が、自らの代わりに働く存在である人間をなにからつくったかといえば、粘土からであった。沖積平野であるシュメル地方には石材や鉱物資源はなく、木材もまた輸入していた。だが、粘土ならばどこにでもあった。粘土から煉瓦をつくって建物を建て、粘土板に文字を刻むというように、粘土を有効利用して発達したのがシュメル文明であった。したがって、人間がつくられるとしたら、粘土こそ最もふさわしい素材といえる。

また、ニップル市やラガシュ市などから発見されている、葬儀で使用された祖先像は素焼き粘土製であった。原初人間が粘土からつくられたと信じられていたとしたら、祖先像が粘土製であることはもっともなことである。

土から生まれたアダム

土から人間が生まれる話はシュメル神話だけではない。『旧約聖書』「創世記」には次のように書いてある。

主なる神は、土（アダマ）の塵《ちり》で人（アダム）を形づくり、その鼻に命の息を吹き入れられた。（第二章七節）

人はなんのためにつくられたのだろうか。答えは少し後に書いてある。神は人を「エデンの園に住まわせ、人がそこを耕し、守るようにされた」（一五節）のだ。さらに人は、善悪の知識の木を除いて、エデンの園にあるすべての木から取って食べてよいと神にいわれたが、神の命令に背いて善悪の知識の木の実を食べてしまう。

そこで、怒った神は人に「お前は顔に汗を流してパンを得る　土に返るときまで」（第三章一九節）といいはなち、人はその妻とともにエデンの園から追放された。

人間は神によって土からつくられ、土を耕すことを命じられ、さらに人間は罪のゆえに厳しい労働をせざるをえなくなったのである。

神々の血からの「人間創造」

古代メソポタミアでは、人間を創造する際の素材としては、粘土以外のものも考えられていた。

たとえば、『人間の創造』と呼ばれる作品では神々の血から人間がつくられている。この作品はシュメル語とアッカド語の二ヵ国語で書かれた新アッシリア帝国時代の文書が残っている。次のような話である。

> 天と地が分かれ、神々が天と地の計画を決定し、ユーフラテス河とティグリス河の岸を確定した後で、エンリル神は神々にさらになにをつくろうとするのかとたずねる。
> すると、神々のなすべき仕事を肩代わりさせるために、ニップル市の「ドゥルアンキ」聖所のウズムアで二柱のアルラ神を殺し、その血で人間をつくろうといった。

アン、エンリル、エンキそしてニンマフがこの計画にかかわって成功し、人間がつくられた場所であるウズムアにはニサバ女神像が立てられた。

豊饒の女神でもあるニサバ女神像がウズムア（シュメル語で「肉が生じる〔場所〕」の意味）に立てられたことから、また物語が書かれた粘土板文書の左端に音符あるいは歌い方の指示のような文字が書かれていることから、『人間の創造』も『エンキ神とニンマフ女神』と同様に祭儀の場で朗誦されていたようだ。

障害者が生まれた理由

さて、話を『エンキ神とニンマフ女神』に戻そう。『エンキ神とニンマフ女神』は前でも話したように本来別々の二つの話がひとつの作品にされた。

物語前半では、ニンマフ女神は「人間創造」の手助けをする助産婦という、ちょっとした脇《わき》役《やく》であったが、後半では出ずっぱりの主役で、ビールを飲んで気分が昂揚したことからエンキ神と競うことになる。

酒を嗜む人のなかにはなにか失敗したときに、「酒を飲んでいたので」「素面《しらふ》ではなかったので」と、酒のせいにする人がいる。現代人だけでなく、ビールが生まれた地であるシュメルでも似たようなことがあったようで、それが神々の世界にも反映したのであろう。

人間社会には障害者もいる。なぜ障害者が生まれたのだろうかと考えたときに、シュメル人は神々が酒を飲んで人間を創造したからと考えたのだろうか。逆にいえば、エンキとニンマフが「素面」だったら、障害者は生まれていなかったとシュメル人は考えていたことになる。

障害者を受け入れない社会、受け入れる社会

たとえば、障害をもって生まれた人間を我が国の文芸では悲劇として扱う。能のひとつ『蟬丸《せみまる》』には、天皇の子でありながら、盲目のゆえに宮廷を追われ琵琶法師として生計を立てる蟬丸と、逆髪《さかがみ》（毛髪が逆立ってはえている）のゆえに諸国を流浪するその姉の狂女が登場する。障害のある者に涙しても、その者を社会の一員になかなか受け入れようとしない冷たさが我が国にはあって、二一世紀になってもこうした考え方をなくす努力が続けられている。

だが、シュメル人は文学作品ながらも障害者を社会から排除するのではなく、慈悲深いエンキ神の知恵としながらも、ニンマフがアブズの粘土でつくった六種類の肉体的に障害のある人間たちに職業をあてがうなどして、社会の一員として生きていけるようにしている。

シュメル社会の王は武勇に優れているだけでなく、社会正義の擁護者でもあるべきであった。ウル第三王朝初代ウルナンム王（前二一一二～二〇九五年）が制定した『ウルナンム「法典」』

序文には「私は孤児を富める者に引き渡さない。私は未亡人を強き者に引き渡さない」と書かれている。障害者については書かれていないものの、弱者への目配りを社会正義のひとつと考えるのがシュメル社会であるから、エンキによって障害者にもパンを与えることが定められたとの神話が生まれたのであろう。

乳幼児ウムウル

一方でエンキ神がつくったウムウル（シュメル語で「私の日は遠い」の意味）はさまざまな病気にかかっているようで、しかも食べることも、飲むこともできず、座ることも、眠ることもできず、話すこともできないという。あまりにも無能力であることから、ニンマフ女神は文明社会での適当な職業を見つけられない。

それもそのはずで、名前の意味からもウムウルとは老人のことだとの説もあるが、老人よりもむしろ人間の早産児や乳幼児を指し、人間の子は動物の子にくらべて無能力であることを説明しようとしているのかもしれない。

また、物語の終盤はかなり欠損しているが、ニンマフのエンキへの恨み言とは呪詛《じゅそ》であって、これによってアブズは地下に閉じ込められたことを説明しているともいう。

バビロニアの「創世神話」

『エヌマ・エリシュ』

『エンキ神とニンマフ女神』はシュメルの「天地創造」「人間創造」についてのひとつの考え方を示した作品であるが、本章の最後に古代メソポタミア文明の「創世神話」としてよく知られている『エヌマ・エリシュ』を紹介しておこう。

「エヌマ・エリシュ」とはアッカド語で「上では……ときに」の意味で物語冒頭の文に由来する。七枚の粘土板に書かれた全文一〇五三行の長い物語である。

『エヌマ・エリシュ』はバビロン市の「新年祭」の四日目に朗誦された。これはバビロニアの最高神にして、バビロンの都市神であるマルドゥク神に捧げられる神事であった。

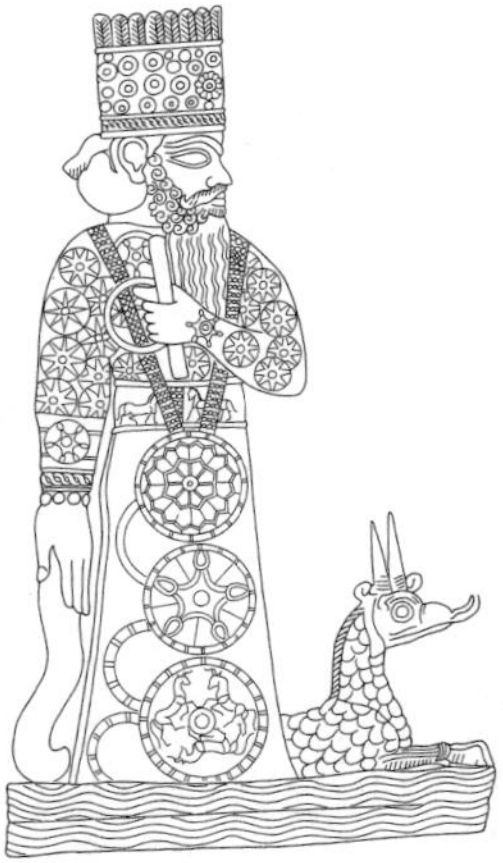

1－4　マルドゥク神像　足元は随獣ムシュフシュ（ラピス・ラズリ製円筒印章印影図。前9世紀中頃）

最高神マルドゥクの怪物退治

マルドゥクによる「天地創造」と天上の王権確立の次第を物語る『エヌマ・エリシュ』は前一二世紀頃にバビロンで編《へん》纂《さん》されたようだ。この頃に東方の蛮族エラムにもち去られていたマルドゥク神像奪還に成功したことで、マルドゥクを神々の王とし、ほかの神々の属性をマルドゥクの権能のなかに取りこむことが計画されたらしい。『エヌマ・エリシュ』は次のような内容である。

物語は「上では天がまだ名づけられず、下では地が名づけられていなかったときに」とはじまる。

続いて原初の男神アプス（「淡水」の神格化）と女神ティアマト（「海水」の神格化）が現れ、両神から次々に多くの神々が生まれた。アプスとティアマトは若い世代の神々の騒々しさに耐えられず、彼らの殺害を企てるようになる。ところが、アプスは逆にエア神によって殺害され、アプスの上に建てた住居でエアはダムキナ女神との間にマルドゥク神をもうける。

マルドゥクは復讐《ふくしゅう》を果たそうとするティアマトと彼女がつくりだした「一一の合成獣」の軍団（七つ頭の蛇〔どもﾞ〕、凶暴な竜ども、竜〔バシュム〕、ムシュフシュ、ラハム神、巨大な獅子、狂い獅子、蠍《さそり》人間、凶暴な悪霊ども、魚人間〔とんぼ?〕、牛人間）と戦ってこれを破り、ティアマトの死体から天地を創造する。

また、マルドゥクはティアマト軍の指揮官キングゥ神から「天命の粘土板」を奪い、キングゥの血から神々の労役を肩代わりする人間をつくることを考えつく。

こうして天地の秩序を確立したマルドゥクは神々の王となって、神々から五〇の称号を受け、「諸国のベル（アッカド語で『主人』の意味）」「神々のエンリル神（最高神）」と讃えられる。

「天命の粘土板」は最高神がもち、そこにはすべての神々の役割や個々人の寿命などが書き込まれていて、最高神が「天命の印」を押すことで書かれていることが有効になると信じられていた。人間にとって大切なものは、人間が考え出した神々にとっても大切であって、「天命の粘土板」は粘土板と印章の文化をもつ古代メソポタミアならではの発想である。

マルドゥクを神々の王にするには、宇宙の秩序を乱す象徴である「合成獣」を殺す「英雄」の地位にマルドゥクをつける必要があったという。

『エンキ神とニンマフ女神』とは違って、『エヌマ・エリシュ』ではティアマトの死体から天と地がつくられ、キングゥの血から人間をつくっているが、「人間創造」の理由としての神々の代わりに働く人間という考え方は『エヌマ・エリシュ』にも見られる。

1－5　ティアマトと戦うマルドゥク神（あるいはアッシュル神）（円筒印章印影図。新アッシリア帝国時代）

さて、こうしてつくられた人間が神々の意に反したときにはどうなるか。たとえば、神の罰として「大洪水」が下ることもあった。次の章ではこの「大洪水」の話をしよう。

第二章
神々が送る大洪水の物語
伝説はシュメルにはじまる

(上)トルコ東部のユーフラテス河水源付近
(下)船が漂着したとされるニムシュの山（キルクーク北東の山岳地帯)

シュメル語版『大洪水伝説』――人間を滅ぼす大洪水

登場する主な神々

ジウスドゥラ王　不死を得、神格化された王
アン神　天空神、エンリル神の父
エンリル神　シュメルの最高神、大気神
エンキ神　アブズ（深淵）を司る知恵の神

原初の五都市

ある神がほかの神々に「人間を破滅から助けてやるべきで、そうすれば彼らは都市を建て、神殿で祭儀などを行って神々に仕えるであろう」と話している。

その後、いきなり話が変わって、「人間創造」が語られはじめる。「アン神、エンリル神、エンキ神そしてニンフルサグ女神が黒頭（人間）をつくった後」に、動物や植物などもつくられた。そして王権が天から降り、五つの都市が建造されて、それぞれが神々に割り当てられた。

最初のエリドゥ市は指導者ヌディンムド神（エンキ神）に与えられた。
二番目のバドティビラ市はヌギグ女神（イナンナ女神）に与えられた。
三番目のララク市はパビルサグ神に与えられた。
四番目のシッパル市は英雄ウトゥ神に与えられた。
五番目のシュルッパク市はスド女神に与えられた。

2－1　エンキ／エア神　手に流水の壷、肩からも魚が泳ぐ流水。前は従神で双面のイシム／ウスム神で、犠牲を奉献する礼拝者を執りなす（円筒印章印影図。アッカド王朝時代）

大洪水

この後で、神々は人間を滅ぼすために大洪水を送る決定をする。この決定は「アン神とエンリル神の名前にかけて誓われた」ことで止めることはできない。だが、人間を滅ぼすことをイナンナ女神は嘆き、エンキ神はよく考えてみた。

さて、物語の主人公ジウスドゥラ王がここで登場する。ジウスドゥラ王は神官でもあって、神々を恐れ敬う、慎み深い人間であった。ジウスドゥラは壁際でエンキから「洪水によって都市を一掃

2－2　山から昇ってくるウトゥ／シャマシュ神　肩から太陽光線が出ている（円筒印章印影図。アッカド王朝時代）

し、人間の種を滅ぼすことは神々の会議の決定である」とのお告げを聞く。

この後、ジウスドゥラはお告げに従って巨大な船をつくり、大洪水にそなえた。

やがて、凄《すさ》まじい嵐《あらし》がやってきて、大洪水が起こった。

七日と七晩の間、大洪水が国土で暴れ、巨大な船が洪水の上を漂った後で、ウトゥ神（太陽神）が昇ってきて、天と地に光を放った。ジウスドゥラは巨大な船の窓を開いた。

大洪水が引いた後でジウスドゥラは船から出て、神々へ牡牛と羊を犠牲に捧げた。

ディルムンへ

アン神とエンリル神はジウスドゥラに「永遠《とわ》の生命」を与え、なおかつ人間と動物の種を救済したゆえに、海のかなた、東方にあるディルムンの地に彼を住まわせた。

『大洪水伝説』の筋立て

現存するのは四分の一

現在残っているシュメル語版『大洪水伝説』は前二千年紀前半の古バビロニア時代に書かれた粘土板で、ニップル市から出土した。物語全体の四分の一ぐらいしか残っていないので、わからない部分が多いが、アッカド語で書かれた『アトラ（ム）・ハシース物語』や『ギルガメシュ叙事詩』のなかで語られている「大洪水」の筋立てとほぼ同じと考えられている。『大洪水伝説』はシュメル語で書かれているが、この物語が流布したのも、いまに残る粘土板が書かれたのも、シュメル人が古代メソポタミア

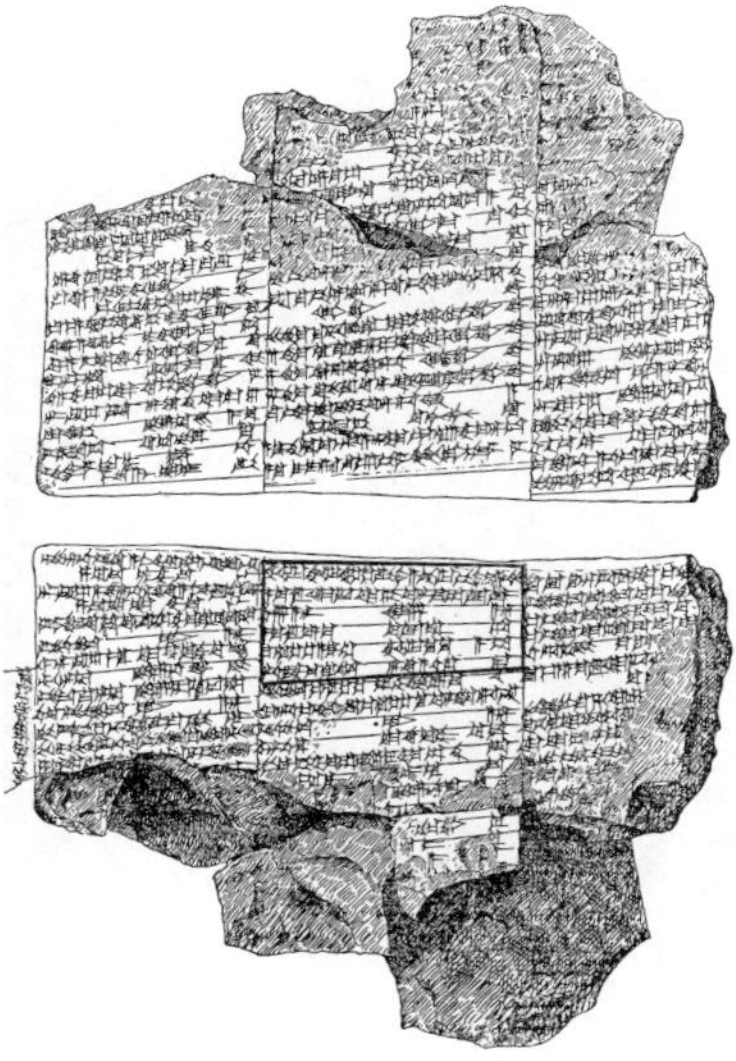

2－3　シュメル語版『大洪水伝説』の粘土板（ペンシルヴェニア大学博物館蔵）

2－4　ウル　試掘坑Xの発掘

の歴史でもはや主役たりえなくなった前二千年紀に入ってからであるといわれている。

人間を滅ぼす大洪水

大洪水は神々が起こすことを決定し、その目的は人間を滅ぼすことである。神々が決定したことであるから、どんな神といえども止めることはできない。

なぜ神々は労働を肩代わりさせるためにつくった人間を滅ぼさなくてはならなかったのか、この理由については『大洪水伝説』では直接語られていない。だが、ジウスドゥラ（シュメル語で「永遠の生命」の意味。最近ジウドスラと読むべきであるとの説が出されている）が神々を恐れ敬う慎み深い人間であったために大洪水を逃れられたのだとすれば、ジウスドゥラ以外の人々は神々を恐れ敬わず、慎み深くなかったから滅ぼされたといえる。

繰り返される大洪水

シュメルはペルシア湾付近の低地で、洪水の多いところであった。

イギリスの考古学者C・L・ウーリー指揮のもとに、大英博物館とペンシルヴェニア大学が一九二二年からウル市の発掘を開始し、一九二九年に前三五〇〇年頃の洪水層を発見した。洪水層とは洪水が上流から運んできた粘土の層であって、厚さが二・四メートルもあった。ほかの都市からも洪水層が発見されていて、両河の大洪水は一回だけでなく、各地で何回もあって、おそらく甚大な被害を人々の生活にもたらしていたであろう。洪水層と『大洪水伝説』は直接結びつかないものの、伝説成立の背景となっていたことはまちがいない。

シュメル地方では大洪水が頻繁に起こり、惨状が繰り返されていた。自然の猛威によってすべてを失った人々が立ち直り、「無」から生活を立て直していく、こうした経験が歴史観に反映されたにちがいない。

洪水が起きる理由

農耕民にとって水の問題は切実であった。適度な洪水ならば期待されていた。シュメル人は生産力が落ちるのは豊饒を司るダム神が冥界に移り住んだからであるとして、『ダム神挽歌《ばんか》』をつくって復活を祈願した。この挽歌のなかでは「ダム神が鯉《こい》の洪水を産んだ」と詠われている。

「鯉の洪水」とは晩秋の洪水のことである。バビロニアは夏は暑く、冬は寒い土地で、四、五月頃から九、一〇月頃までは乾季で暑いが、冬は雨季となり、寒い。この洪水によって耕作の準備ができた。ちょうど良い量の洪水ならば歓迎すべきもので、ダム神が司る洪水であった。

だが、人間の期待するとおりのちょうど良い量の洪水にはならず、大きな被害をもたらすことがたびたびあった。

大きな被害をもたらす洪水はことに春に起きた。ティグリス河、ユーフラテス河ともに水源がトルコ東部の山岳地帯で、冬に降った雪が春になると雪解け水となって大増水した。

現代人は、たとえばユーフラテス河とティグリス河の水源があるトルコ東部の山岳地帯で雪解けが早いと、大洪水になることを知っている。だが、古代人にはこうした合理的理由はわからなかった。大洪水が起これば、家が流され、畑の作物や家畜が全滅し、多くの人々の命が奪われる。なにも悪いことをしていないのに、なぜひどいめにあうのだろうと考えたときに、神々が人間を滅ぼすために大洪水を引き起こしたと合理化したのではないだろうか。

エンキ神の機密漏洩

だが、神々の都合だけで人間が滅ぼされてしまっては救いがない。大洪水に負けずに健気《けなげ》に生きていく人間の支えとして、主人公を助けるエンキ神のような神を登場させている。シュメルの最高神であるエンリル神は「神々の会議」で決めたことをためらわず実行する。だが、エンキ神はよく考えて、人間を絶滅させることをためらった。

こうして主人公ジウスドゥラ王にだけは大洪水が前もって告げられた。告げたのはエンキであった。エンキも大洪水を下す決定に参加していたので、ほかの神々を憚《はばか》って直接ジウスドゥラに告げたりはしない。壁を通じて間接的に機密を漏洩《ろうえい》した。さすがに知恵の神エンキは配慮の行き届いた賢者であった。

大洪水そしてその後の世界

嵐がやってくると、ジウスドゥラは船に乗った。粘土板が欠けていて詳細は不明だが、後で紹介する『ギルガメシュ叙事詩』第一一書板に書かれた話と同じように、船には彼の家族や動物も乗せられたであろう。さもないと、大洪水後の世界に生きるべき生命が絶滅してしまう。物語にも、ジウスドゥラが洪水後にディルムン（現在のバハレーンとファイラカ島周辺）に住まわせられることになった理由は人間と動物の種を救済したゆえであるとの説明もある。

大洪水が起きた。主人公を含めてごくわずかの人間や動物など以外は滅ぼされてしまう。だが、これで世界は終わりではなかった。大洪水が原初時代の人間どもを滅ぼしたので、世界は浄化され、新しい世の中が訪れたのである。つまり、シュメル人の「今の世界」になった。『大洪水伝説』は人間の滅亡で終わる絶望の物語ではなく、復活再生につながる物語である。大洪水は時代を画す分水嶺《ぶんすいれい》になっているが、シュメル語で書かれた文書のなかには同じような考え方を見出《みいだ》すことができる。次にその例を見ていくとしよう。

シュメルの大洪水

時代を画す大洪水――『シュメル王朝表』

大洪水が原初の時代とその後の時代を分けるとの考え方は、シュメル語で書かれた『シュメル王朝表』（一一ページ参照）にも見られる。

『シュメル王朝表』によれば、天から王権がまずエリドゥ市に降った。ついで王権はバドティビラ市から、ララク市、シッパル市そしてシュルッパク市へと移っていった。この五都市は『大洪水伝説』に出てくる五都市と同じである。

> シュルッパク市で、ウバルトゥトゥが王となり、一万八六〇〇年間治めた。
> (合計) 一王が一万八六〇〇年間治めた。
> (総計) 五都市、八王が二四万一二〇〇年間治めた。
> 洪水が襲った。
> 洪水が襲った後で、王権が天から降されたとき、王権はキシュ市にあった。

シュルッパク市でウバルトゥトゥ王の治世に大洪水が起きたことになるが、『シュメル王朝表』の別の写本では「シュルッパク市で、ウバルトゥトゥ、（そして）ウバルトゥトゥの子ジウスドゥラ、二王」とジウスドゥラの名前があげられ、ジウスドゥラ王の治世に大洪水が起きたことになっている。

『シュメル王朝表』によれば大洪水が時代を二分している。大洪水によって終わった、原初からの「前の時代」では王たちの治世年が万単位で、神々に近かった。ところが、大洪水後のシュメル人の「今の時代」になると王たちの治世年は次第に人間として統治可能な年数に減っていき、アッカド王朝時代（前二三三四〜二一五四年）以降はほぼ史実と考えられている。

『シュメル王朝表』では大洪水そのものがなぜ起きたかは語られていないが、時代を画すようなできごととなれば、メソポタミアでは大洪水しかないであろう。洪水はほかの例で見られるように、神々が送っていることから、シュメルの時代を画すのは神々であったことを示しているといえよう。

『ラガシュ王名表』

『シュメル王朝表』にはニップル市やラガシュ市などが含まれていない。ニップルはシュメルの最高神エンリル神を祀った聖都であり、ラガシュも有力な都市なのに、なぜ二つの有力都市が含まれなかったか。ニップルについては一六ページでその理由を話した。

一方、ラガシュ市についてはシュメル語で書かれた『ラガシュ王名表』と呼ばれる粘土板文書が大英博物館に収蔵されている。この文書は『シュメル王朝表』にならって古バビロニア時代に書かれたようだ。

『ラガシュ王名表』は「洪水が襲い、国の破壊をもたらした後で、人間は耐えさせられ、人間の種は残され、黒頭（人間）は粘土のなかに生じて」と大洪水ではじまっている。

大洪水の後で人間の種は残されたが、農機具はなく、灌漑もなされず、穀物を司るアシュナン女神は穀物を育てなかった。その後、アン神とエンリル神が「国土の生命」である農機具をつくって、人間どもに与え、アシュナン女神も穀物を育てるようになった。

『ラガシュ王名表』でも、原初の人間がいたが、大洪水で滅ぼされた。しかるのちに、残った人間である今のシュメル人が大洪水後の世界で農耕社会の基盤をつくったことになっている。時代を画す大洪水という考え方は『シュメル王朝表』と同じである。

以上紹介した『大洪水伝説』『シュメル王朝表』『ラガシュ王名表』のいずれもが現在残っている粘土板文書は前二千年紀に筆写されたもので、前二千年紀前半に歴史を担ったセム系アモリ人などの考え方が影響を与えたかもしれない。

では、シュメル人が歴史を担っていた時代、つまり前三千年紀に生きていたシュメル人は洪水をどのように考えていたのだろう。

前二二世紀頃にラガシュ市を治めていたグデア王の王碑文に洪水に触れた箇所があるので、次に見ておこう。

エンリル神の洪水

グデアはラガシュ市の都市神ニンギルス神のためにエニンヌ神殿を建立する次第を二本の粘土製円筒の周囲に書き記した。「エニンヌ神殿建立縁起」とでも呼べる内容で、この「円筒碑文A」と「円筒碑文B」はルーヴル美術館に展示されている。

「円筒碑文A」のなかで、グデアの夢に現れたニンギルス神の姿を「彼の下半身は洪水」と表現している。

ニンギルス神は「王、エンリル神の洪水」と称されているが、一方でニンギルス神はしばしば「エンリル神の勇士」とも呼ばれている。また、「洪水のように諸都市を破壊しつくす」と戦の神としての破壊力が洪水になぞらえて誇示されている。「下半身は洪水」という表現もその一環であろう。

さらに、神殿建立に際して木材を入手する話では「(グデアは)彼の王(ニンギルス神)の『洪水』武器で(木材)を処理した」と武器の名前に「洪水」を使っている。

ニンギルスは「シュメル神統譜」の最高神エンリルに従う神に位置づけられ、戦の神としての破壊力が洪水のように凄まじいと考えられていたようだ。

ウル第三王朝第二代シュルギ王（前二〇九四〜二〇四七年）の王讃歌のひとつ『シュルギ王讃歌C』でも「我《わ》（＝シュルギ）が攻撃は洪水のごとくであり、誰も負かすことはできない」とその攻撃力の凄まじさを洪水に譬《たと》えている。

我が国では怖いものを「地震、雷、火事、親父《おやじ》」と並べるが、シュメルではなににもまして怖いものは洪水で、その洪水は神が送ったものであった。

「洪水戦術」

アッカド王朝第四代ナラム・シン王（前二二五四〜二二一八年）は王朝創始者の祖父サルゴン王（前二三三四〜二二七九年）譲りの武勇に長《た》けた王で、生前に自らを神格化した最初のメソポタミア王であった。ニネヴェ市（現在のモスール市東岸）から出土した頭部像はサルゴンかあるいはナラム・シンといわれているが、どちらにしても不敵な面構えである。

敵を追ってはるかザグロス山脈あるいはエブラ市（現代名テル・マルディーク）などに遠征したナラム・シンであったが、近隣のキシュ市を攻める際には「その城壁を破壊し、ユーフラテス河の水を市内に流入させて、キシュ人二五二五人を殺した」と「洪水戦術」つまり水攻めを行った。

これは人為的な洪水であった。「洪水戦術」はキシュ市の人々には大変な恐怖であっただろうし、洪水は神々が司るべきもので、戦争に勝つためとはいえ、この戦術を採ったナラム・シンは傲岸不遜《ごうがんふそん》と思われたのではないだろうか。

エンリル神の神罰

ナラム・シン王の後継者、第五代シャル・カリ・シャリ王（前二二一七～二一九三年）の治世には北東の山岳地方からグティ人に侵入され、アッカド王朝は早くも衰退してしまった。

蛮族に侵入されたことは誇り高き文明人であるアッカド人にとっては受け入れがたかった。そこで、事実と相反することであったが、ナラム・シン王がニップル市のエンリル神が祀られているエクル神殿を汚し、その結果の神罰であるとの論法を展開し、自らを納得させた。

グティ人の来襲は「エンリル神によって（送られた）洪水のごとくであった」と最高神エンリルの罰としてグティ人は送られたのだと嘆いている。ただのグティ人ならば負けるはずはないが、エンリル神のご意志であればいたしかたないこととあきらめ、自己弁護をしているのである。

2－5　伝ナラム・シン王頭部像（銅製。ニネヴェ出土）

西アジア世界での『大洪水伝説』の継承

『大洪水伝説』の継承

シュメル語版『大洪水伝説』の中核となる話は、のちにアッカド語で書かれた『ギルガメシュ叙事詩』『アトラ(ム)・ハシース物語』のなかで踏襲されていった。

神々が人間を滅ぼすために大洪水を送るが、人間に好意的な神のお告げで船に乗って、賢人は難を逃れる。凄まじい大洪水によって人間は滅亡し、その後は新しい世界となる。こうした中核となるあらすじはどの神話でも変わらない。

まずは『ギルガメシュ叙事詩』の「大洪水の物語」から見ていくとしよう。

『ギルガメシュ叙事詩』第一一書板

『ギルガメシュ叙事詩』については第八章で詳しく触れるが、シュメル語で書かれた一連のビルガメシュ(ギルガメシュのこと)を主人公とした作品がもとになって、「古バビロニア版」などがつくられ、しかるのちに前一二世紀頃に『ギルガメシュ叙事詩』「標準版」が成立した。

その『ギルガメシュ叙事詩』「標準版」第一一書板では、ギルガメシュは「不死の人」であるウトナピシュティムに「不死」についてたずねると、ウトナピシュティムは「大洪水」の話を次のように語りはじめる。

神々が大洪水を起こすことを企《たくら》むが、エア神は大洪水がやってくる機密を葦屋に向かって、壁に向かって漏洩した。事の次第を悟ったウトナピシュティムは船をつくって家族、親族や動物などを乗り込ませた。
嵐がやってきて、大洪水が起こり、あまりの凄まじさに神々さえも恐れおののいた。七日目にようやく大洪水が引いた。船はニムシュの山に漂着する。最初は鳩《はと》、次には燕《つばめ》を放つが戻ってきた。最後に烏《からす》を放つが、戻ってこなかった。
ウトナピシュティムは神々に犠牲を捧げた。犠牲の匂《にお》いによって、エンリル神は大洪水を逃れた人間がいたことを知って立腹するも、エア神の執り成しが功を奏した。エンリル神はウトナピシュティムとその妻を神々のごとくし、はるか遠くの河口に住むよう命じた。

ここではウトナピシュティムの話はギルガメシュに対して語られている。では、シュメル語版『大洪水伝説』の主人公ジウスドゥラの話は誰に向けて語られたのだろうか。

ジウスドゥラが語る相手

本章冒頭で紹介したように、シュメル語版『大洪水伝説』は物語全体の四分の一ぐらいしか残っていないので、わからないことが多い。『ビルガメシュ神の死』(二四八ページ参照)「メ・トゥラン(バグダード北東方、テル・ハダド遺跡)版」のなかには、神々がビルガメシュの功績を数えあげ、功績のひとつとして「大洪水の生き残りジウスドゥラから古代の知識を学んだ」と書かれていた。

ということは、ジウスドゥラは『ギルガメシュ叙事詩』のウトナピシュティムと同様に、大洪水の話をビルガメシュに語っていた可能性がある。

『アトラ(ム)・ハシース物語』

前二千年紀に、アッカド語で書かれた『アトラ(ム)・ハシース物語』は次のような話である。アトラ(ム)・ハシースとはアッカド語で「最高賢者」の意味で、ウトナピシュティムを指すという。

> 労働を肩代わりさせるために創造された人間が増えすぎ、その騒々しさが神々を悩ます。なかでも、立腹した最高神エンリル神は人間を滅ぼすために疫病や旱魃《かんばつ》を送るが失敗し、つ

いに大洪水を送ることにする。
エア神から大洪水を知らされたアトラ（ム）・ハシースは船に家族や動物を乗せる。七日七晩の大洪水で人間は滅亡する。だが、アトラ（ム）・ハシースが助かったことでエア神は神々から非難され、人間が増えすぎないように、不妊などを定めた。

この物語では、なぜ神々が人間を滅ぼそうと考えたかが説明されている。「騒々しい」というたわいのない、とってつけたような理由である。

「大洪水伝説」といえば

ヨーロッパ人の知るところ

「大洪水伝説」は世界中にある。『金枝篇』で知られるJ・G・フレーザー（イギリスの比較人類学者）は『金枝篇』につぐ労作である『旧約聖書の民俗』（一九一八年）のなかで、世界各地の「大洪水伝説」が一地点から伝播したとは考えられず、各地で同じような原因から並行発生したこと、だがバビロニアとイスラエルの「大洪水伝説」は同系列であると論じている。

ヨーロッパ人の大部分はキリスト教徒、一部はユダヤ教徒であるが、どちらも『旧約聖書』

は読んでいた。そのなかの「ノアの大洪水」の話はよく知られていたし、原典は失われていたがベロッソスの『バビロニア史』が伝える「大洪水伝説」についても一部の人たちには古くから知られていた。

「ノアの大洪水」と人間の罪

「大洪水伝説」で最もよく知られているのは『旧約聖書』「創世記」六～九章の「ノアの大洪水」であろう。これはシュメルにはじまるメソポタミアの「大洪水伝説」が採用され、イスラエルの一神教の考え方で修正が加えられたものである。

「ノアの大洪水」はかいつまんでいうと、次のような話である。

> 神は人間を創造したが、「地上に人の悪が増し、常に悪いことばかりを心に思い計っている」(六章五節)ので、神は人間を滅ぼすために大洪水を起こすことを考える。だが、「神に従う無垢《むく》な人」(九節)ノアだけは助けてやろうと箱船をつくらせ、そこに彼の家族や動物などを乗り込ませた。
>
> 雨が四〇日四〇夜降り続け、洪水は四〇日間地上を覆い、箱船にいたノアとその家族や動物など以外は死に絶えた。一五〇日の後に水が減り、箱船はアララト山の上に止まった。

窓を開け、烏を放すが水が引いていないので戻ってきた。ついで鳩を放つ。一回目は戻ってくるが、さらに七日後に鳩を放つと鳩はオリーブの葉をくわえて戻ってきた。
ノアは神に犠牲を捧げた。神はノアと息子たちを祝福し、「わたしがあなたたちと契約を立てたならば、二度と洪水によって肉なるものがことごとく滅ぼされることはなく、洪水が起こって地を滅ぼすことも決してない」といわれた（九章一一節）。

「ノアの大洪水」では人間に罪があり、その罪のゆえに人間を滅ぼすことが目的で神が大洪水を送られた。神が大洪水を送る決定をするとともに、助けるべき人間ノアに大洪水から逃れる術《すべ》を教えることもした。このように一神教の神は、「シュメル神話」のように多神教の神々が分担した役割を一神で捌《さば》いている。そして、神と契約を結べば、大洪水は起きないとされている。

ベロッソスの伝える「大洪水伝説」

バビロニアの「大洪水伝説」はヘレニズム時代にも知られていた。前三世紀中頃に、バビロン市の神官であったベロッソスは『バビロニア史』をギリシア語で書いて、当時バビロニアを支配していたセレウコス朝（前三〇五～前六四／六三年）の王に献上した。原文は残存せず、全体は不明であるが、この『バビロニア史』は次のように「大洪水伝説」に触れている。

ギリシアの大神クロノス神が、夢でクシストロスに大洪水で人類が滅亡することを告げる。クロノス神は船をつくって家族や動物を乗せるようにクシストロスに命じた。大洪水が起こり、そして収まったかどうかを知るためにクシストロスは鳥を放つ。三度目に放ったときに、鳥は戻らず、水が引いたことを知る。クシストロスは神々に犠牲を捧げた。クシストロスとその妻らは神々の住まいに住むようになった。

ここではバビロニアの「大洪水伝説」のあらすじをほぼ忠実になぞっている。クシストロスという名もジウスドゥラのギリシア語化である。

選ばれた人

大洪水が襲うことを告げられ、主人公とその家族たちといったごく限られた人間だけが助かるといった筋立てはジウスドゥラからノアにいたるまで一貫している。人間はほぼ全滅することになるが、主人公たちは「ほかの人たちも助けてください」と神に命乞《いのちご》いをしたり、または「私もほかの人たちと一緒に滅びます」といった選択はしていない。世の中には悪人もいるが、

	シュメル語版大洪水伝説	ギルガメシュ叙事詩	アトラ(ム)・ハシース物語	旧約聖書	バビロニア史
主人公	ジウスドゥラ	ウトナピシュティム	アトラ(ム)・ハシース	ノア	クシストロス
罰す神	神々	神々	エンリル	神	クロノス
救う神	エンキ	エア	エア	神	クロノス
船	巨大な船	船	船	箱船	船
山		ニムシュの山		アララト山	アルメニア地方の山
鳥		鳩、燕、烏		烏、鳩、鳩	鳥

2－6　大洪水神話の比較

一方で多くの善人や義人もいる。だが後者のような人たちへの配慮は一切ないことになる。

こうした筋立ての背景には、実際の大洪水は常日頃の人間の行いとは一切関係なく、善人も悪人も一律に滅ぼし、たまたま運の良い人だけが助かったということがあるのではないだろうか。だが、助かった人が悪人では死んだ人たちが報われないし、生きていく人たちも釈然としないであろう。そこで、ジウスドゥラのような神を恐れ敬う、慎み深い人間が選ばれることになった。

だが、シュメル人は「神に選ばれた人」といった考え方を発展させなかったが、後代のイスラエル人は純化させていった。

新たな神話

シュメル語版『大洪水伝説』は「ノアの大洪水」に継承されたことで、数多《あまた》ある伝説のなかでも、長くそして広く伝えられる伝説となった。人間は水なしでは生きら

2－7　「湾岸戦争」前のメソポタミア湿原

れない生物で、水は人間にとって恵みとも脅威ともなり、水害は二一世紀になっても常に起こっている。『大洪水伝説』を読むときに、多くの人々は自分の経験が脳裏に浮かび、客観的にではなく、感情移入して読んでしまう。これが長くそして広く伝えられた理由のひとつである。

　現在のイラクでは洪水は減った。一九六〇年代にはじまったユーフラテス河、ティグリス河上流のトルコ、シリアそしてイラクでのダム建設などが原因である。だが、洪水が減ると同時に、氾濫《はんらん》によって土地が肥沃になるという循環が失われた。人間の知恵は一見して優れているようでいて、自然の奥深さに到底かなわないところがある。

「イラン・イラク戦争」（一九八〇～八八年）ではペルシア湾付近のメソポタミア湿原が戦場となった。「湾岸戦争」直後の一九九一年には、湿原に住むシーア派住民が反政府武装蜂起《ほうき》をしたために当時のフセイン政権が湿原を干上がらせた。これによってメソポタミア湿原はほぼ壊滅し、シュメル人以来の伝統的な水辺で暮らす人々の生活基盤が失われてしまったという。

　さらに、環境破壊がこのまま進むと、地球規模での温暖化も一因となり、二一世紀末にはユーフラテス河流域では雨量が四一パーセントも減るとの試算が出され、水を巡る争いも心配されている。

水不足や飢饉《ききん》を主題とする新たな神話がいつの日か書かれたとき、古代の神話作者のように救いの神としてのエンキ神を登場させ、賢者を救うことで人間に希望をもたせ、再生につながる物語を紡ぐことができるだろうか。

さて、「大洪水」の重い話はこれくらいにして、次章では一転してエンキ神も登場する「楽園神話」を楽しんでいただこう。

第三章
「楽園神話」と農耕牧畜比較論

生命を奪う荒ぶる神（左）と密かに生命を育む神　シュメルの夏は酷暑。灼熱の太陽のもとですべての植物は枯死寸前になる。そんななか木蔭で萌芽を励ます大いなる神々。右側の豊饒祈願儀礼では犠牲を捧げ、香が焚かれているようだ（円筒印章印影図。アッカド王朝時代。ルーヴル美術館蔵）

『エンキ神とニンフルサグ女神』――シュメルの「楽園神話」

登場する主な神々

エンキ神　エリドゥの都市神。深淵の神、知恵の神

ニンフルサグ女神　別名ニンシキル、ニントゥ、ダムガルヌンナ。大地・豊饒の女神

イシム神　イシムドあるいはウスムとも。エンキ神の伝令・従神。双面神

清らかな地ディルムン

昔、ディルムンという、とても清らかな国があった。ここでは烏がカアカア鳴くこともなく、鷓鴣《しやこ》も鷓鴣らしく鳴いたりしない。獅子は殺戮《さつりく》せず、狼《おおかみ》も仔羊《こひつじ》を獲《と》らないし、犬は仔山羊《こやぎ》を服従させることを知らず、豚も穀物を食い荒らさないのだった。

また眼病も頭痛も名乗りをあげないし、「老けちゃったわ」と嘆く老女も「老いさらばえた」とぼやく老人もいなかった。

軍令が町を包囲することもなく、町の周囲に哀歌が流れることもなかった。

豊かな水と穀物の地ディルムン

あるとき、エンキ神が妻である清純な女神ニンシキルと二人きりで憩っていると、女神は父とも慕うエンキ神に「ディルムンの町を、あなたは築いてくださいました。でも、町の運河には水がなく、町の耕地には穂が実りません」と訴えた。

「太陽神ウトゥが天空に差し掛かると、新鮮な水が地上に降りてくるのだが、月神ナンナの宮居《みやい》から水は地下へと流れていってしまうのだ。だが、その地下水から、ディルムンの地に甘い水が流れてくるようにしよう。そなたの町はその水を潤沢に飲むように。水溜《みずた》まりの塩水を新鮮な真水にし、耕地を豊かに実らせ、そしてディルムンを国のために波止場の大倉庫としよう」とエンキ神が答えると、ディルムンはほんとうにそのように豊かな地になり、飲み水が潤沢で、穀物が繁茂し、波止場の倉庫も満たされた。

そこでエンキ神は沼地でニンシキル、国土の母ニントゥ、ダムガルヌンナつまり妻ニンフルサグ女神と交合した。女神の一日は人間の一ヵ月、九日は九ヵ月、やがて女の産み月になり、国土の母、豊かで上等な油のごとき女神ニントゥはニンニシグ女神を産む。

あるとき乙女ニンニシグが岸辺にやってくると、沼地からそれを見たエンキ神は従神イシ

3－1　大いなる女神（左）に拝謁する若い植物女神（右）　山型の椅子に座る多重角冠の女神（ニンフルサグか）は両肩から植物が芽生え、手に穀物の穂をもつ。1対角冠の女神の両脇からも穀物が育っている（円筒印章印影図。アッカド王朝時代。スイス、フリブール大学蔵）

ムに「この素敵な乙女に口づけしてはいけないだろうか」とたずね、従神が「素敵な乙女に口づけなさいまし。そうしていけないわけなどございません」と答えた。エンキ神は船から上陸して、乙女を胸にいだき、口づけをし、その畑に種を蒔《ま》いた。

豊かで上等な油のごときニンニシグ女神はエンキ神の種子を得、やがて月満ちるとニンクラ女神を産んだ。続いて乙女のニンクラ女神にも同じことが起き、豊かで上等な油のごとき女神ニンクラはウットゥ女神を産む。

ニンフルサグ女神の浮気対策

そこで、生命の女神ニントゥつまりニンフルサグは、乙女ウットゥに入れ知恵した。

「私のいうことをよくお聞きなさいね。いまに沼地のほうからブラブラとエンキ神がやってきて、あなたのことを見初めます。でもエンキ神のいうことを聞いてはいけません」

エンキ神に声をかけられたウットゥ女神は、忠告に従って「胡瓜《きゅうり》や柄つきりんごやぶどうの房をもってきてくださったら、宅にお入りになって私の端綱《はづな》（牛馬の口につけて引く綱）をお執りになってもかまいません」とディルムンでは入手しにくい贈り物を要求した。ところが、エンキ神が再び溝や運河や耕地の畝に水を満たすと、大喜びの庭師がエンキ神の膝《ひざ》いっぱいに胡瓜や柄つきりんごやぶどうの房を捧げたので、エンキ神は破顔一笑、それを手に抱えてウットゥ女神のところへ一目散。扉を叩《たた》いて「開けておくれ、開けておくれ」「どなたでしょうか」「庭師だよ（笑）。お前の望みどおり胡瓜やりんごやぶどうをもってきてやったのだよ」。

それを聞くや、美しい乙女ウットゥ女神は喜び勇んで扉を開けた。エンキ神は女神を抱きしめて愛撫《あいぶ》し、その畑に種を蒔き、乙女ウットゥはエンキ神の種子を宿す。ところがニンフルサグ女神はウットゥの下腹部からその種子を引き出してしまったのである。

姿を消した豊饒女神ニンフルサグ

そんなわけでウットゥ女神から子供が生まれる代わりに、ニンフルサグ女神の計らいで大地に八種類もの草が芽生えたのだが、沼地からそれを見つけたエンキ神は従神イシムにそれ

3－2　エンキ神（左）　双面のイシム神に導かれて根こそぎ植物を運ぶ神（円筒印章印影図。アッカド王朝時代。ニューヨーク、P・モルガン図書館蔵）

らの植物を順々に引き抜いてこさせ、それぞれの運命を定めてからすっかり食べてしまう。

ニンフルサグ女神の怒るまいことか、「エンキが死ぬまで、私は生命の眼《め》で見ることはしないでしょう」と激しい呪《のろ》いの言葉を浴びせて姿を隠し、世は不毛の世界と化す。エンキ神は食べた植物に当たってひどい病気になってしまい、天の神々アヌンナ諸神は、ただオロオロと土埃《つちぼこり》のなかに座り込むばかりだった。

世界最初の「病人」と治療

そこへ狐《きつね》がやってきて、神々の王者エンリル神にいう。

「もし私めが、ニンフルサグ女神様をここにお連れできましたら、なにをしてくださるというんで」「もしお前にそれができたら、お前の町に二本の樹木を植え、町じゅうにお前の名声を広めよう」

すると狐は体に香油を塗りつけ、毛皮の塵を払い、眼元に化粧などして、エンリル神の都市ニップル、ナンナ神の都市ウル、ウトゥ神の都市ラルサ、イナンナ女神の都市ウルクなど

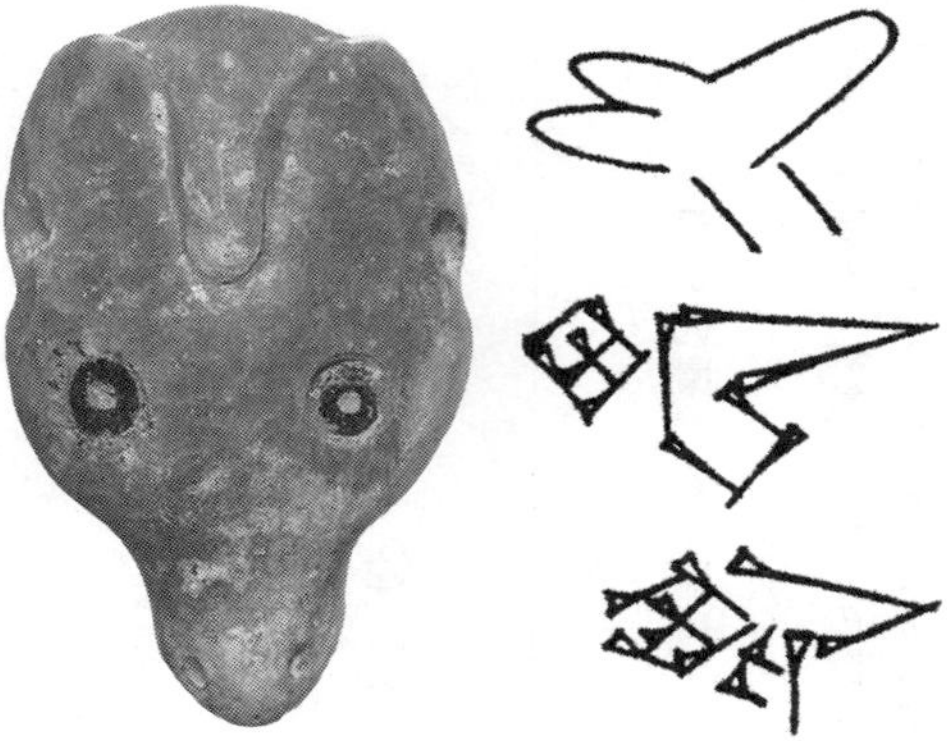

3－3　（左）狐面の護符　両耳の後ろに紐用の穴が貫通している（幅2.3cm、長さ3.2cm。前2800年頃。レオ・ミルデンバーグ・コレクション蔵）。**（右）「狐」の絵文字と楔形文字**　上からウルク文化期、シュメル古典期、古バビロニア時代

を経巡り、やがてニンフルサグ女神を見つけ出すことに成功した。

ニンフルサグ女神が姿を現すと、アヌンナ諸神はもう逃がすまいぞ、と女神の衣をしっかり摑《つか》んだ。女神は病めるエンキ神を己《おの》が陰部に座らせ、治療することにした。

「愛《いと》しい兄様、どこが病んでいるのですか」「頭のてっぺんが痛い」。ニンフルサグ女神はそこからアブ神を産み出す。「毛髪（パシキ）が痛い」。すると女神はそこからニンシキラ神を産み出す。また病む鼻（キリ）からニンキリウトゥ女神を、病む口（カ）からニンカシ女神を、病む喉《のど》（ズィ）からナズィ女神を、病む四肢（ア）からアジムア女神を、病む肋骨《ろっこつ》（ティ）からニンティ女神を、病む脇腹《わきばら》（ザグ）からエンザグ神を、というように病に対応する神々を次々と産み出した。それから女神は次のようにいった。

「この子たちに誕生祝いを忘れてはなり

ませんね。

アブは草木の王者となるように。ニンシキラはマガンの主《あるじ》となるように。ニンキリウトゥはニンアズと結婚するように。ニンカシは心身を満たすものとなるように。ナズィはニンダラと結婚するように。アジムアはニンギシュジダと結婚するように。ニンティは暦の月の女主人となるように。そしてエンザグはこのディルムンの主となるように」

エンキ神万歳。

「エデンの園」と「楽園〈パラダイス〉」の源流

植物創造譚と「病気と治療」の話

ディルムンはペルシア湾に浮かぶ島バハレーンとその周辺と想定されている。バハレーンは、古来、なつめやしやたまねぎ貿易、貴重な木材や石材の交易中継地、真珠の産地として名を馳《は》せていたが、現在は産油国として有名である。

エンキ神と妻であるニンシキル／ニンフルサグ女神との交合からニンニシグ女神が誕生するが、このあとはエンキ神とニンニシグ女神、その娘であるニンクラ女神、さらにその娘ウットゥゥ女神との交合という、「清らかなディルムン」にはちょっとふさわしくない状況が展開する。その悪循環を断ち切るために、ニンフルサグ女神はエンキ神の種子を取り出して大地に蒔いた。大地は豊饒女神である「山の女主人」ニンフルサグの領域で、ここに芽生えた植物に命名し、運命を定めるのは女神の当然の権利だった。ところがエンキ神は自分の孫子《まごこ》というべき八種類の植物の運命を勝手に定め、その挙げ句にそれらすべてを食べてしまったのである。

エンキ神の理不尽な振る舞いに怒って姿を隠してしまうニンフルサグ女神は、「記紀神話」に描かれる天照大御神《あまてらすおおみかみ》が弟の須佐之男命《すさのおのみこと》の乱暴な仕打ちを嘆いて天岩屋《あまのいわや》に隠れた故事を連想させる。天照大御神の場合は世の中が真っ暗になったが、ニンフルサグ女神の失踪《しっそう》でディルムンは不毛の世界になってしまう。女神探索を志願した狐は霊獣なのか、魔除《まよ》けのアイシャドウを施し、身ぎれいにしてシュメルの主要都市とその守護神たちを経巡り、呪術的な振る舞いで、失踪した女神ニンフルサグ発見に成功した。エンキ神は史上初の「病人」として、妻であるニンフルサグ女神に治療してもらうことになる。ここであげられる「病気」の多くは実際にシュメル社会で見られたものであろう。

詩の最後に「エンキ神万歳」と意訳したのは、シュメル語で「ディンギル・エンキ　ザミ」といい、ザミとは「賞讃《しょうさん》すること」を意味する。

シュメル人のユーモア感覚

この神話には語呂《ごろ》合わせや洒落《しゃれ》、繰り返しの要素が多く、宮中や神殿での聴衆に語りかける娯楽要素を含むもので、シュメル人の滑稽《こっけい》感覚が察せられる。

最後のところでも、八種類の植物が原因で生じた病名と取り出された神々に与えられた属性とは必ずしも関係がなく、むしろ音韻的な関連が強いように思われる。

患部と誕生した神々、ニンフルサグ女神が与えた「お祝い」とは、次のようであった。

頭のてっぺん（ウグ・ディリム）↓アブ神　…「草木の王者（ルガル）」
毛髪（パシキ）↓ニンシキラ神…………「マガンの主（エン）」
鼻（キリ）↓ニンキリウトゥ女神………ニンアズ神との結婚
口（カ）↓ニンカシ女神……………「心身を満たすもの」
喉（ズィ）↓ナズィ女神……………ニンダラ神との結婚
四肢（ア）↓アジムア女神……………ニンギシュジダ神との結婚
肋骨（ティ）↓ニンティ女神…………「暦の月の女主人（ニン）」
脇腹（ザグ）↓エンザグ神……………「ディルムンの主（エン）」

草木の王者アブ神は「草木の父（アブウ）」で、その音韻は「ウグ（頭蓋《とうがい》）」と類似している。

ちなみにウグ・ディリムは「頭頂部」の意味だが、ディリムの意味はなぜか「匙《さじ》」である。マガンの主になるニンシキラ神は「シキ（毛）」、「ラ（生やす）」で、育毛の神か。「パ」は小枝や葉っぱなどを指すが、まさか「枝毛」ではないだろう。マガンはペルシア湾出口付近、現在のオマンのあたりと考えられ、「ディルムンの主」エンザグ神は元来「インザク」という土着の神だったようだ。ここにこれらの地名が登場する理由を、前三千年紀末のペルシア湾内にいくつもの島嶼《とうしょ》が隆起した事実と関連させる研究者もいる。

ニンキリウトゥ女神の「ウトゥ」は「産む、創《つく》り出す」ことに関係する語だが、「鼻を創る」では意味をなさず、ここでは助産女神と配偶神ニンアズ（「医師なる主人」）との組み合わせなのだろうか。しかしニンアズ神は冥界神でもある。

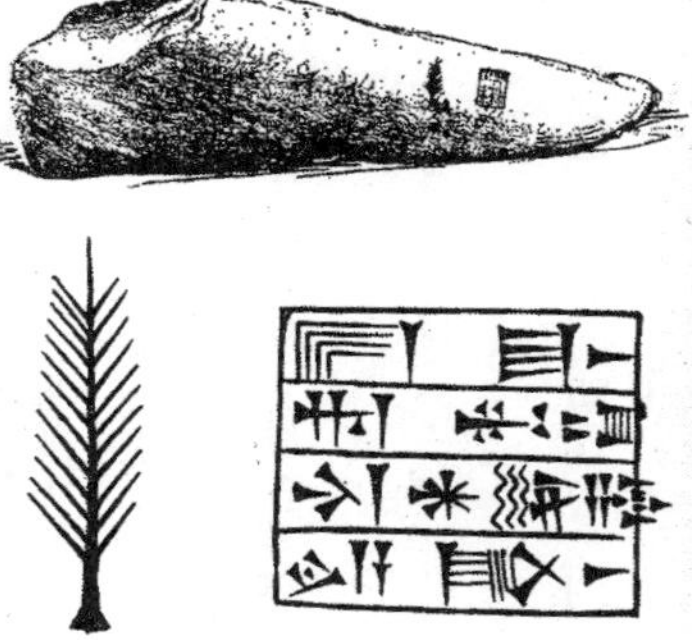

3－4　インザク神の銘のある石碑　元来は神殿の礎石部分だったようだ。3行目には「神インザク」の文字が刻まれている（バハレーン出土。前1800年頃。現在は所在不明）

「口（カ）」を「満たす（シ）」女神ニンカシは、「心身を満たすもの（ニグシャグシ）となれ」と祝福される。ニグシャグとは「内部にあるもの」の意味で、「胎児」と取る説もあるが、ここは安産の女神よりは「ビールの女神」と捉《とら》えたい。シュメルでは葡萄酒（ゲシュティン）よりもビール（カシュ）のほうが一般的な飲み物であったので、種類も多く、祭儀に使用するお神酒《みき》もビールであった。

ニンダラ神は一般にはシララ（ラガシュの一地区）の守護女神ナンシェの配偶神なので、ナズィはナンシェ女神の別称とも考えられる。（ニン）アジムア女神の配偶神ニンギシュジダ（佳《よ》き樹木の主人）は、神統譜的にはニンアズ神の子神とされ、同じく冥界神であり、ラガシュの王グデアの個人神としての図像（一七〇ページ参照）では、角冠の蛇頭が両肩から飛び出した姿で描かれている。

ニンティ女神の「ティ」は、シュメル語で「肋骨」のほか「生命」をも意味し、この組み合わせはアダムの肋骨から創られた女性が夫のアダムによってエバ（命）と名づけられたという聖書の物語を連想させる。


「ディルムン」はシュメル版「エデンの園」か

この神話の冒頭に「その国は清く穢《けが》れなく、獅子は殺戮せず、狼も仔羊を獲らず、犬は仔山羊を服従させることを知らず、豚も穀物を食い荒らさなかった。老衰や病気もなかった」という記述があることから、最初にこの文書に接した研究者たちは、これこそ『旧約聖書』「創世記」の元祖「楽園神話」だと考えたのである。

「清らかな地、ディルムン」には、水というものがなく生き物が育たないので、エンキ神が「地下の水の口から、ディルムンの地に甘い水が流れてくるようにしよう」といい、その結果

「ディルムンは飲み水が潤沢で、穀物が繁茂し、波止場の倉庫も豊かになった」。これは『旧約聖書』「創世記」の「神が地と天を造られたとき、地上にはまだ野の木も、野の草も生えていなかった。主なる神が地上に雨をお送りにならなかったからである。また土を耕す人もいなかった。しかし水が地下から湧《わ》き出て、土の表をすべて潤した」(二章四〜六節)という「エデンの園」の記述に対応しているといえばいえないこともない。

しかしよく読むと「ディルムン」は決して「邪悪なことがなにもない楽園」の記述ではない。その場所は「文明」というものに無知な世界だっただけで、最初は生命に不可欠な「水」さえ存在しなかったのである。「文化生活」はどうしても清浄、無邪気ばかりではいられない。食卓を豊かにしようと思ったら、他の動植物の生命を奪わねばならない。大地を耕せば「雑草」は抜かねばならず、牧畜に従事すれば、野獣が「家畜」を狙《ねら》うのは必定である。そういうわけでシュメル神話『エンキ神とニンフルサグ女神』はいわゆる快楽ばかりの「楽園」を記述したものではないのである。

「エディン」と「エデンの園」と「楽園(パラダイス)」

「創世記」のエデンの園から流れる四本の河の名前にティグリスとユーフラテスが含まれていることから、エデンの園はメソポタミア地方に実在したのではないかという説も出た。実際、シュメル語には「エディン」という単語がある。アッカド語でも「エディヌ」というが、これはシュメル語からの借用語であろう。

神話『エンキ神の定めた世界秩序』には「エンキ神はアンエディンナに、ラピス・ラズリの宝冠を与えた。アンエディンナの支配者として、アンエディンナの巨大な獅子、エンリル神の逞《たくま》しき猛者《もさ》であるシャカン神を王とした」とあり、また『ドゥムジ神とエンキムドゥ神』では「農夫のエンキムドゥがやってくると、エディンのなかにいた牧夫ドゥムジは威勢よく喧嘩《けんか》を吹っかけた」という。『イナンナ女神とエンキ神』の冒頭にも「女神はエディンの宝冠シュグラをかぶり、……」という表現が見られる。また初期王朝時代の王碑文には、「(エアンナトゥム王は)ニンギルス神のために彼の愛する耕地、グエディンナを取り返した」、「ラガシュのエンアンナトゥムがウンマのエンアカルレとの間で境界を定め、運河をヌン川からグエディンナの野に導いた」というように記されている。

しかし、このような「エディン」という言葉の意味は、単に「空き地、草原、原っぱ」ということにすぎない。アンエディンナ「エデンの空」は広大な草原「天《あま》が原」を指し、グエディンナは「エデンの首」という地名である。

ウル第三王朝の滅亡でシュメル人は歴史の表舞台から姿を消したが、その後もシュメル語の文章を勉強する書記養成用に、神話や王碑文のテキスト類が古代オリエント世界に伝播した。時代とともに単語それぞれの意味は少しずつ変化するが、「エディン(原っぱ)」という語もいつのまにか「エデン=楽園」というイメージに再形成されてゆく。

ところで、楽園を意味するもうひとつの語「パラダイス」は、じつはメディア語（前八世紀後半からイラン高原に栄えたメディア王国の言語）の「パリダイサ」がメディアを滅ぼしたアケメネス朝ペルシアを経てギリシアに流入した単語で、こちらも元来は単に「周囲（パリ）を煉瓦（ダイサ）などで囲った庭園・狩猟園」を指す語だったという。

3－5　エデンの園のアダムとエバ　左は若い2人が中央の知恵樹にひそむ女蛇から果実を受け取っている。右は「楽園追放」の2人。すでに老けている（ミケランジェロ作。16世紀初頭。ヴァチカン、システィナ礼拝堂）

知恵の木と命の木

シュメルの神話ではなんと「知恵の神」であるはずのエンキ神が、自分の孫子《まご》にあたる植物を次々と食べて病気になってしまうが、『旧約聖書』では「エデンの園」の人類最初の男性アダムとその妻エバとが、蛇の誘惑に負けて禁断の知恵の木の果実を食べてしまう。

神はアダムとエバに皮の衣をつくってやってエデンの園から追い出し、知恵ばかりか永遠の命までもたれてはならぬと思われたか、「命の木に至る道を守るために、エデンの園の東にケルビムと、きらめく剣《つるぎ》の炎を置かれた」という。そうしてみると、神ヤハウェにとってエデンの東には防御すべきなにかがあるわけで、「闖入者は東方からく

3－6　近代の「バビロンの淫婦」ロンドンの荒廃図
19世紀の画家ドレによる、はるか南半球の移民先から帰還したニュージーランド人が見るであろうテムズ河畔のSF的な場面

る」と思われていたようだ。「エデンの園」から追放されたアダムとエバがもうけた長男カインは、弟殺しの罪で「世界初の殺人犯」となり、放浪の末に行き着いた先も「エデンの東」で、カインはエデンの東の「ノドの地」に住んだとされるが、この「ノド」というのは、元来は固有名詞ではなくヘブライ語で「さすらい」の意味だという。

ところで昔のハリウッド映画に『エデンの東』（一九五五年）というのがあった。カインとアベル兄弟の葛藤《かっとう》を現代に置き換えた物語だが、主役のジェームス・ディーンはやんちゃなアベルさながら、愛車を運転中に事故を起こし、この世を去ってしまう。まだ二四歳の若さだった。

さて古代人は、「エデンの東」にはいったいなにがあると考えていたのだろうか。

「エデンの東」にあるもの

古代イスラエル人は、前一一世紀頃地中海岸地域に建国し、その後北王国「イスラエル」と南王国「ユダ」という二つの王国に分裂した。前八世紀後半にアッシリアに強制移住させられた北王国の民も前六世紀初頭に「バビロン捕囚」となった南王国の民も、故国から遠く離れた東方のメソポタミア地方で、高度の都市文明を目《ま》の当たりにした。「東方の大都会での豪奢《ごうしゃ》で猥雑《わいざつ》な文化生活」の記憶は、前五三八年にアケメネス朝ペルシア王キュロスによる解放令で故郷のエルサレムに帰ってからも長く人々の脳裏に残ったものとみえる。この都市文明、つまり聖書の「バビロンの淫婦《いんぷ》」こそが「エデンの東」の「悪の権化」だったと思われる。

ともあれ「バビロンの淫婦」は長く都市文明の悪弊を象徴するものとされ、今から一五〇年ほど前の一九世紀中頃、産業革命後の西欧で最も繁栄していた大都市パリ、ロンドンの代名詞としてもよく使われた。現代社会では「都市のない生活」など想像もつかないが、世界で最初に都市生活を享受したのがシュメル人であったことを考えると、「エデンの東」「バビロンの淫婦」の功罪の元祖は「シュメル文明」だったといえないこともない。

次に「シュメル文明」の運命を決定するエンキ神の物語を紹介しよう。

『エンキ神の定めた世界秩序』

登場する主な神々

エンキ神　　エリドゥの都市神。深淵の神、知恵の神

イナンナ女神　ウルクの都市神。愛と豊饒の女神。天の女王

世界の運命を定める決意のエンキ神

あるとき、エンキ神は世界の運命を定める決意を表明した。

「私はアン神の長子、国土の大いなる君主、すべての異国の父、豊かさをもたらすもの。アン神とともにその玉座に座り、正義を監督し、エンリル神とともに良き運命を定めるものであり、またアヌンナ諸神の指導者である。

私が天に向かうと、豊かな慈雨が降り注ぎ、私が地に近づくと、鯉の洪水が嵩《かさ》を増す。緑の耕地に近づくと、私の言葉とともに穀物が豊かに積み上げられるのだ。

我がアブズ（深淵）では聖歌と祈禱《きとう》が絶えず聞こえる。我が旗艦『アブズの牡鹿《おじか》』は速やかに航行し、漕《こ》ぎ手の舵《かじ》は掛け声に合わせて一糸乱れず、彼らの歌う歌声が川面《かわも》に陽気な雰囲気をつくりあげる。メルッハやマガン、ディルムンには我が方を見させよう。ディルムンの船には木材を運ばせよう。マガンの船には地の果てまで航行させよう。メルッハの帆船には金銀を運搬させ、国土の王エンリル神の都ニップルに届けさせよう。

いざ行かん。私はエンキ神。国じゅうを巡って、運命を定めよう」

聖船「アブズの牡鹿」で出発

エンキ神の船の艦長（エンシ）であるニンギルシグ神は黄金の指揮棒をふるい、地下水に棲む五〇柱のラハムたちは主人エンキを讃美《さんび》した。

エンキ神はまずシュメル全土の運命を定める。

3－7　葦原を航行する聖船　中央の神の両肩から豊かな水がほとばしり、植物が芽を吹いている。葦原は浅いのか、猪が闊歩している（円筒印章印影図。アッカド王朝時代）

「シュメルよ、天地の国土よ。輝かしさに満ちた地よ、人々は日の出から日の入りまで聖なる掟『メ』に従うのだ。この地で生まれた王（ルガル）たちは美々しき王冠をかぶり、この地で生まれた君主（エン）たちは宝冠をかぶるのだ。シュメルの君主たちは神々の王たるアン神とともに天の玉座に座るのだ。偉大なるアヌンナ諸神がシュメルのなかに住み、聖なる建物で聖餐《せいさん》をとるのだ。シュメルの家畜は殖《ふ》えよ。その聖なる建物は天まで届け」

　次にウルへ進み、「ふさわしきものすべてをもつ都市よ。豊饒の祭壇は山のごとく、エンキ神が運命を定めた都市ウルの聖域は天まで届くであろう」と運命を定める。

続いてメルッハの国へいき、「黒い国よ。汝《なんじ》の杉は偉大な樹木であれ。汝の森は高地のメシュ樹の森となれ。その樹木からつくられる椅子《いす》は王宮を飾るように。汝の葦は偉大なる葦となれ。汝の牡牛は山々の野牛のように吼《ほ》えよ。汝の国土のすべてが豊かであるように」と運命を定めた。それからディルムンを清め、ニンシキラ神にその管理を任せた。ニンシキラ神は魚卵を育成し、耕作地になつめやしを育てて、その実を食用とした。

エラムやマルハシの反逆の王たちを滅ぼし、銀やラピス・ラズリをエンリル神のためにニップルに運ばせた。都市をもたず、家ももたないマルトゥの人々には動物を贈った。

またエンキ神はユーフラテス河のかなたにも目を向け、いきり立った牡牛のように張り切って射精し、ティグリス河に湧き立つ流水をもたらした。甘い葡萄酒がつくられ、大麦（シエ）も育ち、斑入《ふい》り大麦（シェグヌ）さえ実った。エンリル神の神殿エクルはそれらでいっぱいになり、エンリル神はエンキ神とともに喜び、ニップルの人々は歓喜した。

ティグリス・ユーフラテス両河の管理をエンビルル神に委託し、沼地に声をかけ、さまざまな種類の鯉を放ち、葦床には新旧の葦を生い茂らせた。

次にエンキ神は大海（ペルシア湾）に向かった。この恐ろしい海の高波による洪水と魚類の制御を、シララの女主人ナンシェ女神に委託した。

エンキ神は天の雨を呼び、雲を浮かべ、塚を畑に変え、それらの管理をアン神の息子で天地の運河の監視者、嵐を制御するイシュクル神に託した。また牡牛らに犂《すき》や軛《くびき》をつけて耕作させ、耕作地に大麦を育成させ、その管理をエンキムドゥ神に委託した。

エンキ神は耕作地に語りかけ、斑入りその他のいろいろな麦や穀類、ヒヨコマメやレンズマメなどを実らせて、収穫を増大させ、エンリル神とともに人々の生活を豊かにし、その管理をパンや穀物の女神エジナに任せた。また粘土をこね、煉瓦の型をつくり、それらの管理を煉瓦の神クッラに委託し、建築のことはムシュダマ神に委託した。

それからエンキ神は天が原「アンエディンナ」にラピス・ラズリの宝冠を与え、この緑豊かな場所をシャカン神に任せた。

羊舎や牛舎を建て、神々の聖なる食卓を豊かにする極上のバターやクリームを授け、その管理を、イナンナ女神の配偶神ドゥムジ・ウシュムガルアンナに任せた。また女性の仕事である織物の技術を物静かな女神ウットゥに託した。

仕事を求めるイナンナ女神

そんななかで、なんにも仕事が与えられないのはイナンナ女神だけになってしまった。女神は泣きながらエンキ神のところにやってきて「父上よ、エンキ神よ。エンリル神はあなたにアヌンナ諸神の運命を定める仕事を委《ゆだ》ねました。それなのにこの私、聖なる女神イナンナだけは除《の》け者です。エンリル神の姉妹アルル女神、ニントゥ女神は出産に関する仕事、我が姉妹のニンイシンナ女神はアン神のお世話、ニンムグ女神は金属加工術、ニサバ女神は書記術、ナンシェ女神は鳥や魚の管理と、みんな何かしらの役割を頂いたのに、私だけなんにもないのです。自分にもなにか役割を与えてほしいのです」と口説くと、エンキ神は女神に「喜ばしい声で語る女性らしさ。優美な衣装と女性の魅力。女性らしい話術」を授け、さらに「戦場では卜占《ぼくせん》によって吉兆をもたらし、また凶兆をも伝えさせよう。真っ直《す》ぐな糸をこんがらからせ、こんがらかった糸を真っ直ぐにするのだ。滅亡させずともよいものを滅亡させ、創造せずともよいものを創造させ、哀歌用のシェム太鼓から覆いを外させよう。乙女イナンナには聖歌用のティギ太鼓を家にしまわせよう」と約束した。

さて今や、エンリル神の御心《みこころ》は満たされ、人民を思う気持ちは満ち足りた。

父なるエンキ神万歳。

エンキ神のもたらす豊饒と「文化生活」

エンキ神の豊かさへの讃辞

この神話では、エンキ神は天空神アンの長子、シュメルの主神エンリルの兄弟、アヌンナ諸神の指導者とされている。エンキ神の聖所はエリドゥの神殿エアブズであるが、エクル神殿はニップルのエンリル神の聖所で、エンキ神はそこに豊饒を積み上げるのである。

エンキ神は水神として「豊かな慈雨」や「鯉の洪水」をもたらすが、この洪水は豊饒の要因であって、「大洪水伝説」に見られるような「世の終わり」を招く大嵐を伴うものではない。

異国の地、「遊牧民」

「すべての異国の父」でもあるエンキ神はシュメル・アッカドの地以外にも目を向ける。

先述のようにディルムンはペルシア湾のなかほどにあるアラビア半島寄りの島バハレーン周辺を指し、マガンはペルシア湾出口付近のアラビア半島南東部のオマン沿岸と考えられる。メルッハはもう少し遠方でインド亜大陸の西側、インダス河流域にあったようだ。

メシュ樹というのは家具などに用いられる木材にもなる樹木で、なつめやし以外にろくな樹木の育たないメソポタミアでは貴重なものだった。重要な交易品のひとつで、特に「マガンのメシュ樹」は有名だったが、ここではなぜか「メルッハのメシュ樹」が言及されている。また『エンキ神とニンフルサグ女神』ではマガンの主とされたニンシキラ神が、ここではディルムンの管理者という不統一な面もみられ、神話の多系列性がうかがえる。

エラムやマルハシは東方のイラン高原の地であり、マルトゥは西方の遊牧民で、シュメル人はこうした遊牧民を、都市文明を知らない「野蛮な種族」とみなしていた。

イナンナ女神のさまざまな性格

この物語の最後の部分で、イナンナ女神の複雑な性格が明らかにされる。

愛と豊饒の女神としての「女らしさ」、王権の守護女神としての「勝敗の予兆」を司る巫女《みこ》という性格づけは比較的わかりやすいが、「真っ直ぐな糸をこんがらからせ、こんがらかった糸を真っ直ぐにする」「滅亡させずともよいものを滅亡させ、創造せずともよいものを創造させる」といった対句は、気まぐれな女神の行動に運命を左右される人間の宿命を表しているのだろうか。シュメル人も経験の積み重ねから、「禍福はあざなえる縄のごとし」と悟っていたようである。それでは次にイナンナ女神の配偶者決定の物語を紹介しよう。

『ドゥムジ神とエンキムドゥ神』――農耕・牧畜「比較論」

登場する主な神々

ドゥムジ神　イナンナ女神への求婚者。「牧夫」、牧畜神
エンキムドゥ神　イナンナ女神への求婚者。「農夫」、農耕神
イナンナ女神　ウルクの都市神。愛と豊饒の女神。天の女王

ウトゥ神　イナンナ女神の兄弟神、太陽神

農夫か牧夫か

あるとき、太陽神ウトゥが妹であるイナンナ女神に結婚を薦めた。

「妹よ、乙女イナンナよ。羊小屋を手入れする牧夫と、畑の畝を耕す農夫が候補者だが」

するとイナンナ女神は「牧夫なんか絶対いやよ」と答えた。

若き勇者ウトゥ神は困惑し「妹よ、乙女イナンナよ、なにゆえにそなたは不服なのか。牧夫のバターは上等で、乳も上等。牧夫の手になるすべてのものが、なにもかも素晴らしい。イナンナよ、牧夫を夫と定めてはいかがか」と牧夫を擁護する。

そこに牧夫ドゥムジが登場して、農夫なんか目じゃないぞ、と喧嘩を吹っかける。

「農夫なんか、いったいどこがこの俺様《おれさま》より優れているというんだ。たかが土手と運河の世話男じゃないか。

農夫が俺様に黒い衣服をくれるというなら、俺様は奴《やつ》に黒い牝羊《めひつじ》をやろうじゃないか。白い衣服なら、白い牝羊さ。最上のビールを注いでくれようというのなら、俺様は黄色い乳を注いでやる。精製ビールなら、こっちは酸乳《サワークリーム》、醸造ビールなら泡立て乳、混ぜ物ビールならそれなりの乳だ。

最上の濾過《ろか》ビールをくれるというなら、俺様は農夫に凝乳《カード》をくれてやるし、最上のパンなら、俺様も似合いの乳製品さ。小さな豆なら小さなチーズ、大きな豆なら大きなチーズ。

奴の食べたり飲んだりが済んだなら、俺様はおまけのバターも、おまけのチーズも追加してやるんだ。その俺様よりもいったい、農夫の奴のどこが優れているというんだ」

それから農夫エンキムドゥの領域の河畔で気炎をあげて、羊たちを放牧した。

草地（エディン）のなかに放牧しているドゥムジに気付いた農夫エンキムドゥが近寄っていくとドゥムジはますます挑発するのだが、エンキムドゥはとても穏やかにこう言う。

「どうして僕が、君に逆らわなくちゃならないのだろう、牧夫ドゥムジよ。どうぞ、どうぞ好きなだけ、河畔でも切り株畑でも君の羊たちに草を食《は》ませてやりたまえ。ウルクの町の珠玉の耕地で穀物を食ませてやりたまえ。君の仔山羊や仔羊たちに我がスルンガル運河の水を飲ませてやりたまえ。乙女イナンナは君のものだし、イナンナにはお祝いの麦も豆もいくらでも進呈しよう」。これにはドゥムジも打ち解けずにはいられない。

「そんなら牧夫の俺様としても、お前を友と認めよう。農夫エンキムドゥよ、俺様の婚礼の席にはぜひ出席してくれよ。これからずっと親友だ」

エンキムドゥはドゥムジとイナンナとの結婚を認め、二人にはお祝いとして小麦や豆や脱穀済みの二条大麦など、なんでも喜ぶものをもっていくと約束した。
牧夫ドゥムジと農夫エンキムドゥとの諍《いさか》い話はこれでおしまい。イナンナ女神万歳。

都市生活を支える農耕と牧畜

「牧畜か農耕か」――シュメルの「論争詩」形式の一例

シュメルの詩の一分野に「論争詩」と呼ばれるものがある。『鳥と魚』『鷺《さぎ》と亀《かめ》』『夏と冬』『羊と麦』などなど、題名を見るとまるでイソップ寓話《ぐうわ》の先祖が勢揃《せいぞろ》いしたかのようだ。イソップの『北風と太陽』のようにシュメルの詩でも鳥や魚、夏や冬が擬人化され、各対決者がそれぞれ自分の利点をあげ連ね、相手の欠点をあげつらう。たとえばドゥムジとエンキムドゥにも似た論争詩『羊と麦』のあらすじは次のようである。

むかしむかしアン神がアヌンナ諸神を産み出したが、はじめは羊も麦も着るものも何もなかったので、神々は雑草を食み、溝の水を飲んで暮らしていた。やがて神々は天地の聖山に

3－8　聖婚の花婿姿の「王」を先頭に神殿へ奉納品を運ぶ　お神酒の動物型容器や首飾りとともに麦や羊が重要な捧げ物とされていたことが分かる（円筒印章印影図。ウルク文化期）

羊や麦を創り出したが、その美味《おい》しい乳やパンを人類に分け与えねばならず、いつも満足できなかった。そこでエンキ神とエンリル神の計らいで、人類が神々の聖なる食卓のために創造された羊と麦の世話をすることになった。

あるとき、立派になった羊と麦姉妹は葡萄酒やビールを痛飲した挙げ句に口論をはじめた。「羊というものは、肉も乳も毛も腸さえも有用なものだし、その皮は水の革袋やサンダルにもなるのよ」と羊が自慢すれば、麦も負けずに「麦ならパンはもちろんのこと、ビール製造に欠かせないふすま（マッシュ）にもなり、そのうえ羊を飼育さえするのよ」と応酬する。

そこでエンキ神が調停に乗り出し「まあまあ、姉妹なんだから、そう突っかからずに。とはいえ、ここは麦の勝利ではなかろうか。なんとなれば、人類は金銀宝石や羊なしでも生きられるが、麦なしには生活できないのだから」とエンリル神にお伺いを立てた。

『ドゥムジ神とエンキムドゥ神』では「嫁取り」を軸として「牧夫」代表のドゥムジ神が、己が利点を並べ、それらが「農夫」代表のエンキムドゥ神の提供物と比較して、いかに優れているかを主張している。普通の論争詩とちょっと違うところは、ドゥムジ神の主張は一方的であり、エンキムドゥ神は自分の弁護を一切しなかったことであろう。『羊と麦』では「麦の勝利」ということになっている。本編の冒頭でイナンナ女神が夫として農夫を選ぼうとしたのも、そうした価値基準を踏まえているとも考えられる。

優しすぎる(?)エンキムドゥ

「みんな仲良く、譲り合い」と保育園、幼稚園時代から教わる、現代日本の社会道徳の観念からいえば、なんでも競争相手に譲ってしまうエンキムドゥの行為は大いに賞讃されるべきものかもしれない。

しかし砂漠や荒野で、生きていくのに必要なものすべてを自ら調達しなければならなかった厳しい環境下の古代人にとっては、譲ってばかりいたのでは生活が成り立たない。そういった意味で、結局はイナンナ女神がドゥムジ神と結婚することになるのは、シュメル人にとっては必然的な成り行きだったのであろう。

次にイナンナ女神自身の闘争的な一面を表した神話を紹介しよう。

『イナンナ女神とエビフ山』――最古の「名」のある詩人の作品

登場する主な神々

イナンナ女神　愛と豊饒の女神。天の女王。王権の守護神

アン神　天空神。シュメルの最高神

イナンナ女神讃歌

「恐るべき聖なる力『メ』の女神、脅威を身にまとい、嵐と洪水に覆われた大戦場を駆け巡って血飛沫《ちしぶき》を浴びる、戦術とはいかなるものかを熟知しておられる偉大な女主人イナンナよ。天地のいかなるところでも獅子のごとく咆哮《ほうこう》し、人々を震い上がらせる。巨大な野牛のごとく敵対する国々に勝利宣言をなさる。我が女主人、乙女イナンナよ、天の偉大さを身にまとい、王者ウトゥ神のごとく立ち出られ、山の峰々を闊歩《かっぽ》して光輝を発するお方。光のなか、山の薬草クルギリンナで水浴なさり、輝かしい山々、聖なる地を産み出すお方。戦場の女主人、スエン神の偉大なる娘、乙女イナンナをここに讃える」

女神イナンナの決意

あるとき、イナンナ女神は北方の山岳地を平定しようと決意した。

「私は女神イナンナ、エラムやスビルを闊歩し、ルルブ族の山中にも分け入った。私は奥山目指してずんずん分け入ったが、山々は、エビフ山の峰々は私に恭順の意を示さなかった。私は彼らに恐怖を与えたい。大きな山肌には大きな破城槌《はじょうづち》、小さな山肌には小さな破城槌。私は聖なるイナンナ、さあ戦いを挑むのだ。生い茂る森には火をかけ、悪事に大鉈《おおなた》を振るい、火神ギビルに清めさせよう。近寄りがたいアラッタの山の峰々に、私は恐怖を撒《ま》き散らそう。

アン神が呪いをかけた都市のごとくに、もう二度と立ち直ることがないように。エンリル神が不快を示した都市のごとくに、二度と首をもたげないように。エビフ山は私の振る舞いをしかと見届け、この私に栄誉をもたらし、賞讃を贈るがよい」

イナンナ女神は王衣を身にまとい、畏怖《いふ》を招

3－9　敵を踏みつけるルルブ族の王アヌ・バニニに勝利をもたらす武装したイナンナ（イシュタル）女神（イラン、サルボレ・サハーブの磨崖碑。イシン・ラルサ時代）

く脅威「ニ」と聖なる力の光輝「メラム」で額《ひたい》を覆い、首には紅玉の花飾りをつけ、右手には七つ頭の武器「シタ」を荒々しく振りかざし、足首にはラピス・ラズリの飾りを巻き付けた。

イナンナ女神のアン神への祈禱

黄昏時《たそがれどき》、女神は威風堂々と進んでいって驚異の門「カウディ」の道に立ち、アン神に犠牲を捧げ、反逆の山エビフを滅ぼすための祈りを捧げた。

しかしシュメルの最高神アンの答えはそれには否定的であった。

「かわいい娘がエビフの山々を滅ぼしたいなどというておるが、山々の恐ろしさは神々の宮居にも轟《とどろ》いておる。エビフの山々には果物がたわわに実り、豊かさに溢れているのだが、獅子たちが森林の枝々の下をうろつき、野生山羊や牡鹿も多い。野牛が草を食み、鹿のつがいが山の端に潜んでおる。そこはあまりにも恐ろしいところじゃ。乙女イナンナよ。そのようなところに出向いて、逆らっても無駄じゃよ」

イナンナ女神のエビフ山征伐

聖なる女神イナンナはそれを聴くや、憤怒《ふんぬ》の形相《ぎょうそう》物凄《ものすご》く武器庫のラピス・ラズリの扉を勢いよく押し開けた。箙《えびら》を執り、大嵐を呼び、邪悪な泥土を運ぶ大洪水を引き起こし、邪悪な怒りに満ちた風を土器片で掻《か》き回す。

女神イナンナは山の端を一歩一歩進んでいくと、エビフ山の首根っこをむんずと摑んで、その体内深く刃《やいば》を突き立て、雷鳴のごとく咆哮した。エビフ山を形成していた岩々が崩れ落ち、そのあらゆる割れ目から恐ろしい蛇たちが毒液を吐き出す。女神イナンナは森をののしり、木々を呪った。旱魃で樹木を殺し、火を放ち、もうもうたる煙で包んでしまった。

3－10　火を吹く山々　重なり合う半円で簡潔に表現された山々から炎が上がっている（スサ出土。円筒印章印影図）

こうして女神イナンナが願ったとおりになった。女神は崩れ落ちたエビフ山に近寄り、「お前があまりにも天に近づきすぎ、あまりにも魅力的で美しく、聖なる衣装をまとったがゆえに、そして私に恭順の意を示さなかったがゆえに、身を滅したのだ」と勝利を宣言した。

「私は、象のようなその牙《きば》を引っ摑み、大野牛のようなその分厚い角を大地に押し付けたのだ……。お前の脇腹には嘆きの小鳥が巣をつくるであろう。

我が父上エンリル神が我が脅威を山々の只中《ただなか》に置いてくださ

った。私は山々に勝利した。エビフ山に突進し、嵐のように、湧き上がる大洪水のように山々を打ち破った。私はエビフ山に我が勝利を突きつけたのだ」

エビフ山を滅ぼした女神、スエン神の偉大な娘、乙女イナンナ万歳。

ニサバ女神万歳。

戦闘神としてのイナンナ女神

大王の娘エンヘドゥアンナと戦いの女神イナンナ

この神話でのイナンナ女神は「優美な女性」のイメージにはほど遠く、猛々《たけだけ》しい戦闘神として多くの武器を身につける。額を輝かせる「ニ」と「メラム」は、シュメル語でも解釈のむずかしい用語であるが、シュメル世界を律する神々の掟「メ」(次章参照)の輝き(ラム)を有効にして人々を畏怖させる「ニ」を身につけるという意味のようだ。

ところで、およそ「神話」というものに作者がいるとは思われないだろうが、この作品に限っては作者の名前が推測されている。それは現在のところ「史上最古の名の知られた詩人」エンヘドゥアンナ王女である。

エンヘドゥアンナはアッカド王朝創始者サルゴン大王（前二三三四〜二二七九年）の娘であり、大王の孫で第四代王ナラム・シンにとっては伯母さんということになる。

サルゴンはシュメル・アッカドの地を統一して王朝を開いたが、常に反逆の機会をうかがっているシュメル諸都市の制御に腐心し、娘のエンヘドゥアンナをシュメルの中心都市ウルに初代の「エン（大神官。アッカド語では女性形でエントゥ）」として送り込んだ。エンヘドゥアンナはシュメル語も堪能《たんのう》な、今でいうところのバイリンガルな教養ある王女で、ウルの都市神ナンナ（＝スエン）に仕える初代女大神官として「ギパル」と呼ばれる建造物に常駐して主な神事を司り、祭祀《さいし》ではナンナ神の配偶女神ニンガルの役割も果たし、また『シュメル神殿讃歌集』編纂に加え、イナンナ女神を讃えた詩を数多く残している。統一支配へのシュメル諸都市の反抗は根強く、エンヘドゥアンナもその反乱の嵐に巻き込まれて、一時はギパルから逃れなければならない不遇の時もあった。そのようなときにエンヘドゥアンナが頼りとしたのは「王権の守護神」「戦闘・勝利の女神」としてのイナンナ女神だったと思われる。

3－11　祭祀を行うエンヘドゥアンナ王女　ウル出土の奉納円盤部分（アッカド王朝時代）

この神話ではシュメルの最高神アンの影は薄く「神々の王者」エンリル神やウルの都市神ナンナ（＝スエン）がイナンナ女神の「父」として描かれているのが大きな特徴で、そこにはこうした時代背景が反映されているといえよう。

実在の「エビフ山」

緑豊かな自然と野獣の宝庫として天空神アンをも畏《おそ》れさせたという「エビフ山」と女神イナンナとの抗争物語は、「史実」である可能性をあげる研究者もいる。現代名をジェベル・ハムリンという、平均海抜二三〇〇メートル級の連峰がザグロス山脈の一部にあるが、その東端にあるカビル山地に紀元前九五〇〇年頃の大地震のために数百キロメートルにわたって崩れた痕《こん》跡《せき》が見られる。それが古代の「エビフ山」で、この大地震の記憶がシュメル神話にまで伝承されたという。

ジェベル・ハムリンはメソポタミア方面から見ると、ティグリス河の支流ディヤラ河をイラン方面にさかのぼったあたりで、その裾《すその》野のハムリン盆地はダム建設に伴い、一九七〇年代後半に緊急遺跡調査が行われた。日本の調査隊もテル・グッバなど数ヵ所を発掘し、ジェムデト・ナスル期（前三一〇〇～二九〇〇年）の神殿と思われる楕《だ》円《えん》形建造物をはじめ多くの成果をあげている。

ナラム・シン王のルルブ遠征——戦勝碑に刻まれた勝利の瞬間

サルゴン大王の孫ナラム・シンは祖父に輪をかけた剛勇で、地中海岸からアナトリア方面まで多くの遠征を行い、北方はザグロス山中のルルブ族やスバルトゥ（シュメル語ではスビル）を征服し、東方はペルシア湾のマガンからも朝貢が届くほど勢力を拡大し、メソポタミアで自らを神格化した最初の王となった。このナラム・シン王の山岳地帯への遠征は「ナラム・シン王の戦勝碑」（ルーヴル美術館蔵）に迫力ある浮彫で描写されている。

伯母であるエンヘドゥアンナ王女の作品『イナンナ女神とエビフ山』の詳細な情景描写は、そうしたことから色濃く影響を受けたのではないだろうか。

しかしナラム・シン王の子シャル・カリ・シャリ王の後、「誰が王か、誰が王でないのか」という混乱時代を迎え、結局山岳民族グティの侵入によってシュメル・アッカドの支配は混沌《こんとん》状態になる。シュメル・アッカドの地の住民にとっては、山岳民族は常に手《て》強《ごわ》く油断できない存在だった。

3-12　ナラム・シン王の戦勝碑（約200cm。スサ出土。ルーヴル美術館蔵）

豊饒と愛の女神イナンナは、このように「戦闘神」としての猛々しい性格も有していたが、次章ではシュメル文明発展の中心都市ウルクの守護女神としての活躍を披露しよう。

第四章
シュメル世界の規範「メ」と神々の聖船

イナンナ女神の旗印を付けた儀式用船　高くそり返った舳先と艫から若芽が萌え出ている。葦束の上部を輪に丸めた吹き流し状のイナンナ女神の旗印は牛の背の荷箱に2本立っており、網目地衣装の「王」は聖婚儀礼でイナンナ女神の神殿へ向かうところであろう（ウルク出土の円筒印章と印影図。高さ4.3cm、直径3.5cm。ウルク文化期。ベルリン、ドイツ国立博物館蔵）

『イナンナ女神とエンキ神』——シュメル世界の全規範「メ」の争奪戦

登場する主な神々

エンキ神　エリドゥの都市神。深淵の神、知恵の神
イナンナ女神　ウルクの都市神。「天の女王」、愛と豊饒の女神
イシム神　イシムド、ウスムとも。エンキ神の従神。双面神
ニンシュブル女神　イナンナ女神の従神

エンキ神の所有する世界規範「メ」を願望するイナンナ女神

あるとき、ウルクの都市神イナンナが草原（エディン）の宝冠シュグラを頭上に載せて、牧舎の牧夫に逢《あ》いにいった。女神は我ながら素晴らしい陰門に狂喜して、うっとり我が身を眺め、「私って、なんて魅惑的なんでしょう。こんなに素敵なんですから、これから真っ直ぐにエリドゥの深淵（アブズ）に住まうエンキ神を訪ねて、甘い口調で語りかけてみましょう」といい、さっそくエリドゥのエンキ神の宮居アブズめがけて、ただひとりで歩いていった。

そのとき、深淵の王者、天地のすべての「メ」を司る全知全能の神エンキは、イナンナ女神がエリドゥから一ダンナ（約二時間あるいは約一〇キロメートル）の地点にようやくたどりついたかどうかなのに、それを察知して、従神イシムに次のように命じた。

「乙女イナンナが到着したら、さっそくバターケーキや冷たい新鮮な水をご馳走《ちそう》しなさい。獅子（門）の前でビールを注いで友達の家にいるようにゆっくりくつろいでもらいなさい」

イナンナ女神がアブズの宮居に到着すると、イシム神は主人から言いつかったとおりに乙女を饗応《きょうおう》した。やがて天の聖餐を囲んだエンキ神とイナンナ女神とは乾杯を重ね、しまいには大きな器になみなみとビールや甘い葡萄酒を注ぎ合って、競争のように飲むことになった。

4－1　水神エンキの神殿を守護する獅子像（高さ約165cm。エリドゥ出土。前2000年頃。バグダード、イラク国立博物館蔵）

酩酊したエンキ神の贈り物

杯を重ね、すっかりご機嫌になったエンキ神は、イナンナ女神に次々と「メ」を与えてしまう。「清きイナンナ、我が娘に、私はぜひともやりたいものがあるのだ、……」とエンキ神はいい、イナンナ女神が「英

4－2　エリドゥ出土の帆船模型　マスト部分は復元（全長26cm、全幅15.5cm。ウバイド文化期の墓地出土。バグダード、イラク国立博物館蔵）

雄的精神や強き力、邪気、正直、都市略奪、哀歌詠唱、歓喜の心」などの「メ」を受け取ると、「我が威信にかけて、我がアブズの名にかけて、清きイナンナ、我が娘に私はそれらをみなくれてやるのだ」と宣誓した。

「清きイナンナ、我が娘に、私はぜひともやりたいものがあるのだ、……」と再びエンキ神がいうと、清きイナンナ女神は「虚偽や反逆地、和平状態、移動性、定住性」を受け取った。続いて「家具づくりや銅細工、皮細工、染色術、書記術などさまざまな手仕事」を受け取る。それから今度は「理解力、知識、潔《きよ》めの禊《みそぎ》儀礼、牧人の小屋、炭を真っ赤におこす術、羊小舎《ひつじごや》、尊敬、身の引き締まる緊張感、荘重なる沈黙」を受け取った。さらに「虫歯、焚付《たきつけ》や消火」などいろいろ出るが、そのたびにエンキ神は「我が威信にかけて、我がアブズの名にかけて、清きイナンナ、我が娘に私はそれらをみなくれてやるのだ」と宣誓するのだった。

イナンナ女神はこうして入手したさまざまな「メ」をいちいち復誦《ふくしょう》してから、エリドゥの波止場にもやった天の舟「マアンナ」に積み込んで、意気揚々とウルク目指して出航する。

やがて酩酊から醒《さ》めた父なる神エンキは、大事な「メ」がアブズの宮居には跡形もないのに気付いて仰天し、慌てて従神イシムを呼び付けた。

「エン神官職、ラガル神官職、神性、由緒正しき立派な王冠、王権の玉座はどこにあるのか」「ご主人様がみんなお嬢様にくれておやりになりました」

「高貴な王杖《おうじょう》、牧杖、高貴な衣装、牧羊業、王権はどこにあるのか」「ご主人様がみんなお嬢様にくれておやりになりました」

「エギジ女神官職、ニンディンギル女神官職、イシブ神官職、ルマフ神官職、グドゥ神官職はどこじゃ」「みんなお嬢様にくれておやりになりました」

「安定、冥界往来術、クルガラ神官職はどこじゃ」「お嬢様におやりになりました」

「剣と棍棒《こんぼう》、儀礼奉仕職サグウルサグ、黒い服、派手な服、襟足剃《えりあしぞ》りはどこじゃ」「ご主人様がみんなお嬢様にくれておやりになりました」……。

「軍旗、嵐／震え、性交、口づけ、売春はどこじゃ」「ご主人様がみんなお嬢様にくれておやりになりました」

「率直な言葉、悪口、お為《ため》ごかし、聖娼《せいしょう》、聖なる居酒屋はどうした」「ご主人様がみんなお嬢様に……」

「至聖所ニギンガル、天の巫女、鳴り響く楽器、歌手職、敬老はどこじゃ」

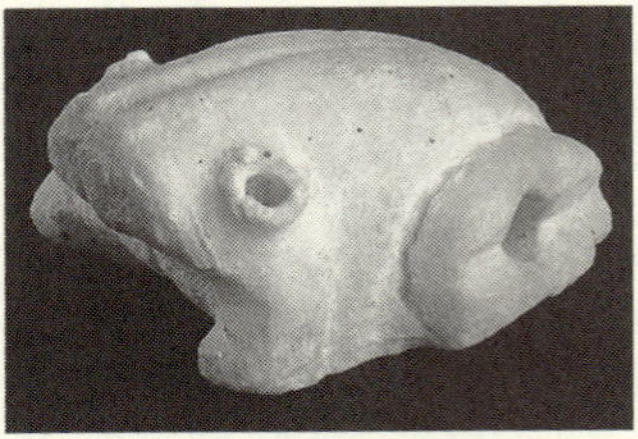

4－3　蛙の護符　蛙は農耕に必要な雨水を招く動物として豊饒祈願のお守りとなった（アラバスター製。テル・ブラク出土。前3500－3300年頃。アレッポ、シリア国立博物館蔵）

「みんなみんな、お嬢様に……」。ほんとうに大失敗のエンキ神だった。

そのとき「宮の門の門のところで、蛙《かえる》が物申しております」という知らせがあった。エンキ神は蛙の右足を掴み、「聖なる［……］に入らせ、［……］それから天の鳥を得、地下の水の魚を得た」（［……］は欠損部分）と、なにやら呪術のようなことをする。

イナンナ女神の天の舟を追跡する従神イシムと怪物たち

「天の舟は、今はどこまで進んだのか」「もうすぐに［……］波止場でございます」「それでは、速くいけ。おっつけ宝物係のエンクムたちも天の舟を差し押さえにいくからな」

エンキ神の命令どおり、従神イシムは天の舟に追い付いた。

「イナンナ様。お父上エンキ様が私をお遣わしになりました。エンキ様がおっしゃったお言葉は大変崇高なものです。その重要なお言葉は決して覆されることはありません」

それを聞くや、清きイナンナ女神はすぐに言い返す。

「なぜエンキ神のお言葉を覆してはいけないなどというの」「お父上様は私にこうおっしゃ

ったのでございます。お前はイナンナの天の舟をエリドゥまで連れ戻してくるのじゃ、と」

「まあ。我が父上ったら、よくもそのようなことがおっしゃれるものね。みんな私にくれるとおっしゃったエンキ神のお言葉は、あれはまったくの嘘《うそ》っぱちだったんですか。エンキ神の威信にかけて、アブズの名にかけてと誓いながら、私にいい加減なことをいって、そんな不誠実な気持ちで、あなたを使者としてこの私のところへよこしたというわけなの」

イナンナ女神の言葉が終わるか終わらぬうちに、エンクムたちが天の舟を取り押さえにかかった。けれども清きイナンナはひるまず自らの従神ニンシュブル女神に救援を求め、「エアンナの我が伝令よ、ニンシュブルよ。忠実な従神よ。お前の手に水が触れることはない、お前の脚に水が触れることはない」と呼ばわって、「メ」と天の舟との奪還に成功した。しかしエンキ神はさらに六回も従神イシムと怪物を遣わす。二回目は「エリドゥの五〇人の巨人たち」、三回目は「地下の水に棲むラハム神たち五〇柱」、四回目は「巨大魚たち」、五回目は「ウルクの番人」、六回目は「スルンガル運河」、七回目は「大貴公子」で、毎回同じやり取りが繰り返される……。

4－4　水神エンキと巨人たち　大いなる神エンキが小さく描かれている（円筒印章印影図。アッカド王朝時代）

ウルクに到着した「メ」と女神イナンナ

多難を逃れて、ついに「メ」を積んだ天の舟は無事にウルクに到着し、ウルク・クラバの波止場「喜びの門」に停泊して、イナンナ女神の忠実な従神ニンシュブル女神の歓迎の言葉に迎えられた。

「本日、我が主イナンナ女神様は天の舟を喜びの門に停泊なさいました。我らが都市は歓喜で満ち溢れることでございましょう。

天の舟の到着を祝して、王が荘重なる祈りを捧げ、牛を屠《ほふ》り、羊を犠牲として捧げ、お神酒のビールを注ぎ、またシェム太鼓やアラ太鼓、甘き音色のティギ笛の奏楽でお迎え致します」

それから大切な「メ」を運ぶ天の舟の一行は、ウルク市民老若男女の歓呼の声とともに賑々《にぎにぎ》しく繰り出して、女神自身の聖域「エアンナ」に帰還し、イナンナ女神は宮居「ギパル」の奥の院の聖池に舟を安置した。

エリドゥではエンキ神が従神イシムに、イナンナの天の舟はどこまでいったのだろうか、と問いかける。「今ちょうどカルバッバル（白い波止場）に到着しました」「そうか。なかなかやるものだな。それでは、イナンナを褒《ほ》め讃えてやらねば」と、エンキ神はここでイナンナ女神が獲得した「メ」一〇〇ヵ条以上をすべて声高らかに披露する。

（最後は曖昧《あいまい》なところも多いが、結局ウルクのエアンナに納められた「メ」とは別に、エリドゥのエンキ神の宮居アブズにも新たにすべての「メ」が復活したようである）

「メ」とは？

エリドゥ――天から地へ最初に王権が下された都市

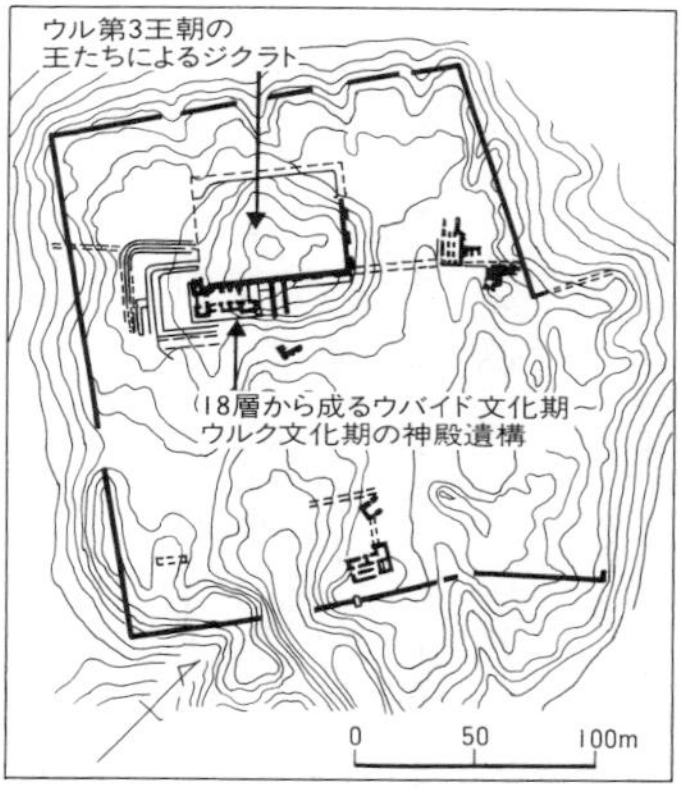

4-5　エリドゥの聖域　ウル第3王朝時代のジクラト下に埋もれたウバイド文化期からウルク文化期にかけての神殿層

メソポタミア南部の最南端、ユーフラテス河の沿岸にあった都市エリドゥは、『シュメル王朝表』によれば「天から地へ最初に王権が下された都市」である。古代の都市のほとんどがそうであったように、ここエリドゥでも、都市の真ん中には神殿とそれを取り囲む「聖域」があった。その神殿遺跡はウバイド文化期以前の小さな祠《ほこら》のような状態から歴史時代の壮麗な神殿複合体に至るまでずっと聖域として発展し続けた。

エリドゥで最も古くから崇敬されたのは

「漁業の守護神」で、ウバイド文化期の神殿遺構からは魚骨や舟の模型、釣具に関する遺物などが数多く出土している。シュメル時代にはエンキという名で深淵の神として崇敬された。エンキ神は水神であるばかりでなく、シュメルの「神の掟」を司る全知全能の神でもあった。「神の掟」は「太古から神々によって定められた規範」で、「メ」と呼ばれるものである。大いなる神々、アン神やエンリル神などの管轄とされることもあるが、「エリドゥの掟」とも称されたのはエンキ神との縁からであろうか。この神話では、それが具体的にどのようなものか詳しく説明されている。

「メ」の具体的な様相

シュメル文明を律する「メ」について、古代人自身はどのように捉えていたのだろうか。神話から推測すると、「メ」は宝冠のように被《かぶ》ったり、衣装のようにまとったり、玉座のように座ったり、また持ち運んだりもできたようである。

この物語に登場する「メ」は内容的にまったく脈絡がないようにみえるが、これが口承詩であり、宮殿や神殿で聴衆に語ったものだとすると、その辻褄《つじつま》が合ってくる。つまり現代の私たちにとっては支離滅裂でつながりがないようにみえるが、これらの語句を声に出して詠うのであれば、シュメル語の語呂や音感がリズミカルで歌のように繰り返しがあり、今から約四〇〇〇年前の共同体の人々には「耳に心地よく響く」、一種の娯楽だったのではないか。

また一〇〇ヵ条以上もある「メ」だが、具体的なものを指す語とともに「ナムー～（～たること、～権、～術、～職など）」という抽象的なものも多い。その抽象性ゆえに、ちょうど「知識や芸道は、伝授しても減るものではない」というのと似たような発想で、物語の最後では、エリドゥのアブズにもすべての「メ」が復活したのかもしれない。

エンキ神の異形の家来たち

エンキ神は従神イシムに指図して、汗だくで到着したばかりのイナンナ女神を「お菓子とビール」で歓待するが、エリドゥの「獅子」は現物が発掘されており、バグダードのイラク国立博物館に展示されていた（一一三ページ図参照）。二〇〇三年の暴動と略奪で、その後はどうなっただろうか。

4－6　双面神イシム
エンキ神の忠実な従神
（石灰岩製奉納板浮彫。高さ15cm。ベルリン、ドイツ国立博物館蔵）

ところで、従神イシムは常に双面で表現されている。ローマ時代の神にヤヌスという双面神がいるが、これは門の神だったので「双方向に睨《にら》みを利かすため」だという。英語で一月はジャヌアリ January だが、それはこの神名にちなんだものである。シュメルの双面神にどのような意味があるのかは明確ではないが、全知全能の主人エンキの命令に落ち度なく従うためには、あらゆる方向に気を配らねばならなかったであろうことは確かである。

イナンナ女神の「天の舟」は数ヵ所の波止場に立ち寄るが、その都度エンキ神の異形《いぎよう》の家来が「メ」を取り戻しにいく。エンクムは怪人、ラハムは巻き毛の猛者《もさ》であるが、五〜七回目の追っ手とされる「ウルクの番人」や「スルンガル運河」、「大貴公子」がなぜイナンナ女神を阻止しようとしたのかはよくわからない。

酩酊から醒め、後悔に沈むエンキ神のところへやってきた「蛙」というのも、その役目が定かでないが、水底の大魚などとともに深淵（アブズ）とかかわりがあるとされたようだ。一説にはエンキ神の手の者で、最初に「天の舟」を阻止しようとしたともいわれる。

ところで日本の蛙は「ケロケロ」鳴くが、シュメル語で蛙は「ビ（ール）ザザ」。これも鳴き声に由来するのかもしれない。

イナンナ女神の都市ウルク・エアンナ——都市文明と文字文化の揺籃の地

一九世紀後半以降のドイツ隊の「ウルク遺跡発掘」により解明されたので「ウルク文化期」と呼ばれる文化期は「ウバイド文化期」に続く時代で、前期（前三五〇〇〜三三〇〇年）と後期（前三三〇〇〜三一〇〇年）に細分される。「都市と農村部」の関係が確立し、轆轤などを使用した大量生産品が交易に活躍し、文字が形成されたのはウルク後期のことであった。

都市ウルクには二つの大きな聖域があったが、そのひとつエアンナ地区には、ウルク後期以降大きな神殿群が次々と建造された。「エアンナ」とはシュメル語で「天の（アンナ）家（エ）」とも「神アンの家」、つまりシュメルの最高神「アン」の神殿という意味にも取れる。しかし実際に崇められたのはシュメルの大女神イナンナで、この聖域には神殿や壮大なジクラトや大神官公舎「ギパル」が建造されていた。イナンナは「天の（アンナ）女主人（ニン）」の意味だが、「愛と豊饒」の女神でもあり、「明星」を司り、また「戦いと勝利」の女神でもあった。

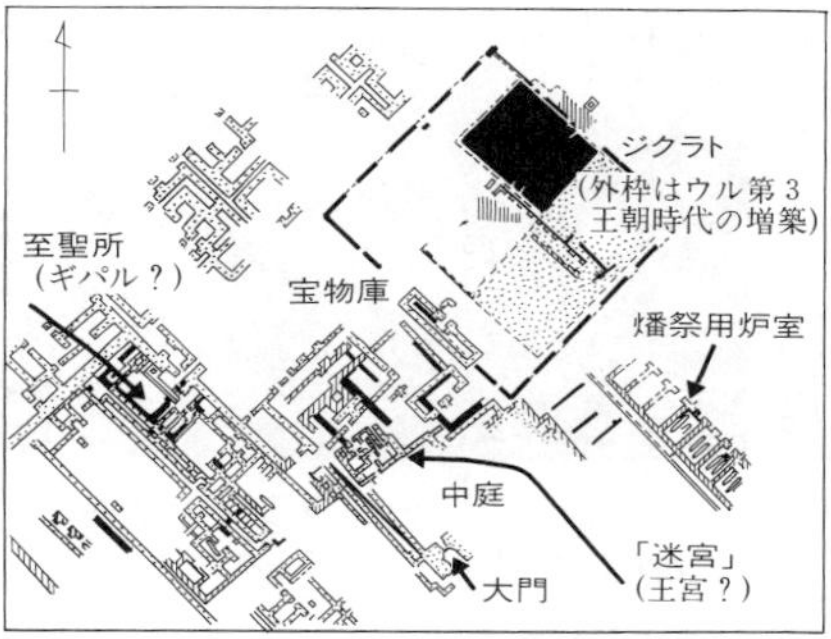

4－7　ウルク・エアンナ聖域（ジェムデト・ナスル期）　ジクラトが大きくなり、宝物庫、一連の燔祭用炉室、至聖所（ギパル？）、迷宮（王宮か）などが建造された

ウルク・クラバの波止場「喜びの門」
——聖船「天の舟」の船着場

追っ手のイシムと怪物たちから無事に逃れてウルクに生還したイナンナ女神の「天の舟」が到着したのは「ウルク・クラバの波止場」であったという。これはウルクのもうひとつの聖域「アヌのジクラト地区」を指すのかもしれない。ジクラトとはメソポタミアの各都市の主要神殿に付属する煉瓦構築の聖塔で、神々が天から降臨して休息される場所と考えられていた。

4－8 「アヌのジクラト」と基壇上の白神殿跡（ウルク文化期末期）

「アヌのジクラト地区」は最高神アン（アッカド語でアヌ）の名を冠するにふさわしく、巨大な人工の聖なる丘が築かれていた。頂上に小振りの神殿が建造されたが、この「聖なる丘」は後のメソポタミア宗教で重要な役割を果たす「ジクラト」の最も古い形体のひとつといえる。後期バビロニア時代以降アッカドの大神アヌが祀られた神殿があったことから、「アヌのジクラト地区」と称されているのだが、シュメル時代にここで祀られていた神名はじつはまだ解明されていない。イシム神の言葉に「白い波止場」という語句がある。「アヌのジクラト」の上にはウルク期以来白神殿という小規模の至聖所があったのは発掘で証明されているが、それと「白い波止場」との関連については、残念ながら定かではない。

その大きなジクラト上に「天の舟」を停泊させたイナンナ女神は、忠実な従神ニンシュブル女神の歓迎の言葉で祝福され、荘重なる祈りの言葉や牛や羊の犠牲、お神酒のビールとともに「王」に迎えられる。この「王」には名が記されておらず、現実のウルク王なのか、イナンナ女神の配偶神ドゥムジのことかは明白ではないが、人間の「王」であれば、どの時代のウルク王でも通用するように、王名が固定されていないのだとも考えられる。

物語冒頭で、女神イナンナが宝冠をつけて逢いにいった「牧舎の牧夫」というのは、もちろんただの羊飼いではなく牧畜神ドゥムジを指す。ドゥムジ神がイナンナ女神の配偶者となる経緯は第三章の『ドゥムジ神とエンキムドゥ神』で紹介した。

さて、イナンナ女神は徒歩でエリドゥにいき「天の舟」で帰還したが、次にあげる神話『ナンナ・スエン神のニップル詣《もう》で』など荷物がある場合の神々は大体聖船で移動したようである。

『ナンナ・スエン神のニップル詣で』

登場する主な神々

ナンナ・スエン神　ウルの都市神。ナンナ、スエンと別個に呼ぶことも。別名アシムバッバル。月神

エンリル神　ニップルの都市神。大気神

あるとき、月神ナンナ・スエン、スエン・アシムバッバルは「父上エンリル神と母上ニンリル女神を訪ねて、ニップルへいこう。我がニップルの聖所は、黒樺樹《くろかば》や白樺樹《しらかば》が育つ佳き場所である。ニップルの聖所は佳き名をもち、佳き場所に建てられている。ディルムンが存

在する以前から、ニップルにはなつめやし樹が生えており、偉大なる母上ニンリル女神は上等の亜麻《あま》服を身にまとっておられた」とニップル詣でを心に決めた。

スエン神は聖船をつくらせることにした。船に使う葦のためにナンナ・スエン神はトゥンマルに人々を遣わした。船の瀝青《れきせい》のためにアシムバッバルは人々をアブズに遣わした。藺草《いぐさ》のためにナンナ・スエン神は人々をドゥアシャガに遣わした。甲板のためにアシムバッバルは糸杉の森に人々を遣わした。肋骨材のためにナンナ・スエン神はクグヌナに人々を遣わした。梁《はり》材のために芳香のレバノン杉の山にアシムバッバルは人々を遣わした。

アシムバッバルは外板のためにエブラに人々を遣わした。ナンナ・スエン神は樅《もみ》材のために芳香のレバノン杉の森に人々を遣わした。それらの材料がすべて届くと、聖船が建造され、そこに犠牲用の上等な牛や羊や山羊を積み込み、その他にも亀や鯉、鳥類、籠盛りの卵などを積み、スルンガル運河沿いに家畜類を配備して、いよいよニップルに向けて出航する。

ナンナ神の聖船は、ニップルまでの道すがらエンネギ、ラルサ、ウルク、シュルッパク、トゥンマルに寄港した。それぞれの都市神から歓迎の挨拶《あいさつ》を受け、ウルクではイナンナ女神に歓迎され、トゥンマルではニンリル女神に歓迎された。どの都市でも引き止められるのだが、ナンナ神はどれも断ってついにニップルに到着する。

ナンナ・スエン神はエンリル神の輝く波止場「カルザギン」に到着し、アシムバッバルはエンリル神の白い波止場「カルバッバル」に聖船をもやった。神殿の入り口でアシムバッバルつまりナンナ・スエン神は「神殿の門を開けよ」と門番カルカルに呼ばわり、聖船に積載してきた犠牲用の上等な牛や羊や山羊、亀や鯉、鳥類、籠盛りの卵などを数えあげ、「最初の供物として舳先《へさき》に積んだもの、最後の供物として艫《とも》に積んだものをお前にあげよう」というと、門番は大喜びで門の閂を開けた。

　エンリル神の宮居でナンナ・スエン神が供物を捧げると、エンリル神はたいそうお慶《よろこ》びになった。エンリル神は「お菓子が大好きな我が子ナンナ神に甘いお菓子を出させよう。エクル神殿からおいしいパンをもってこさせ、上等のビールを注がせよう。甘い蜜《みつ》、うまい水も」と優しく声をおかけになった。「我が父上よ。いろいろ頂いてご馳走さま、もうすっかり満腹です。大いなる山よ、エンリル神よ。私はウルへ帰還するにあたって、我が河には鯉の洪水を、我が田畑には斑入り大麦を、沼沢地にはクダ鯉やスフル鯉を、葦床には新旧の葦を、林には野生山羊やガゼルを、野にはマシュグルム樹を、果樹園には果汁と葡萄酒、王宮には我が長寿をお願いしたいのですが」とスエン神がいうと、エンリル神はそれらすべてを賜《たま》わった。

「我が王よ。玉座において、エンリル神のために、ナンナ・スエン神は（七日の）永き日を、聖なる玉座において、ニンリル女神のために、主アシムバッバルは（七日の）永き日をそなたに贈ろう」

神々のニップル詣で

聖船で聖都を訪問する神々

初期王朝時代からウル第三王朝時代までのさまざまな文書が伝えるところによれば、シュメルの神々は最初期から聖船で都市から都市へ訪問した。そして「エンキ神の船（マ）ダラアブズ（アブズの牡鹿）」というように、聖船には固有の名前がつけられていた。

行き先はシュメル最南端のエリドゥか、シュメル・アッカドの境目に位置するニップルがほとんどで、エリドゥへは全知全能のエンキ神の管理する「メ」を授かりに、ニップルへはシュメル・アッカドの神々の王者エンリル神の祝福を頂きに参上するのが目的だった。『イナンナ女神とエンキ神』は前者であり、ほかには『ニンウルタ神のエリドゥ詣で』が知られている。ニンウルタ神はエンリル神の息子とされるが、古くはエンキ神の子神と考えられた。ニップルからエリドゥへ訪問したニンウルタ神がエンキ神に歓迎され、「メ」のひとつ「長き命」を頂き、戴冠式《たいかん》と神々の饗宴《きょうえん》があり、その後ニップルに帰還して賞讃されるという筋書きである。

エンリル神の祝福を頂きにいく「ニップル詣で」は、ここにあげた以外にも『エンキ神のニップル詣で』『パビルサグ神のニップル詣で』『ニンイシンナ女神のニップル詣で』などがある。

パビルサグ神は初期王朝時代以来知られる神であり、ララクの都市神でエンリル神の息子とされ、イシンの都市神ニンイシンナ女神の配偶神ともみなされている。

物語では聖船建造の材料についての説明がなされる。またナンナ、スエン、アシムバッバルの名が別々に何度も繰り返され、まるで複数の神のようにみえる。最後の「我が王」というのは現実のウル王を指すようだ。

「エンリル神の子」――豊饒祈願の諸都市神

ニップル詣での目的は、「エンリル神の子」である諸都市の守護神が自らの都市のために豊饒を願うことだが、現実世界ではウル第三王朝時代の都市支配者（エンシ）たちが聖都ニップルでエンリル神に奉仕する月ごとの「輪番（バル）義務」を請け負い、シュメル地方のラガシュ、ウンマ、シュルッパク、イシンその他、アッカド地方のキシュ、シッパル、カザルその他が名を連ねていた。王都ウル、ウル王の「母神」とされる女神ニンスンとその子神ビルガメシュの都市ウルク、エンシ職のない聖都エリドゥは輪番義務を外されていたが、エンリル神と

4－9　聖都ニップルで大いなる神々に御供を捧げる裸体の神官たち
下段は奉献用家畜を追い立てる人々
（「大商人ウルエンリルの奉納板」。ニップル出土。イスタンブル、トルコ国立考古学博物館蔵）

ニンリル女神の大祭には、国家元首であるウル王が聖船を仕立て、ニップルに出向いて祭儀を主宰したようである。その様子を伝える王讃歌が残されている。

王讃歌『シュルギ王とニンリル女神の聖船』――建造と祭礼

「サギッタ（讃美歌）」――聖船へのシュルギ王の語りかけ

「ああ聖船よ。エンキ神がそなたに豊かな波止場を運命づけてくださった。父なるエンリル神がそれに賛同なさり、そなたの女主人であるニンリル女神がそなたの建造を信頼できる建設者、この私シュルギに委託なさった。私は広大な知恵者、昼も夜もそなたの建造について深く考察を巡らさずにはいない牧者である。私はこの計画に周到であり、そなたのために奥深い山岳地方から巨大な杉樹を伐採させようと思案した。そなたを完璧《かんぺき》に仕上げて、世間を感嘆させたいのだ。

そなたを覆う葦の筵は聖なる御座《ござ》にあまねく広がる日光、その櫂《かい》はねぐらで甘い眠りにつく竜、そなたの厚板は清らかなユーフラテス河に煌めく洪水の流れ、木製輪でしっかり留められた側材は山泉に導く階段、［……］そなたの腰掛けは深淵アブズの只中に屹立《きつりつ》する台座……。

革紐《かわひも》で取り付けられた、そなたの輝く黄金の円盤は全世界をあまねく照らす明るい月光、聖なる王権の『メ』を飾ったそなたの幟《のぼり》は清き水辺に喜ばしい影をもたらす糸杉、そなたの小さな葦の敷物は星々に彩られた夕暮れの空。そなたの、よく手入れされた青葦の小枝の上には小雀《こすずめ》どもが聖なる沼地のように群れをなしてチュンチュンさえずり、まるで攪乳器《かくにゅうき》のカラカラまわる音のように心地よく、エンリル神もニンリル女神もお喜びなさるのだ。

そなたの舵はキサバ運河の広々した河口の巨大なキグ魚、［……］そなたの牽索綱《けんいんこう》は［……］、そなたの舫棒《もやいぼう》は天の絆、そなたの長い船梁は戦士と互角に渡り合う戦士、そなたの船首は翳《かげ》りなき空の月神ナンナ、そなたの船尾は地平線の太陽神ウトゥ……」

「サガラ（答唱）」——トゥンマル祭の式次第

忠実な牧人シュルギは聖なる祭礼、偉大なる儀式を遂行する。偉大な神々はニップルの聖なる水で水浴し、王シュルギは市内のそれぞれの場所に運命を定め、正義の力「メ」を配置した。国土の母なる美しきニンリル女神が神殿からお出ましになり、エンリル神とニンリル女神とは聖船の台座を占められ、供物もふんだんに用意された。

ティグリス河の飾りともいうべき高貴な船が、泡立つ流れの煌めく川面にしずしずと現れた。聖水で清められた五つ頭の棍棒、聖棍棒ミトゥム、長槍《ながやり》、旗章が舳先に立てられ、エン

4－10　銀製の船模型（ウル王墓出土）

リル神の勇士ニンウルタ神が先頭に立って、聖船が真っ直ぐに進行するように采配《さいはい》を振るった。漕《こ》ぎ手たちは女神ニンリルの素晴らしさを讃えて歌い、ニンリル女神はお慶びになってシュルギとともにいらっしゃった。船は「メテアグ（波間の飾り）」波止場にもやわれ、これからエンリル神のトゥンマルの葦湿原へ帆走するのだ。船首を上下し、取り巻く水面を蹴立《けた》てて波飛沫をあげて進むので、水中の魚群はひかれやしないかと逃げ惑う。

　エンリル神と諸祖神、そして運命を定める天の王者アン神がニンリル女神とともに饗宴の座を占め、牧人シュルギは神々に御供を捧げる。潤沢のうちに神々は昼夜を過ごし、このように素晴らしく聖船を艤装《ぎそう》させた王シュルギを讃え、永遠に続く運命を定めた。

　翌朝、聖船は元気よくギイギイと音高らかに上流目指して進む。胴体をキラキラさせたさまざまな魚群が船につき従い、エンリル神とニンリル女神、エンキ神もナンナ神も、またアヌンナ諸神も慶賀された。聖船がニップルの港に到着するとシュルギは波止場にもやった。煌めく瞳《ひとみ》と輝く額のニンリル女神はシュルギをご覧になって「牧人よ、シュルギよ、祝賀の王よ。アン神があなたの額に授けてくださった王冠の夜の寿命を延ばしましょう。エンリル神があなたにお授けになった聖なる王笏《おうしゃく》の昼の寿命を延ばしましょう。エンキ神があなたに授けてくださった玉座の礎《いしずえ》が確固たるものであるように。私が生を授けた逞しい牡牛のごときナンナ神が、あなたの寿命を保証するでしょう」と祝福してくださった。

歴史に残る聖船の祭儀と豊饒儀礼

神々を運ぶ船――「トゥンマル祭礼」に使用された聖船

「王讃歌」はウル第三王朝時代以降に発展した珍しい文学形式である。神々の恵みや活躍を賞讃する詩は古来どこの国でも数多く作成されたが、これは王が自らの功績を讃えるもので、特に第二代王シュルギは最も多く、二〇余の王讃歌（A～X。欠損あり）を残している。

ここにあげた物語は『シュルギ王讃歌R』と呼ばれている。ニップルの都市神エンリルとその配偶女神ニンリルを讃えてトゥンマルで毎年遂行される収穫祭に使用される聖船を建造した記録でもある。トゥンマルはニップル近郊でニンリル女神の聖域と考えられていた。

シュルギ王は四八年間統治したが、その治世第八年の年名「ニンリル女神の御座船を防水した年」はこの聖船建造がその年の最重要事項だったことを示している。国家事業としての聖船建造の記事は、二代後の王シュ・シン（前二〇三七～二〇二九年）の治世第二年「エンキ神のために聖船マダラアブズを建造した年」と第八年「エンリル神とニンリル女神のために聖船マグルマフを建造した年」などにも見られる。

聖船の比喩と祭礼の式次第

この讃歌は前半の「サギッタ(讃美歌)」と後半の「サガラ(答唱)」からなり、前半ではこれから建造するニンリル女神の聖船の艤装がどんなに豪華かを、シュルギ王自身が賞讃し、船体と装備各部を「櫂は竜」「厚板は洪水」「船梁は戦士」などいろいろなものに譬えている。

後半は、神々がニップルの港からトゥンマルへ聖船で移動し、そこで遂行されるさまざまな儀式や饗応が物語られる。「神々」は現実には神像を指し、ちょうど我が国の仏像お清め法会《ほうえ》のように、「聖なる水」で汚れを落とし、美々しい衣装も新たに盛装して、聖船にしつらえられた各台座に安置されたのであろう。

シュメルの大神エンリルとニンリル女神の出会いにまつわる神話は、次章で紹介する。

第五章
エンリル神とニンリル女神の性的ゲーム
成人向け神話

ヌンビルドゥ運河が記されているニップル市の地図　城門の名前がくわしいことから軍事目的で作られたようだ（前1500年頃）

『エンリル神とニンリル女神』——シュメルの豊饒儀礼

登場する主な神々

エンリル神	シュメルの最高神にして大気神
ニンリル女神	エンリル神の配偶神
ヌンバルシェグヌ女神	ニンリル女神の母、ニサバ女神の別名
ヌスク神	エンリル神の従神
スエン・アシムバッバル神	エンリルとニンリルの子、月神
ネルガル・メスラムタエア神	エンリルとニンリルの子、冥界の王
ニンアズ神	エンリルとニンリルの子、治癒神
エンビルル神	エンリルとニンリルの子、灌漑を司る神

ニップル市を俯瞰する

物語はニップル市の描写からはじまる。

5－1　ジクラト上からのニップル市の眺め

都市があった、我々が住む都市があった。

ニップル市は我々が住む都市であった。

ドゥルギシュニムバル市（ニップル市の別名）は我々が住む都市であった。

サラは聖なる河である。

カルゲシュティナは波止場である。

カルアサルは船をしっかりつなぐ波止場である。

プラルは真水の井戸である。


ヌンビルドゥは支流の運河である。

そしてその運河から測ると、（運河の）両側に耕地（の広さ）が五〇サル（一八〇〇平方メートル）ある。

エンリル神は若者たちのひとりであった。

ニンリル女神は処女《おとめ》たちのひとりであった。

5－2　角冠の上に三日月を戴く月神スエン・アシムバッバル

ヌンバルシェグヌ女神は老賢婦人たちのひとりであった。

淫らな行為におよぶ

「そのとき」に、ニンリルの母親ヌンバルシェグヌ女神は「河で水浴びをしてはいけませんよ。ヌンビルドゥ運河の土手を歩いてはいけませんよ。大いなる山、父なるエンリルがあなたに目をつけるでしょう。彼は交合を強い、その後であなたを置き去りにするでしょう」と娘をこんこんと諭した。

だが、ニンリルは母の言葉を無視して、これ見よがしに聖なる河で水浴びをし、ヌンビルドゥ運河の土手を歩いたので、案の定エンリルの目にとまってしまった。エンリルは「あなたと交わりたい」「あなたとキスしたい」と、あからさまにニンリルを口説いたので、頑是《がんぜ》ない処女ニンリルは「私のヴァギナは小さく、妊娠を知らない」「私の唇は若く、キスを知らない」などとあられもないことを口走ってしまう。

エンリル神は従神のヌスク神によからぬことの相談をした。ヌスクは主人を船に乗せ、そしてエンリルは思いを遂げてしまう。この一回の交合で、ニンリルは月神であるスエン・アシムバッバル神を受胎した。

エンリル神の追放

さて、エンリルが自らの神殿エクル神殿内にあるキウル聖所を通りかかると、「五〇柱の偉大な神々」と「運命を決定する七柱の神々」がエンリルを逮捕し、「淫《みだ》らなエンリルは都市を去らねばならない」と決定する。決定に従ってエンリルは立ち去り、その後をニンリルが追った。

月神の身代わりネルガル・メスラムタエア神

まず、エンリルは都市の門で、「都市の門番」に「ニンリルがやってきて、私の居場所をたずねても、お前は話してはいけない」と命じ、そしてエンリルは「都市の門番」に変身した。

5－3　ネルガル神
左手に三日月刀、右手にライオンが２頭ついたメース杖をもち、右足下に山を背に倒れた敵が横たわる

後を追ってきたニンリルはエンリルが変身した「都市の門番」に「エンリルはどこへいったの」とたずねた。

「都市の門番」つまりエンリルが「エンリルはそれをいうことを許しません」と答えると、ニンリルは「あなたの主人の種、輝く種が私の子宮のなかにいます。スエンの種、輝く種は私の子宮のなかにいるのです」と訴えた。

すると「都市の門番」（エンリル）は「私の主人（エンリル）の種（月神）は天まで上がることができます。私の種を『キ』へいかせましょう。私の主人の種のかわりに、私の種を『キ』へいかせましょう」と巧みにニンリルを口説く。

こうして、「都市の門番」に変身したエンリルはニンリルと交わり、月神の代わりに「キ」に赴くネルガル・メスラムタエア神を受胎させた。

さらなる身代わり、ニンアズ神とエンビルル神

この後、同じことが二度繰り返される。

二度目は、エンリルは冥界を流れる河である『「人を食う河」の人』に変身し、ニンリルは「畑の上に測量線を広げる王」ニンアズ神を受胎した。

三度目には、エンリルは「渡し船の人」に変身し、ニンリルは「運河監督官」エンビルル神を受胎した。

エンリル神とニンリル女神の交合の繰り返しの後で、この物語は次のようなエンリル神讃歌で結ばれる。

あなたは主人、あなたは王です。エンリル神、あなたは主人、あなたは王です。
ヌナムニル神（エンリルの別名）、あなたは主人、あなたは王です。
あなたは最高の主人、あなたは力強い主人です。
亜麻を大きくする主人、大麦を大きくする主人です。
あなたは天の主人、主人豊饒、「キ」の主人です。
あなたは「キ」の主人、主人豊饒、天の主人です。
天にあるエンリル、エンリルは王です。
その発言はまったく変えられることはない主人。
彼の原初の発言は変えられないだろう。
母なるニンリル女神のために発せられる万歳。
父なるエンリル神万歳。

エンリル神の罪と罰

交合あるのみ

『エンリル神とニンリル女神』は古バビロニア時代（前二千年紀前半）、中期バビロニア時代（前二千年紀後半）および新アッシリア帝国時代（前一〇〇〇〜六〇九年）にシュメル語で書かれた写本から復元された。全文は一五四行と短く、ほぼ完全にわかっている。

ところで、子供に「八岐大蛇《やまたのおろち》退治のお話を聞かせて」といわれれば、大人はためらうことなく「むかしむかし、須佐之男命《すさのおのみこと》が……」と話しはじめるだろう。だが『エンリル神とニンリル女神』のお話を聞かせてといわれたら、おそらく多くの大人は「困った」と頭をかかえることになる。子供に聞かせるような神話ではなく、いわば「成人向け神話」である。

『エンリル神とニンリル女神』の内容は三つに分けられるが、主題はエンリルとニンリルのゲームのような交合の繰り返しで、その前後にニップル市の景観とエンリル讃歌がつけられていて、物語が劇的に展開するようなことは見られない。

物語のはじまりからして、場所の説明からはじまっている。神話とか昔話の多くは「天地の分かれしとき」とか「むかしむかし」のように、漠とした表現でも「いつ」のことから話がはじまる作品が多い。ところが、『エンリル神とニンリル神』はそうではない。

「都市があった」（シュメル語で「ウル・ナナム」）とはじまる。

場所からはじまる描写はちょうど映画やテレビで用いられる映像表現のようで、高いところからニップル市全体を俯瞰《ふかん》し、その後で個々の場所をクローズアップしていく。物語に登場する具体的場面はヌンビルドゥ運河だけだが、河、井戸そして波止場などの名前が次々にあげられている。物語の作者はニップル市の地理を熟知していたようだ。ニップル市の地図（本章扉参照）がつくられていて、作者はこうした地図を見ていたのかもしれない。

若者の罪

さて、『エンリル神とニンリル女神』では物語の舞台と登場する神々を紹介した後で、「そのとき」と物語がいよいよはじまることになる。

『エンリル神とニンリル女神』で語られていることは天地が創造されたような大昔ではなく、都市文明が誕生して以降のできごとになるだろう。すでに都市があり、農耕が行われているシュメル社会が舞台であって、そこに神話を構成する神々が「そのとき」に生きていた人間のようにおもむろに登場する。

主人公はシュメル神話の最高神であるエンリル神だが、この物語のなかではエンリルは若者であった。一般論になるが、思慮分別のあるのが熟年であるならば、逆に若者とは思慮分別をわきまえない年頃になる。若者エンリルの思慮分別のなさが、強姦《ごうかん》によってニンリルを受胎させるという罪を犯してしまい、物語を展開させることになるが、物語を読み解くうえでのもうひとつの重要な点はエンリル神の属性である。

「荒れ狂う嵐」

エンリル神はシュメル語では「主人・風」の意味で、名前のとおり風や大気を司る。エンリルは「荒れ狂う嵐」「野生の牡牛」などとも呼ばれ、嵐や力を象徴した。エンリルは王権授与の神にして、個々の都市国家の上に君臨する「国々の王」「神々の父」であった。アッカド王朝時代（前二三三四～二一五四年）になっても、エンリルの権威は維持され、エンリルは王権の授与者であった。

また破壊的な力を司るのもエンリルで、『アッカド市への呪い』『ウル滅亡の哀歌』のなかでは、国家の滅亡や異民族の侵入はエンリルの所業とされている。

こうしたエンリルの属性を考えれば、ニンリルを手籠《てご》めにした衝動もありうることと説明できる。

エンリルは品行方正とはいいがたいが、さりとて「ギリシア神話」の最高神ゼウスのように次々と女神たちや女性たちを口説いて、あちこちに腹違いの子供が生まれてしまうということではない。主にニンリルと性的関係をもった。

「キ」の支配者

人間世界のことであれば、スキャンダルになってしまうが、エンリル神は過去に母神と関係をもったことになっている。

三四ページで話したように、『ビルガメシュ神、エンキドゥと冥界』冒頭では「アン神が天を運び去った後で、エンリル神がキを運び去った後で」と天地の分離が書かれている。

アン神とキ女神の交合からエンリルが生まれたとの神話もあり、エンリルは母である「キ」を天空神である父アンから奪い、母神と結合したと記されている。

エンリル神は大気、風を司るが、「キ」も支配する。「キ」は「大地」である。そしてエンリルがその「キ」で育《はぐく》まれた亜麻や大麦の豊作を司る神であることは『エンリル神とニンリル女神』文末の讃歌に見られる。

姿を見せないエンリル神

シュメルの神々のなかでも、その姿が図像化されていない代表的な神はアン神とエンリル神である。後世のカッシート朝時代（前一五〇〇～一一五五年）のクドゥル（土地贈与についての文章や神々の象徴などが刻まれた境界碑）に刻まれている両神の象徴も、神全体を表す角のある冠でしかない。円筒印章の図柄にもアンとエンリルの姿は確認できない。

アンは早くに「暇な神」（デウス・オティオースス）となっていたので、その図像がなくても

5-4　神々の行列（部分）　アッシュル神、ニンリル女神、エンリル神（マルタヤの浮彫図像。新アッシリア帝国時代）

しかたがないといえるが、エンリルの図像はなぜないのだろうか。

あるシュメル語の作品では、他の神々はエンリルの「メラム」を目にすることさえできなかったとされている。「メラム」とは神の身体を包む一種の霊気（畏怖の光輝）のことである。神の姿を目にできないことはいうまでもなく、その周囲の「メラム」もあまりに恐れ多くて見えなかったということであろう。

アブズ（深淵）を司るエンキ神には流れる水をあしらい、太陽神ウトゥ神には肩から光線が出るというように、属性と結びついた姿が具体的に表されている神々もいる。エンリルの属性である大気とか風は図像に表現しにくいのかもしれない。

エンリルの随獣としてはアンズー鳥（二二二、二八八ページ参照）があげられている。アンズー鳥はいろいろ描かれているので、それによってエンリルの存在を間接的に表していたのかもしれない。

なお、新アッシリア帝国時代に刻まれた「神々の行列」の図像がある。先頭はアッシリアの最高神アッシュル神で、配偶神のニンリル女神が続く。なんとニンリルはアッシュルの妻になっていた。アッシリアではニンリルはムリッス女神の名前で呼ばれていた。そしてニンリルの後に続く神が「元夫」エンリル神であるともいう。

「女主人・風」

物語の女主人公《ヒロイン》であるニンリルは「女主人・風」がその名前の意味である。これは「主人・風」がその名前の意味であるエンリルに対応していて、エンリルにふさわしい配偶神として創造された女神であることを表すだろう。

処女ニンリルは母親から注意されるが、その注意を聞かない。いや、あられもないことを口にするところを見ると、年頃の処女にありがちなことであるが、性への好奇心のほうが勝っていたのかもしれない。結果としてエンリルに手籠めにされ、月神を受胎してしまう。

現代の裁判ならば、仮にニンリルがエンリルに強姦されたと訴えても、ニンリルの言動から和姦《わかん》だと被告の弁護人に論破されてしまうのではないだろうか。

風にさらされる穀物の女神

さて、ニンリルが風の神であるエンリルの暴力にさらされるのはそれなりの理由がある。

ニンリルは風の女神とは異なる面もある。物語のなかで、ニンリルは大麦の女神であるヌンバルシェグヌ女神の娘になっているが、ヌンバルシェグヌとはシュメル語で「女君・斑入り大麦の生命」を意味し、穀物を司るニサバ女神の別名である。

5－5　**穀物の女神**　犂を携えたニンウルタ神が女神の前に立つことから、ニンリル女神と思われる（円筒印章印影図。アッカド王朝時代）

5－6　**穀物の女神**　穀物の山に腰掛けるニサバ女神か（円筒印章印影図。アッカド王朝時代）

母ヌンバルシェグヌが穀物の女神であるならば、娘ニンリルも穀物にかかわる女神と考えるべきであろう。ニンリルにはスドという別名があって、スドはニップル市付近のシュルッパク市の都市神で、穀物の女神である。ニサバとスドの母娘が登場する神話があるが、これについては後で紹介しよう。

さて、ニンリルが穀物の女神であれば、ニンリルが運河で水浴することは、穀物を育てるためには欠かせない灌漑を示唆している可能性があるようだ。また、穀物を吹き分ける（風選）のは風の役割であることから、エンリルのニンリルへの力ずくの行為をこれで説明できるかもしれないともいう。

最高神を「所払い」に処す

シュメルは文明社会であるから、正式な段取りを踏まずに、処女を手籠めにしたエンリル神の所業はたとえ「大いなる山」「父」と呼ばれる最高神であっても、許されることではない。神々によって断罪され、エンリルはニップル市から「所払い」となる。

神々の世界は人間の世界の反映であって、シュメル社会では処女を手籠めにすることは許されないことであった。たとえば『ウルナンム「法典」』第六条には次のように書かれている。

もし人が若い男性の(床入りを済ませていない)処女である妻を、暴力におよんで犯したならば、その男性は殺されるべきである。

また、エンリルが「所払い」にされることについては、「春の風」を象徴するエンリルは長く、乾燥した夏の到来で消えることになるので、この自然現象が神話のなかではエンリルに対する処罰つまり「所払い」で説明されているとの解釈もある。

神々の会議

物語のなかではエンリル神がキウル聖所を通りかかるが、この(エ)キウルはエンリル神の神殿、エクル神殿内にあり(本章扉図参照)、そのキウルの一角にウブシュウキンナがある。ウブシュウキンナには神々が集い、神々および人間にかかわることが議論された。

神々の会議は多神教の神話にはありえることで、我が日本では陰暦一〇月を「神無月《かんなづき》」というが、出雲《いずも》だけは「神在月《かみありづき》」で、日本国中の神々が集まって、人間の縁組を考えるというし、「記紀神話」では天照大御神《あまてらすおおみかみ》が天岩屋《あまのいわや》に隠れると、天安河原《あまのやすのかわら》に神々が集って相談したという。

シュメルの神々の会議では、アン神が指導者であって、「運命を決定する七柱の神々」が発言した。会議の終わりに「採決。神々の会議の約束。アン神とエンリル神の命令」と決議され、エンリルが執行した。

その会議を主宰する神でもあるエンリル自身が己が罪のゆえに「所払い」の罰を受けた。罪を犯した裁判官が仲間の裁判官によって裁かれたようなものである。最高神であっても悪事を行えば処罰されることで、シュメル社会では公正さを希求することを示しているのかもしれない。

逃げる男神、追う女神

なんとも不可解なのはニンリル女神の心理と行動で、自分を手籠めにしたエンリル神の後を追う。ニンリルのお腹《なか》には月神が入っている。

古風な女性であるニンリルとすれば、暴力であっても子が授かったことで、本来憎いはずの男性を恋しく思うようになったのかもしれない。

一方で、孕《はら》ませた女性に追われる男性はその女性が鬱陶《うっとう》しいということになったかもしれない。「都市の門番」に、エンリルはニンリルが追ってきても居場所をいわないように口止めしておいて、「都市の門番」に変身したエンリルは月神を天にあげるために、ニンリルと交わり、身代わりの子ネルガル・メスラムタエア神を受胎させ、「キ」に赴かせることにする。

これも奇妙な話である。契りを結んだエンリルではなく、初対面の「都市の門番」と交わって子をなすとは、ニンリルの貞操観念はどうなっているのであろうか。それとも変身したエンリルと承知していたのだろうか、物語はこのあたりの女神の心理描写はまったくない。

ニンリルは「都市の門番」だけでなく、次には『人を食う河』の人」と、さらには「渡し船の人」とも交わり、あわせて三回、性的ゲームのようにエンリルとニンリルとの間で交合が繰り返されている。

「キ」と「クル」

物語では月神は天へいくが、月神の身代わりの神々は「キ」へいくことになっている。ここでは「キ」を「冥界」あるいは「下方」と翻訳して、三柱の神々は冥界へいくと解釈されている。確かに三柱の神々は冥界神であり、物語では「キ」へいくことになっているが、「クル」つまり「冥界」や、「冥界」の婉曲《えんきょく》な表現である「キガル」へいくとは書いていない。

シュメル語の「キ」はまず大地の意味をもつことは前で話した。「キ」の下に「クル」がある。「キ」と「クル」（冥界）の境界に、シュメル版「三途《さんず》の川」にあたる「人を食う河」が流れていて、「渡し船の人」の導きで河を渡ると考えられていた。従って、物語で語られているエンリルとニンリルの交合の場所「都市の門」「人を食う河」そして「渡し船」は都市や冥界の真ん中にあるのではない。あくまでも都市や冥界の境界で行われたことになる。エンリルが変身した「『人を食う河』の人」「渡し船の人」そして「都市の門番」は人間ではなく、低い位の神々と考えられている。

まともな結婚

『エンリル神とスド女神』

『エンリル神とニンリル女神』神話でのエンリル神とニンリル女神の結びつきは褒められた話ではない。「シュメル神統譜」の最高神の野合とはいかがなものかと当時の人たちも考えたかもしれない。

エンリル神とニンリル女神の結びつきについてはシュメル社会の結婚の習慣を踏まえた『エンリル神とスド女神』と呼ばれる次のような神話がある。

> エンリル神は妻にする女性を求めて諸国を巡っていた。エレシュ市にやってきたエンリルはハヤ神とニサバ女神の娘スド女神を見初める。エンリルは直接スドに結婚を申し込むが、スド自身がそれを断る。

そこでエンリルは従神のヌスク神を使者に立て、スドの母親で、エレシュの都市神であるニサバ女神に名乗りをあげ、贈り物やスドの将来を約束して「あなたのご息女を妻として娶りたい。ご承認いただきたい」と順を踏んで正式に結婚を申し込む。

ニサバによって婚姻が取り決められると、莫大《ばくだい》な贈り物がエンリルからニサバのもとに届く。スドはエンリルの姉妹であるアルル女神に付き添われてエンリル神のもとへ輿入《こしい》れし、ニンリル女神と改名する。

物語の最後はエンリルとニンリルを讃えて結ばれている。

この神話も神話らしい神話とはいいがたい。劇的な物語の展開はなく、人間の男女を主人公としても通じる話である。この神話はシュメル社会での結婚にいたる手続きを語っている。結婚は当事者の男女二人で決める問題ではなかった。娘をもらいうけることをエンリルはニサバに、つまり男性は母親と交渉している。母はこの場合、家長相当の保護者になる。婚約成立にはまず保護者の同意が必要で、ついで男性からの贈り物が必要になる。

また、花婿の姉妹が婚礼でなんらかの役割を果たしたようだ。

神々の結婚にいたる過程は人間世界の結婚を反映しているであろうから、『エンリル神とスド女神』はシュメル人の結婚についての貴重な史料になる。

四柱の子供たち

異界に属す兄弟

ニンリル女神はエンリル神によって次々に四柱の神々を受胎させられる。人間世界ならば受胎しても「十月十日《とつきとおか》」しないと赤ん坊は生まれず、乳離れしないと次の子は受胎しないはずだが、そのあたりのことは神話なのでまったく無視されている。ニンリルは出産したとは書かれていないが、次々に受胎してしまう。

『エンリル神とニンリル女神』は、なぜ月神が生まれたのか、なぜ天上の神と冥界の神々が兄弟なのかとの疑問に答えるための神話という説もある。月神とその兄弟について語るのが物語の主題であるならば、四柱の神々が名前だけでなく、実際に登場するとか、もう少しエピソードをふくらませるとか、シュメルの作家もほかに物語の書きようがあったのではないだろうか。

兄弟が異界に属すことは神話ではありうることであろう。「記紀神話」では姉の天照大御神が高天原《たかまがはら》を、弟の須佐之男命が根の国をと、支配領域を分けている。

『ネルガル神とエレシュキガル女神』『イナンナ女神の冥界下り』では、あの世とこの世の往来が主題になっている。神々は自分の領域からほかの領域にはいけないといった原則的禁忌(タブー)があって、ことにほかの領域の飲食物を口にしてはならないという禁忌もあった。

同様の禁忌は「記紀神話」にも見られ、火の神を産んだことから、黄泉《よみ》の国へいってしまった伊耶那美《いざなみ》は、追ってきた夫の伊耶那岐《いざなぎ》に「黄泉戸喫《よもつへぐい》しつ」と、黄泉の国の食物を口にしてしまったので、もはや帰れなくなったと答えている。

ものごとには原則があれば、必ず例外がある。太陽神ウトゥ神は昼間は天上にあるが、夜間は冥界へいく神と考えられていた。月神もまた冥界と無縁ではなく、新月の間は冥界で眠って過ごすと考えられていた。

5－7　昇ってくるウトゥ／シャマシュ神　朝になるとマーシュ山の2つの峰の間から太陽神は昇ってくる。天の門を守るのは1対の門番の神々（円筒印章印影図。アッカド王朝時代）

四柱の神々は『エンリル神とニンリル女神』神話のなかでは名前があげられているだけで、具体的に姿を現しはしないが、どのような神々か以下で説明しておこう。

いくつも名前をもつ月神

物語ではスエン・アシムバッバル神という名前があげられているが、月神の名前はいくつもある。

シュメル語で月神の名はナンナ（ル）またはスエンであるが、両方あわせてナンナ・スエンと呼ばれることもある。スエンはアッカド語でシンと発音されるようになった。

ほかにアシムバッバル（「輝く者」の意味）、インブ（「果

5－8　**ニンガル女神**　ウルナンム王が灌奠を行う（ウルナンム王の碑。前21世紀頃）

実」の意味、おそらく月の満ち欠けと関係）などの名前もある。単に三〇という数字で表現されることもあるが、これは太陰暦の一ヵ月の日数である。

いくつかの文書のなかでスエンは三日月、ナンナは満月、アシムバッバルは満ちていく月を表しているというが、これらの名前と月の形は常に固定されているわけではない。

ナンナとニンガル女神の間に生まれたのが太陽神ウトゥで、シュメル人は月を太陽よりも上位に置いた。これには理由がある。シュメル社会の暦は月の満ち欠けにもとづく太陰暦であった。だが、純然たる太陰暦ではなく、暦と季節のずれを補正するために閏月《うるうづき》を挿入していた。つまり太陰太陽暦といわれる暦を使っていた。当然、月が太陽の上位に置かれたことが、神話の世界にも反映されたのである。

多くの古代文化で月神は豊饒に結びつけられるが、シュメルでは動物、ことに家畜の多産と密接に結びつけられている。これは三日月の形が動物の角を連想させることによるようだ。

月神の身代わりにエンリルがニンリルに受胎させた、天に昇らずに「キ」へ赴く三柱の神々はネルガル・メスラムタエア神、ニンアズ神そしてエンビルル神である。以下、順に見ていく。

天から落ちたネルガル・メスラムタエア神

ネルガル・メスラムタエア神は一柱の神として登場するが、本来別々の神である。メスラムタエア神やネルガル神だけでなく、いく柱かの神々が習合した結果、ネルガルは多くの別名をもつ神となった。ネルガルとはシュメル語で「大きな都市の長」の意味であるという。古バビロニア時代のある神名表によれば、ネルガルは約五〇もの、別の神名表ではその倍の数の名前をもっている神で、パルティア時代（前二四七～後二二四年）にはギリシアの英雄ヘラクレスとも習合された。

さまざまな神々と習合されたネルガルはその属性も多く、光の神、火星とも結びつけられ、戦士、疫病・病気疾患などの神で、豊饒と植物の神でもある。

ネルガル神とエレシュキガル女神の結婚

ウル第三王朝時代（前二一一二～二〇〇四年）以前、シュメル地方とアッカド地方では冥界の神々は別々だった。

アッカド地方のクタ市（現代名テル・イブラーヒム）はネルガルの信仰の中心地だが、古くは牡牛の頭

5－9　棺に横たわるネルガル神（焼成粘土。高さ13.3cm。古バビロニア時代）

が象徴する神が信仰され、メスラムタエアが祀られていた。メスラムタエアは戦の神で、その名前は「メスラムから出るもの」の意味で、メスラムをセム系の地名と解釈すれば、「平和の場所」を意味するようだ。

一方、シュメル地方ではエレシュキガル女神に率いられる冥界の神々が信じられていた。このグループの神々は植物の成長と腐枯を連想させる「死んで復活する神々」で、通常蛇や竜を伴う。

遅くとも古バビロニア時代に、アッカド地方とシュメル地方の神々の統合がネルガル神とエレシュキガル女神との結婚によって整備された。

古くは前一四世紀頃のエジプトの「アマルナ文書」に含まれていた、アッカド語で書かれた『ネルガル神とエレシュキガル女神』のなかでは、本来は天上の神であったネルガルが冥界の使者に敬意を表さなかったことから、エレシュキガルの夫になった経緯が語られている。エジプトから出土したということは、あの世に大いに関心をもつエジプト人もこの物語を知っていたことになるだろう。

治癒神ニンアズ神

ネルガル・メスラムタエア神の次にニンリル女神が受胎したのはニンアズ神である。

ニンアズ神の美称である「畑の上に測量線を広げる王」は洪水の後で畑の境界を再画定する

ことと関係があり、ニンアズ神は耕地の神でもあった。

だが、耕地の神としてよりもニンアズは「死ぬ神」型の冥界の神としてよく知られている。同時にシュメル古来の治癒神で、その名前は「医師なる主人」を意味する。なお、ニンアズはエレシュキガル女神の子といわれることもある。

5－10　随獣ムシュフシュの上に立つニンアズ神と思われる神（円筒印章印影図。アッカド王朝時代）

灌漑を司るエンビルル神

ニンリル女神が最後に受胎したエンビルル神だが、その名前の意味はよくわからない。

エンビルルは『エンキ神の定めた世界秩序』（八九ページ参照）のなかでも「運河監督官」つまり灌漑を司る神で、ティグリス河とユーフラテス河の管理をエンキ神から委ねられた神でもあった。

エンビルル神はエンキムドゥ神と習合された。エンキムドゥは『ドゥムジ神とエンキムドゥ神』（九六ページ参照）で説明したように、牧畜神ドゥムジとイナンナ女神を争う農業神である。エンビルルは古バビロニア時代には天候神アダド神とも習合された。深淵を司るエンキ神の子ともいう。

さらに、「エンビルル」はバビロニアの創世神話『エヌマ・エリシュ』のなかではマルドゥク神の五〇の異名のひとつになっている。

豊饒儀礼

さて、『エンリル神とニンリル女神』はなにを意図して書かれた作品であろうか。研究者によって意見が分かれている。最高神エンリルとさまざまな神々との間の親子関係を説明する神話という単純な見方もある。天に昇る月神の身代わりの三柱の神々は冥界へ赴き、天上界と冥界に兄弟となる神々がいる理由がこの神話で説明されているともいう。

だが、ネルガル・メスラムタエア神、ニンアズ神そしてエンビルル神の属性は冥界神で、豊饒神であることが共通している。月神を含めて四柱の神々ともに豊饒神であって、最後が豊饒を招来するエンリル神讃歌になっていることから、次のような解釈が魅力的である。

エンリル神を祀ったエクル神殿からニップル市外のニンリル女神のトゥンマル（ニップル市南東一二キロメートルに位置する現在名テル・ドレーヒム遺跡）聖域へと、年ごとに豊饒を促すためにエンリルとニンリルが船で詣でる儀式（一三三ページ参照）があり、その際に、『エンリル神とニンリル女神』に書かれているような、聖なる場所で交合するような儀式があったかもしれないという。交合の舞台は都市の中心ではなく、「都市の門」「人を食う河」そして「渡し船」であったことを思い出してほしい。つまり、『エンリル神とニンリル女神』の物語はこうした祭儀で朗誦されていたのではないだろうか。

第六章
大地母神と死んで復活する神
イナンナ女神冥界降下顚末記

冥界のイシュタル女神　冥界の女王エレシュキガルともいう。裸体で鳥の足をもち、獅子とふくろうを従える（素焼き粘土の額。高さ49㎝）

『イナンナ女神の冥界下り』

登場する主な神々

イナンナ女神　愛と豊饒の女神
エレシュキガル女神　冥界の女王
ニンシュブル女神　イナンナ女神の従神
エンリル神　シュメルの最高神
ナンナ神　月神
エンキ神　アブズ（深淵）を司る神
ネティ神　冥界の門番
ガルラ霊　冥界の悪霊
ウトゥ神　太陽神、イナンナ女神の兄
ドゥムジ神　牧畜神、イナンナ女神の夫

いざ冥界へ

彼女は大きな天から大きな地へ心を向けた。

女神は大きな天から大きな地へ心を向けた。

イナンナ女神は大きな天から大きな地へ心を向けた。

我が女主人は天を捨て、地を捨て、冥界へ下った。

イナンナ女神は天を捨て、地を捨て、冥界へ下った。


イナンナ女神が冥界へ興味を示したことから、物語ははじまる。

冥界へ赴くために、イナンナは地位を捨て、七都市の神殿を捨て、一方で女神にふさわしい七つの「メ」（一二〇ページ参照）を身につけ、衣装と装飾品とで飾りたてた。

冥界へ赴く仕度ができると、イナンナは冥界を支配する女王エレシュキガル女神によって殺されることを懸念して、従神のニンシュブル女神に「私が帰ってこなかったら、エンリル神に助けを求めるように。エンリルが応《こた》えてくれないなら、次にはナンナ神に頼むように。ナンナも応えてくれないときには、エンキ神に頼みなさい」といいふくめた。

イナンナはラピス・ラズリで建てられたエレシュキガルの宮殿を目指し、冥界の入り口に着くと「門を開けよ」と叫んだ。冥界の大門番ネティ神が「お前は誰か、なんの目的でやってきたのか」と質《ただ》すので、イナンナは門を通るために「姉のエレシュキガルの夫グガルアンナ神の葬儀に参列するためである」と策略を用いた。

エレシュキガル女神の激怒

ネティがエレシュキガルにイナンナの来訪を告げると、エレシュキガルは怒り、ネティに冥界の七つの大門を開け、イナンナが門をくぐったら、彼女の衣装を剝《は》ぎ取ることを命じた。イナンナの抵抗にもかかわらず、門をくぐるたびに衣装や装飾品が次々と剝がされていった。七つ目の、最後の門をくぐったときには、イナンナは全裸とされてしまっていた。

エレシュキガルは玉座に腰掛けていた。裁判官である七柱のアヌンナ諸神がイナンナに裁きを下した。エレシュキガルがイナンナに「死の眼差《まなざ》し」を向けると、イナンナは死骸《しがい》と化し、死骸は鉤《かぎ》に吊《つる》されてしまった。

エンキ神の策略

三日三晩が過ぎた。イナンナが戻らないので、従神のニンシュブルはイナンナのいいつけに従って、神々のところを巡る。予想どおりエンリルとナンナは助力を拒んだが、エンキはイナンナを甦《よみがえ》らせる策を考えてくれた。

エンキは爪の垢《あか》からクルガルラ（泣き女）とガラトゥル（哀歌を歌う神官）をつくりだし、

クルガルラに「生命の草」を、ガラトゥルに「生命の水」をもたせ、これらをイナンナの死骸に振り掛けるように命じた。彼らは冥界に赴き、命令どおりにしたのでイナンナは甦った。

だが、イナンナが冥界から地上へ戻る際に、ガルラ霊ども（冥界の悪霊の類《たぐい》）が随《つ》いてきた。というのは、イナンナの地上への帰還は条件つきであったからである。イナンナは自分の身代わりをガルラ霊どもに引き渡し、冥界に送らねばならないことになっていた。

まずニンシュブルに会う。ニンシュブルは女主人の死を悼んで粗末な衣服（喪服）を着て、身を投げ出して嘆き悲しんでいた。これを見たイナンナはニンシュブルを連れ去ろうとするガルラ霊どもを押しとどめる。

次にウンマ市そしてバドティビラ市に向かうが、ウンマではシャラ神、バドティビラではルラル神と、それぞれの都市神たちが同様に哀悼の意を表したために、イナンナは彼らを引き渡すことも拒んだ。

身代わりはドゥムジ神

イナンナとガルラ霊どもの一行がウルク市のクラバ地区にひろがっているエディン（草原）の大きなりんごの木を目指してやってくると、そこにはイナンナの喪に服さずに、きらびやかに装って玉座に腰掛けているイナンナの夫ドゥムジ神の姿があった。イナンナの死を悼んでいる様子が見られないドゥムジの姿を見て、激怒したイナンナはドゥムジを身代わりに指名する。

ガルラ霊どもの手から逃れたいドゥムジは、イナンナの兄である太陽神ウトゥに助けを求めた。ウトゥは義理の兄弟になるドゥムジの願いを聞き入れてその姿を蛇に変えてやったので、ドゥムジはなんとか逃れられた。

これに続く文章は欠損箇所が多いためにわかりにくいが、以下のようになる。

ドゥムジに逃げられイナンナは途方にくれるが、蠅《はえ》からドゥムジの行方を教えてもらう。

そこで蠅はご褒美としてビール醸造所と居酒屋で生きることが定められた。

物語はその最後で、ドゥムジと彼の姉妹が半年ずつ交互に冥界にとどまることをイナンナが申しつけ、そして「清らかなエレシュキガル女神、あなたを讃えることは良きかな」と結ばれている。

シュメル人が好んだ作品

強い女神と弱い男神

『イナンナ女神の冥界下り』はウル市、ニップル市などから出土した数多くのシュメル語で書かれた文書から復元された。前二千年紀前半にいまに伝わる形の四〇〇行を超える長い物語に仕上げられた。

『イナンナ女神の冥界下り』は現代の研究者がつけた書名で、シュメル語で書かれた「図書目録」には『アンガルタ、キガルシェ』つまり『大きな天から大きな地へ』という書名として載っている。シュメル語の「キガル」は「大きな地」の意味で、シュメル語の「クル」つまり「冥界」の婉曲な表現になる。

写本によって物語の内容に違いがある。たとえば、冥界にイナンナがとどまったのは紹介した三日三晩のほかに、七年七ヵ月七日間とも、ただの七ヵ月とも書かれた版がある。

写本や関連の作品がいろいろあるのは、『イナンナ女神の冥界下り』がシュメル人に好まれた話で、現在の形に整えられる以前に、長く、広い範囲で口承されていたことを示唆しているようである。

また、『イナンナ女神の冥界下り』に関連する作品も次々に創作され、たとえば『ドゥムジ神の夢』や『ドゥムジ神とゲシュティンアンナ女神』などがある。これらの作品は『イナンナ女神の冥界下り』の成り立ちを考えたり、欠損箇所を補ったりするうえでも重要である。

不吉な夢が正夢に

『イナンナ女神の冥界下り』では文書の結末部分に欠損箇所があることにもよるが、ドゥムジの姉妹の名前が出てこない。だが、『ドゥムジ神の夢』ではドゥムジの姉としてゲシュティンアンナ女神が登場し、彼女が冥界に赴く経緯が次のように語られている。

ドゥムジは死を予感するいやな夢を見た。彼の心は涙で溢れ、草原へ出ていった。姉のゲシュティンアンナがその夢の意味を解く。ゲシュティンアンナはドゥムジにガルラ霊どもが近づいていることを注意し、隠れるように警告した。

ガルラ霊どもはゲシュティンアンナを捕まえ、ドゥムジの引き渡しを要求するが、ゲシュティンアンナはドゥムジが隠れている場所を教えることを拒絶する。そこでガルラ霊どもがドゥムジの友人にたずねると、所在がわかってしまい、ドゥムジは捕らえられた。ドゥムジはウトゥ神に逃亡を助けてくれるようにと嘆願する。ウトゥはドゥムジをガゼル（小型の羚羊）に変身させ、ドゥムジは逃れることができた。

ガルラ霊どもがドゥムジを再度見つけたときに、ドゥムジ

6－1　走るガゼル（右上、動物闘争図。ウル出土。前2600－2500年頃）

はウトゥに二度目の嘆願をする。もう一度ドゥムジはガゼルに変身させられ、ドゥムジは老婦人の家に隠れた。
ガルラ霊どもはドゥムジを三度目も見つけた。ドゥムジはウトゥに三度目の嘆願をし、ウトゥはドゥムジをまたしてもガゼルの姿に変身させ、ドゥムジは姉ゲシュティンアンナの羊小屋に逃げるが、ついにガルラ霊どもによってドゥムジは殺され、ドゥムジの不吉な夢は正夢となってしまった。

ドゥムジは羊小屋に隠れ、そこで殺されてしまう。『ドゥムジ神とゲシュティンアンナ女神』でもウトゥ神の助けで蛇などに変身してドゥムジは姉のゲシュティンアンナ女神の家に逃れたものの、やはり羊小屋で捕まり、最後は殺される。

ところで、羊小屋は家畜の多産を司る神ドゥムジにふさわしい死に場所ということになるが、羊小屋は幸福、繁栄、安定などの象徴で、ことにウルク文化期（前三五〇〇〜三一〇〇年）や初期王朝時代（前二九〇〇〜二三三五年）の円筒印章や記念物の図柄に見られる。

また、『ウル滅亡の哀歌』では、神々が都市とその神殿を捨て去ったあと、都市が荒れ果てたことを象徴する「羊小屋が空になる」という文章が繰り返されている。

6－2　**羊小屋**　イナンナ女神の象徴である吹き流しが両端と小屋の上に見える（石膏製水槽正面浮彫。ウルク出土。ウルク文化期）

6－3　**ニンギシュジダ神**　肩から角のある蛇が飛び出している。グデアの名前の下にいるムシュフシュがこの神の前身（グデア王円筒印章印影図。前22世紀）

姉は「天のぶどうの木」

さて、『ドゥムジ神とゲシュティンアンナ女神』『ドゥムジ神の夢』では、ドゥムジ神の姉がゲシュティンアンナ女神であることから、『イナンナ女神の冥界下り』でもドゥムジの姉の名はゲシュティンアンナにちがいない。

シュメル語の原文では姉か妹か書かれていないが、ゲシュティンアンナは夢解きを司る老婦人と考えられていることから、青年神ドゥムジの妹ではありえず、姉になるだろう。『ドゥムジ神の夢』ではしっかりものの姉にかばってもらう、頼りない弟ドゥムジであった。

ゲシュティンアンナはその名前が「天のぶどうの木」を意味し、物語では弟のドゥムジに対して心やさしい女神として登場している。ゲシュティンアンナは半年の間冥界に下ることから、冥界の女王エレシュキガル女神に仕える「冥界の書記」でもあった。

また、ラガシュ市のグデア王（前二二世紀）の石像に刻まれた王碑文にはゲシュティンアンナは「ニンギシュジダ神の最愛の妻」と書かれている。

ニンギシュジダ神は「真理の木の主人」がその名前の意味で、植物の生育を司る神にして冥界神でもある。ラガシュ市以外ではニンアジムア女神（「良き液を育てさせる女主人」の意味）がニンギシュジダの妻であった。ゲシュティンアンナとニンアジムアは習合され、ゲシュティンアンナに「ニンアジムア」つまり「良き液を育てさせる女主人」の美称が与えられた。

魅力的な女主人公イナンナ女神

「大地母神」

イナンナはメソポタミアの神々のなかで、最も魅力的な女主人公《ヒロイン》で、アッカド語ではイシュタル女神になる。イナンナのほかにもニンリル女神、ニンマフ女神などの女神たちが登場するが、舞台中央で出ずっぱりの主役として物語を積極的に引っ張っていく、強烈な個性輝く女神はイナンナだけである。

シュメルの作者たちを魅了した愛と豊饒の女神イナンナは同時に戦争と破壊の女神で、二律背反的な性格をもつ最古の「大地母神」（グレート・アース・マザー）である。

ユング派の分析心理学者エリッヒ・ノイマンによれば、母性は相反する二つの側面をもっている（『グレート・マザー――無意識の女性像の現象学』）。ひとつは肯定的な面で、大地から生命を産み出すこと、もうひとつは否定的な面で、大地と同一視された死の側面で、生命をのみこんでしまう。グッド・グレート・マザーとテリブル・グレート・マザーの両面である。

前者だと聖娼（ヒエロドゥル）であったり、「聖婚儀礼」の女主人公をつとめる。一方、後者が強調されれば、戦争と破壊の女神になる。

「記紀神話」では、伊耶那美《いざなみ》は両面を見せている。国々や神々を産んだ後で、黄泉の国に下った伊耶那美は追ってきた夫の伊耶那岐《いざなぎ》に「汝《いまし》の国の人草、一日《ひとひ》に千頭《ちかしら》絞《くび》り殺さむ」といいはなつ、死を司る黄泉津大神《よもつおおかみ》へと変容し、まさに母性の両面を示している。

一方、『イナンナ女神の冥界下り』では、イナンナとエレシュキガルのそれぞれが母性の両面を分担していることになる。

「天の女主人」対「冥界の女主人」

イナンナはウルク市の都市神だが、ウルク市の本来の都市神は天空神アンであったにちがいない。時期や理由は不明だが、イナンナは「聖娼」の身分からアンにとってかわり、都市神になった。

イナンナは天界に属す女神で、ニンアンナつまり「天の女主人」が本来の名前ともいわれ、天においては明星の女神であった。明星の女神イナンナは月神ナンナ神とその配偶神ニンガル女神の娘にして、太陽神ウトゥの姉妹と考えられていた。

一方で、その名前がエレシュキガルつまり「キガル（大きな地つまり冥界）の女主人」はテリブル・グレート・マザーになる。エレシュキガルは『ビルガメシュ神、エンキドゥと冥界』のなかでは、天地創造時に贈り物として冥界に連れ去られたことになっている（三四ページ参照）。『イナンナ女神の冥界下り』では、エレシュキガルは女主人公イナンナを死にいたらしめる、主役を食う準主役で、そのことは物語の最後がエレシュキガルを讃えることで結ばれていることからも明瞭《めいりょう》である。

冥界へ下った理由

イナンナがクル（冥界）に下る理由は「キガル（冥界の婉曲な表現）へ心を向けた」としか書かれていない。

『イナンナ女神の冥界下り』関連の物語群のひとつ『ドゥムジ神とゲシュティンアンナ女神』では物語冒頭で、大小のガルラ霊どもがウルク市へやってきて、イナンナ女神を捕らえる。この物語ではイナンナは冥界へ下ることを強いられていて、積極的に赴いたのではないようだ。

一方『イナンナ女神の冥界下り』では、イナンナは冥界に下る際に、天界の女王にふさわしい出《い》で立《た》ちをし、さらにはエレシュキガルに殺されるかもしれないことを覚悟のうえで積極的に赴いている。イナンナ女神の訪問の目的が冥界をも支配しようとの野望であることを見抜いたから、エレシュキガルが激怒したのであろう。

だが、イナンナの行為を自然界に置き換えれば、人々の倉庫に食物の貯《たくわ》えがなくなってしまう時期、つまり晩冬に豊饒の女神イナンナは死に、それをエンキが「生命の草」と「生命の水」で復活させるとも説明できるという。

優男ドゥムジ神

牧畜神とぶどうの木の女神

一五四ページでも話したように、神といえども自由に異界を往来することは普通はできない。たとえ「天の女主人」イナンナ女神であっても従わなければならないことであった。死骸になって冥界に拘留されたイナンナが地上界に昇ってくるにはその身代わりを置かなくてはならなかったが、イナンナの死を悼んでいないドゥムジの姿を見るや、逆上したイナンナはドゥムジを身代わりに指名した。この物語ではドゥムジがウトゥを「義理の兄弟」と呼んでいることから、ドゥムジはイナンナの夫に当たるのだろう。

シュメルの神々のなかには怪力無双のニンウルタ神やビルガメシュ神のような、強さを前面に押し出して、物語を主導していく神々がいるが、ドゥムジ神は自分から積極的になにかをしようとするのではなく、強いイナンナ女神の働きかけに応じて動き出す、どちらかといえば優柔不断な優男であった。

『ドゥムジ神とゲシュティンアンナ女神』でも、ガルラ霊どもがイナンナを解放した際に、夫であるドゥムジ神をイナンナは身代わりに引き渡している。

この身代わりについては次のように説明されるともいう。

大麦などの穀物が収穫され、家畜が肉の貯蔵のために屠畜《とちく》される春には、牧畜神であるドゥムジは冥界へ赴くことになる。すると、その姉で「天のぶどうの木」を意味する名をもつゲシュティンアンナ女神はドゥムジを捜索に冥界へ下っていくが、これはぶどうが収穫される夏から秋にかけての時期にあたる。

冥界でドゥムジとゲシュティンアンナは再会する。だが、イナンナが彼らに定めた運命に従って、ゲシュティンアンナは冥界にとどまり、代わってドゥムジは地上界へ昇っていくことで、生気が地上に戻ってくることになる。

牧畜神とぶどうの木の女神が半年ずつ交代で冥界にとどまる。これは牧畜とぶどう栽培の年間サイクルに「死と復活」の物語を重ね合わせたことになるともいう。

6－4　ぶどうの房　杯のなかは葡萄酒だろう（円筒印章印影図。アンシャン出土。前1900－1800年頃）

複雑なドゥムジ神

ドゥムジは元来牧畜神で、植物を司る神ではなかった。この属性

6－5　黄金のロゼット（直径3.6cm。ウル出土）

は『ドゥムジ神とエンキムドゥ神』（九六ページ参照）で見られ、ここではイナンナ女神は牧畜神ドゥムジよりも農業神エンキムドゥのほうに心を寄せていたが、女神の兄ウトゥ神はドゥムジとの仲を執り成している。

シュメルの神々のなかでもドゥムジは複雑な神である。『シュメル王朝表』にはドゥムジ神が二柱登場する。「洪水以前」のバドティビラ市の王である「牧人」ドゥムジ神と「洪水以後」にエアンナ地区（ウルク市のこと、あるいは同市の一地区）の王であった「漁夫」ドゥムジ神であるが、両者の実在の証拠はない。後にドゥムジに習合されたアマウシュムガル神はラガシュ市付近で崇められていた。

シュメルでは豊饒を招来するために、王がドゥムジ、女神官がイナンナの役を演じて、ことにウル第三王朝からイシン第一王朝にかけて、「聖婚儀礼」が行われていた。

多分何世紀もの間にドゥムジは「牧人」でもあった王と習合されていった。その結果、ドゥムジが冥界にあると、植物や動物などの生命が枯渇すると信じられることになったのだろう。

ところで、ドゥムジの姿はアン神やエンリル神と同様、まったくわからない。イナンナ女神の図像はあるが、ドゥムジの姿やドゥムジを象徴する図像は特定できない。

たとえばイナンナの象徴図像ならば、複数ある。ひとつ目はロゼット（ロゼッタ）文で、円筒印章の図柄などに見られる。中心から放射線状に花びらが出る文様で、天にあっては明星、地にあってはなつめやしの花を指すという。二つ目は上に輪と吹き流しがついた葦束（一七〇ページ図参照）で、イナンナを意味する表語文字のもとになった。

ドゥムジ神の祭儀ではドゥムジ神像が使われたようだが（後述）、実物は残存していない。

進化する冥界

「日が沈むところの女主人」

冥界を支配するエレシュキガル女神の配偶神は『ネルガル神とエレシュキガル女神』ではネルガル神だが、『イナンナ女神の冥界下り』ではイナンナが冥界の門番ネティ神に「エレシュキガルの夫グガルアンナ」といっている。グガルアンナはその名前の意味が「アン神の運河監督官」で、「偉大な神々の運河監督官」エンヌギ神と習合され、ネルガルとも習合される。

ところで、冥界はどこにあるのだろうか。アッカド王朝時代（前二三三四～二一五四年）末期のウンマ市のルウトゥ王はエレシュキガル女神の神殿を建立し、王碑文を残している。そのなかで、エレシュキガルに「日が沈むところの女主人」の美称を用いている。

冥界は垂直方向だと地下深いところになるが、水平方向でいうとバビロニア地方の西方に位置づけられていたようだ。日が沈むところを死者の赴く先、住まうところとする考え方はバビロニアだけではない。古代エジプトでも「死者の町」（ネクロポリス）はナイル河の西岸で、さらに仏教にも西方極楽浄土の考え方があるので、人間の共通した考え方になるだろう。

七つの門の先

『エンリル神とニンリル女神』では冥界そのものは出てこないが、冥界への境界には「人を食う河」があって、「渡し船」に乗って河を渡らなければ、冥界へいけなかった。

『イナンナ女神の冥界下り』では河の話はまったく出てこないし、冥界の有様はほとんど書かれていない。イナンナ女神が七つの門をくぐった後で、エレシュキガル女神の面前に引き出されていることから、七重の城壁が巡らされていた冥界は「大きな都市」と考えられていたようだ。これは、人間世界の都市が城壁に囲まれていたことを反映したのであろう。

『イシュタル女神の冥界下り』

後代になるほど、人間の想像力がふくらむのであろうか、冥界の様子はより詳しく書かれるようになり、『イシュタル女神の冥界下り』のなかでは具体的に書かれている。

『イシュタル女神の冥界下り』はアッカド語で書かれた作品で、全文約一四〇行と短く、シュメル語版の『イナンナ女神の冥界下り』とまったく同一の内容ではない。アッカド語ではイナンナ女神はイシュタル女神になる。

この物語では、ドゥムジ神の名前は一切出てこないが、ドゥムジはすでにクルヌギ（シュメル語で「戻ることのない土地」の意味、すなわち冥界）にいて、そのドゥムジをイシュタル女神が取り戻す過程を物語っているとも考えられている。

まず、『イシュタル女神の冥界下り』の内容をかいつまんで紹介しておこう。

イシュタル女神は冥界の七つの門を過ぎるごとに衣服を剝ぎ取られ、全裸でエレシュキガル女神に捕らえられる。イシュタルが冥界へ下ってからというもの、地上では動物も人間も生殖行為を停止してしまっていた。

こうした困った状況を打開しようと、エア神は「無性の人間」（女装の同性愛者あるいは宦官ともいう）をつくって、エレシュキガルのもとに遣わし、彼女の機嫌をとらせた。エアの策略が功を奏し、イシュタルは戻ってくることとなり、七つの門を過ぎるごとに剝ぎ取られたものも取り戻してくる。

冥界の様子

さて、冥界の様子であるが、『イシュタル女神の冥界下り』四～一一行に見え、『ギルガメシュ叙事詩』「標準版」第七書板第四欄三三〜三九行とほぼ重複している。以下に引用してみよう。

イルカルラの住まい、「暗黒の家」へ、
入る者は出ることのない家へ、歩いていく者は戻ることのない道へ、住む者は光を奪われる家へ、
そこでは埃が彼らのご馳走、粘土が彼らの食物で、光を見ることもなく暗闇《くらやみ》のうちに住み、鳥のように翼のついた衣服を身につける。
門の上、門の上には土埃が積もる。

『ギルガメシュ叙事詩』の当該箇所は次のようになる。

彼は私を見てイルカルラの住まい、「暗黒の家」へ連れていった。
入る者は出ることのない家へ、歩いていく者は戻ることのない道へ、住む者は光を奪われる家へ、
そこでは埃が彼らのご馳走、粘土が彼らの食物で、鳥のように翼のついた着物を身につける。

そして光を見ることもなく暗闇のうちに住む。

キ（地）の下にはアブズ（深淵）とクル（冥界）があると考えられていた。

アブズは大きな真水のひろがりで、エンキ神が住まい、エンキが司る領域であった。アブズの下には、アブズとはまったく逆の乾燥した暗い世界であるクルになる。クルは人間が死後にいくところで、その名が「冥界の女主人」であるエレシュキガル女神が支配する。

冥界は生前の悪行のゆえにいく地獄とは異なり、死者が一律にいかねばならない世界で、一度下れば戻れない世界である。冥界の住民は暗く埃だらけの不快な場所にいる。

文学作品や祭儀について書いたシュメルの文書、たとえば第八章で扱う『ビルガメシュ神、エンキドゥと冥界』を見ると、親族が定期的に供物を捧げる供養を行えば、死者の生活が良くなると信じられていたようだ。

その後のドゥムジ神

「タンムズ月」

ドゥムジ神の名前が訛《なま》って、ヘブライ語やアラム語ではタンムズ神と呼ばれた。

タンムズの死と復活の話はメソポタミアからシリア・パレスティナ方面に伝わっていった。

エルサレムの神殿の門のひとつで、エルサレムの女性たちがタンムズのために嘆き悲しんでいたことが「そこには、女たちがタンムズ神のために泣きながら座っているではないか」(『旧約聖書』「エゼキエル書」八章一四節)と伝えられている。

タンムズが地上にいる半年間は植物が繁茂し、動物が成育するが、彼が地下に下るとすべてが止まった。そこで女性たちはタンムズが地上に戻るように激しく哀願した。

ユダヤ暦第四月、アラブ人の伝統的暦の第四月の名は「タンムズ月」である。『旧約聖書』「エゼキエル書」はタンムズの祭儀に参加している女たちを偶像崇拝であるとして非難しているが、ユダヤ暦には皮肉なことにその忌むべきタンムズの名前が残っている。

イスラエル人はバビロニアに強制連行(「バビロン捕囚」前五九七、前五八六年)され、その折にメソポタミアの「標準暦」を採用した。その月名が現在もそのまま採用されているのである。「標準暦」第四月は現行太陽暦の六月から七月にあたる。この時期には麦はすでに収穫され、種はまだ蒔かれていない。

前二千年紀初期のマリ市では、第四月には泣き女がかかわるドゥムジ神の祭儀があったようだ。

前一千年紀にもドゥムジ神の祭儀が毎年行われていたことを『ギルガメシュ叙事詩』「標準版」では「あなたの若い時の恋人ドゥムジ神のために、あなたは年ごとに泣くことを定めたのだった」(第六書板第二欄二~三行)と伝えている。

ニネヴェ市、アッシュル市、カルフ市（現代名ニムルド）そしてアルベラ市（現代名エルビル）などではドゥムジ神のための嘆きの儀礼が行われ、「ドゥムジ神像」が飾られたようである。こうした儀礼は後代まで続き、ハラン市（現代名アルトゥンバシャク）の女性たちはタームズつまりタンムズ神のために大いに泣く儀式を行っていた。

さらに、帝政ローマ時代に繁栄したシリア砂漠のオアシス都市パルミラにもドゥムジの話は伝わり、第四月は「嘆き悲しむ月」と名づけられていた。

6-6　地中海に面したフェニキア地方の町（浮彫。ニネヴェ出土。新アッシリア帝国時代）

「死んで復活する神」の神話

『旧約聖書』はタンムズ信仰を嫌悪しているが、ドゥムジ、タンムズに連なる「死んで復活する神」の信仰が古代オリエント世界に広く広まっていて、この信仰がキリストの物語に影響を与えた可能性は否定できないという。キリストもまた刑死し、三日後に復活した。

イナンナ・ドゥムジの神話はフェニキア地方に達し、さらに西方へ、キプロス島そしてギリシアへとひろがっていった。

タンムズ神話はギリシアに入ってアドニス神話とな

6－7　アプロディテ女神とアドニス（エトルリアの鏡裏面の図像）

った。アドニスとはセム語の呼格形アドーナイ「我が主よ」が訛った名前といわれ、タンムズを呼び返すために女性たちが泣きながら発した叫び声が伝わったという。アドニスを記念する祭儀はヘレニズム時代のビブロス市（現在名ジュベイル、フェニキア地方の一都市）で行われていた。

「ギリシア神話」では愛の大女神アプロディテ女神が愛した美少年アドニスを、豊饒の女神で、同時に冥界の王ハデスの妻であるペルセフォネ女神に預けたところ、ペルセフォネはこの子を返したくなってしまった。そこで神々の王ゼウスが裁定し、アドニスは一年の三分の一は自分の意のままに暮らし、ほかの三分の一はアプロディテと、残りの三分の一はペルセフォネのもとで過ごすことになったという。なお、アプロディテ女神は比較神話学的にはイシュタル女神とほぼ同一の神格ともいわれている。

さて、次章では女神が主人公の神話から一転して、英雄たちが大活躍するいくつかの物語を紹介するとしよう。

第七章
大王エンメルカルと「小さな王」ルガルバンダ
英雄神話と「史実」

アラッタへの山岳地帯を守護する聖鳥アンズー　翼はラピス・ラズリの無垢の塊で頭部と尾部は黄金製という豪華な護符（高さ12.8cm、幅11.8cm。前2500年頃。ダマスカス、シリア国立博物館蔵）

『エンメルカルとアラッタの君主』

主な登場人物

エンメルカル　ウルク第一王朝第二代王（エン）

イナンナ女神　愛と豊饒の女神。ウルクの都市神、クラバ・エアンナの女主人

アラッタの君主　名前不詳。山岳地帯のかなたの都市アラッタの支配者（エン）

ウルク王エンメルカルの願望と女神イナンナの助言

偉大な荘厳《しょうごん》に満ちた都市クラバ、偉大な山であるウルク市。ディルムンという国がまだ存在しない頃からウルク・クラバのエアンナはその基礎が立派に築かれ、クラバの煉瓦構築のなかにあるイナンナ女神の聖所「ギパル」は鉱脈の銀のように光り輝いていた。まだ金銀やラピス・ラズリや鉱石が山から運び降ろされる以前、商業活動が起きる前のことだった。アラッタでは、美しい無垢《むく》のラピス・ラズリで装飾され、白く輝く果実をたわわにつけた

7−1　スサとアンシャンの近辺　かなたの荒々しいザグロス山脈の向こうはイラン高原の砂漠地帯である

メシュ樹のように内部が美々しい聖所で、アラッタの君主がイナンナ女神のために黄金の冠をつけたのだが、クラバの君主エンメルカルのように女神を喜ばすことはできなかった。

ウルク王エンメルカルは、あるとき聖なる女神イナンナに「我が女神よ、妹よ。アラッタが我がウルクに服従し、神殿や王宮を立派に建造するようにさせたい」と祈願した。

女神はこうお答えになった。「エンメルカルよ、私の忠告をよくお聞きなさい。軍隊のなかから弁舌爽《さわ》やかで忍耐力のある者を使者として選び、その者にズビ山地を越えてスサやアンシャン、山岳地方へ赴かせ、彼らを小さな鼠《ねずみ》のように慎《つつ》ましく平伏させるのです。アラッタの住民に山から石を切り出させ、ウルクの聖所を建造させるのです。

エンメルカルよ、そなたは我が聖なる胸の輝く宝石。エンメルカルに誉れあれ」

エンメルカル王の使者の伝言

イナンナ女神の言葉どおりにエンメルカルは慎重に使者を選び、女神の言葉を伝えた。使者はズビ山地を越え、スサとアンシャン、山岳地方の人々を女神に平伏させ、それから五つ山越え、六つ山越え、七つの山を越えた。

アラッタに到着すると、使者はウルク王エンメルカルの言葉を伝え、「あなたがなんとお答えになりましょうともウトゥ神の御子《みこ》エンメルカルには吉報をお届けすることになっております」と申した。

それを聞くとアラッタの君主は「天と地の女王、聖なる女神イナンナが輝く『メ』の山をアラッタにもたらされ、巨大な門扉のごとく山々の入り口の門を閉ざされたのだ。アラッタがウルクに服従しなければならないというのはまったく問題にもならん」と答える。

すると使者は、我が王が聖なるイナンナ女神をエアンナの神聖な女主人となされたので、女神はアラッタの君主をウルクに服従させようと約束なさったのだと述べた。

アラッタの君主の第一の難問「網で運ぶ穀物」

頭が混乱したアラッタの君主は、まるで牡牛のような唸《うな》り声で使者にこういった。

「このアラッタは天高く育ったメシュ樹のごとく、アンズー鳥のごとく防御は完璧だ。ただアラッタは今飢えに苦しんでいる。そこで私は武力でなく別の手段で戦いたいのだ。穀物を網に入れて、その網を驢馬の背に乗せ、代替驢馬に積み替えて、ここまで穀物を運んでくるがよい。そして、この宮廷の中庭に穀物を山と積み上げることができたなら、それこそ女神イナンナがアラッタを見捨てたということで、この私も潔くウルクに屈することにしよう」

ウルクに帰還した使者はクラバの君主エンメルカルに伝言を一言一句違わずに復誦し、あまつさえ牡牛のように唸ってみせた。するとエンメルカル王はティグリス・ユーフラテス両河を交互に結びつけ、大甕《おおがめ》を野外に並べ、小甕《こがめ》も草地に座る仔羊のように並べ、また儀式用の黄金製エシュダ壺や集会用の輝く粘土板と尖《とが》らせた葦筆、黄金の像も並べた。知恵の女神ニサバがエンメルカルに知恵を授けたので、ウルクの穀物倉庫を開いて計量枡《ます》を地面に固定し、麦類から古い麦を取り除き、緑の麦芽をすっかり水漬けにする。やがて「ヒリン樹（甘松、芳香のカノコソウ）」の根茎のように芽が伸びると、麦の山に「ズブル（雀《すずめ》／いなごの歯）」を加えて目の細かい網に包み、その網を驢馬の背に乗せ、代替驢馬に積み替えた。人々は岩山の割れ目の蟻《あり》のごとく隊伍《たいご》を組んでいった。使者も砂塵《さじん》で泥だらけになり、砂利に足を取られながらアラッタを目指した。

一行が到着するとアラッタの人々が駆け寄ってきて、驢馬の背のものはなんの荷物かといぶかしがった。宮廷の中庭で使者が例の「ズブル」入りの穀物をぶちまけると、それはあたかも天から降り注ぐ雨か太陽光線のようで、アラッタはすっかり豊かになり、神々も満足して天空にご帰還なさった。人々は水につかった緑の麦芽を畑一面に植えた。

そのあとで使者が「ウルクに従属せよ」という重大事項をアラッタの市民たちに告げ知らせると、市民たちは「我々といえば、こんな最悪の飢饉のなかにいたのではしかたがない。クラバの君主に屈しようではないか」ということにさえなってしまった。

アラッタの君主の第二の難問「不思議な王笏」

使者はアラッタの君主に「エンメルカル王の伝言は『アラッタは早く降伏するように』というのです」と述べた。

使者の言葉を聞くや、アラッタの君主は聖所に籠《こ》もり、断食して横になった。夜が明けても悶々《もんもん》として呻《うめ》き、麦を食べる驢馬のように堂々巡りの思考を続けた。なにか良い考えはないものだろうか。そうこうするうちにそれが見つかったのである。

「王笏をつくるのだが、木製でなく、およそ『樹木と名のつくもの』であってはいかんのだ。つまりポプラでなく、杉でなく、糸杉でなく、なつめやしでなく、硬木でなく、杜松《ねず》でなく、車に使うようなユーフラテスポプラでなく、鞭《むち》にするような樹皮（?）細工であってもいかん。また黄金製でも銅製でも、純正銀製でもただの銀製でもいかんのだ。紅玉石でもラピス・ラズリ製でもいかんのだ。そのどれでもない材質で王笏をつくれたら、クラバの君主はそれを我が方にもってよこすがよい」

使者はウルクに帰還すると、クラバの君主エンメルカルにこの「謎々《なぞなぞ》」を伝えた。すると今回はエンキ神がエンメルカルに知恵を授け、エンメルカルは受けた指示どおりにすりこぎで薬草のように叩き潰《つぶ》したものを輝く葦に注ぎ、よく面倒を見て、五年か一〇年かの歳月が過ぎると、小斧《こおの》のように輝く葦を削《そ》ぎ取った。エンメルカルは、こうしてできた王笏を山地へ向かう使者の手に乗せた。

7－2　王笏を従者に示す王
網目地スカートの王（左）は神官王（エン）と考えられる。右は女性ととる研究者もいるが、上半身裸体なので、当時の女性の服装を考慮すると、男性の従者と思われる（通称「ブラウ・モニュメント」浮彫部分。前3100年頃。大英博物館蔵）

まるで大きな白い鳥のように丘を越えて、使者はアラッタへと急いだ。

アラッタの宮廷の中庭で使者が持参の王笏を磨くと、アラッタの君主はギラギラ輝く王笏に目がグラグラしてしまい、聖所に引き籠もり、重臣らを呼び集めてこういった。

「アラッタは情けない状態で、まるでさまよえる羊群のごとし、だ。猛々しかったアラッタを見捨て、今や聖なる女神イナンナはあの男を御心にお選びになった。哀れなアラッタはどうしたらよいというのだ」

アラッタの君主の第三の難問「毛色の変わった犬」

苦悶《くもん》の末、アラッタの君主は重要な伝言を託した。「使者よ。『黒でなく、白でなく、茶でなく、赤でなく、黄でなく、斑《ぶち》でもない犬を探せ』、とお前の主人に伝えよ。そんな犬がいたら『我が方の犬と闘わせて決着をつけようではないか』と」

しかし、この伝言を聞いたエンメルカル王は玉座の上からほとばしる奔流のような大音声で、次のようにいった。「使者よ。まずはアラッタの君主に『黒でなく、白でなく、茶でなく、赤でなく、黄でなく、斑でもない衣服を私はそちらに届けよう。エンリル神にも匹敵する我が方の犬をそちらの犬と対決させ、どっちが強いか、思い知らせてやろう』と、そのように伝えよ。

で、二つ目だが、『いつまでクダクダ御託《ごたく》を並べる気なのだ。アラッタの住民に輝くラピス・ラズリや金銀を集めさせ、イナンナ女神のために、アラッタの宮廷の中庭にうずたかく積み上げさせよ』と。

で、三つ目だが、『住民に市場の商用価格で（奴隷として）値をつけたりなどされたくなかったら、さっさと出て、山々の貴石を運ばせ、我がウルクの建築物を装飾するがよい』と」

このように、エンメルカルの伝言はまだまだたくさん続いたが、使者の口は重くなり、もうそれを復誦することができなくなってしまった。そこで、王は粘土を手に取って、そこに文字を刻んだ。それまで存在しなかった「文書」というものが初めてつくられたのである。

使者は突進し、五つ山越え、六つ山越え、七つの山を越えた。アラッタに到着すると、使者は我が主の指令を伝達して、エンメルカル王から託された粘土板文書をアラッタの君主に手渡した。アラッタの君主はそれをしげしげと眺めたが、そこに記された楔形の金釘《かなくぎ》模様には、ただ呆然《ぼうぜん》とするばかりであった。

そのとき、エンリル神の御子イシュクル神がアラッタの天地に雷鳴を轟かせたが、そのあとでアラッタの住民の間から歓呼の声が上がった。なんと麦もヒヨコマメもみんな結実して大収穫になり、宮廷の中庭には穀物の山がうずたかく積まれたのである。

アラッタの君主は使者に向かって「どうだ。やっぱり全土の女主人イナンナ女神はアラッタをお見捨てにはならなかったのだ。アラッタの聖所エザギンを去ってエアンナにいってしまわれたわけでも、輝く『メ』の山岳をクラバの煉瓦構築に見替えてしまったわけでもない。女神の配偶神ドゥムジが、諸国民のなかからアラッタの住民をお守りくださっているのだ。

ではドゥムジ神もご照覧あれ。さあ、犬の対決だ」と挑んだ。

ところがエンメルカルのほうの「賢き犬」というのは、なんと斑の頭巾《ずきん》を被り、体には獅子皮の衣装を巻き付けた物凄《ものすご》い出で立ちの「イヌ（猛者）」だったのである。

（このあとは文書の欠損がひどいが、イナンナ女神が配偶神ドゥムジを讃えて詠う。そして「賢き老女」が昔若かったときのようにアイシャドウをして白い衣装をまとい、月光のように輝く冠を被って、エンメルカルを「夫」として玉座に案内し「まことに、アラッタでは羊も山羊も牛も繁茂するでしょう。これらの富はみなほんとうにあなたのものです。アラッタの君主と交易することになれば、アラッタの住民は金銀やラピス・ラズリ工芸に精を出すことでしょう。イナンナ女神のためにエアンナの中庭にそれらを山積みにすることでしょう」という大団円になるようである）

使者の役割――謎々の伝言

「文書」の起源

イナンナ女神の忠告に従ってエンメルカル王が選び出した使者（シュメル語で「キッギア」つまり伝言〔キグ／キン〕を持ち帰る〔ギ〕者）は、自分の主君の伝言ばかりでなく、相手方のアラッタの君主の伝言も一言一句違わずに暗記し、それを何百キロメートルも駆け抜けたあとでそっくり復誦しなければならないという大変な役割を負っていた。

ところがこの忠実で忍耐強い使者も、ついに最後はアゴが上がってしまって復誦できず、そこでエンメルカル王が粘土板に葦筆で記す「文書」というものを発明したという。「文書」の起源に関する古代人のこの説明は、なかなか人間味があって面白いと思うのだが、ただ「文書」は文字が読めなければ意味をなさないものなので、アラッタの君主にとっては手渡された粘土書板は、まったくちんぷんかんぷんの泥塊にすぎなかったにちがいない。

知恵比べ①——「穀物運び」

「穀物運び」は難問であると同時に、もし成就されても飢饉で苦しむアラッタの住民救済には役立つので、武力では勝ち目のないアラッタの君主としては最高の名案であっただろう。しかしウルク王エンメルカルを助けたのは豊饒の女神ニサバで、もやしのような「芽の出た穀物」、「水につけた（ふくれた）麦芽」など、さすがにうまい解答を示したものである。ニサバ女神は書記術の守護神でもあり、エンメルカルが儀式で「集会用の輝く粘土板と尖らせた葦筆」を供えたというのは、文書の発明との二重の暗示とも取れる。

また「ティグリス河をユーフラテス河に結びつけ、ユーフラテス河をティグリス河に結びつける」の意味は定かではないが、ずっと後の新バビロニア帝国時代（前六世紀）にバビロンで行われた新年祭式次第には「ニサンの月（第一月）第五日目、朝四時にウリガル神官が起床、ティグリス河とユーフラテス河からの水で身を清める。……日の出後二時間目にマシュマシュ神官がティグリス河の水槽とユーフラテス河の水槽からの水を振《ふ》り撒《ま》いて、各神殿を潔める」という記事があり、バビロンもユーフラテス河畔の都市でティグリス河からは遠いことから、水槽に汲《く》み置きした両河の水を儀式に使用したと取ることもでき、エンメルカルが行った儀式はバビロンの祭儀に約二〇〇〇年先立つ例とも考えられる。

麦の山に加えたという「ズ（歯）・ブル（雀／いなご）」は、シュメルの『農夫の教え』（古バビロニア時代の写し。ニップル出土）に「蒔いた種子が芽を出したら、鼠除《よ》けの儀式をせよ。ズビル（ズブル）を避けよ」とあり、他にも頻出するので、穀物の大敵の小鳥やバッタやいなごに関する魔除けを指すのかもしれない。

知恵比べ②——「不思議な王笏」

王笏を作製する難題は、製作材料が木でも金属でも石でもないものという。「木製」と訳したシュメル語の「ギシュ」は樹木一般の限定詞としても使用された語である。

「およそ樹木と名のつくもの（シュメル語で『ム・ギシュ・～サ・サ』）であってはいかんのだ」というのは、この限定詞がつくものであってはいけないということなのであろう。そのあとに列挙されているものにはすべてこの限定詞「ギシュ」がついている。他方、エンメルカル王が用意した「輝く葦（ギ・スリム・マ）」には「ギシュ」がついていないところがミソで、シュメル人の言葉遊びの感覚がうかがえる。

知恵比べ③――「毛色の変わったイヌ」

さて、最後は「赤でも白でも何色でもない犬」である。シュメル語の「ウル（犬）」は犬の頭部の絵文字から発達した文字で、「若者、勇士」などの意味ももつようになる。日本語の「サツのイヌ（警察の回し者）」などはあまりよい意味ではないが、シュメルの「ウル」にはそういう悪い意味はないようである。

7－3　元祖ヘラクレス（左）
獅子皮の前脚を首に結び、マントのように背中に垂らしている。右は植物女神（円筒印章印影図部分。前2350年頃）

エンメルカルはこの語の同音異義的性格を利用して、黒犬でも白犬でも赤犬でも茶犬でも黄犬でも斑犬でもない「勇士」を選んで、衣装も犬毛のいろいろな色ではなく獅子皮を着せて派遣したのである。この「獅子皮をまとった勇士」は、ギリシア・ローマ神話の神ヘラクレスの先駆といえよう。

ウルクの大王――エンメルカルからギルガメシュまで

「ウルク」を建設した王エンメルカル

『シュメル王朝表』は洪水後最初に王権が「天から降った」都市キシュの次に王権を得たエアンナ／ウルク（第一王朝）について次のように記している。この王朝には神格化された王名が多いが、この神話の主人公エンメルカルは「神の子」でもなければ、神格化を示すディンギル印もつけられていない。


（キシュ〔第一王朝〕が「武器で掃討」されると、王権はエアンナに移行した）

エアンナではメスキアグガシェル、ウトゥ神の子、エン（大神官）となり、ルガル（王）となって三二四年在位。

メスキアグガシェルは海へ赴き、そこから出でて山々に分け入った。

エンメルカル、メスキアグガシェルの子、ウルクを建設した者、ウルクの王。王となって四二〇年在位。

神ルガルバンダ、牧夫、一二〇〇年在位。（中略）

ビルガメシュ、父は「風魔（リル）」。クラバのエン（大神官）、一二六年在位。
ウルヌンガル、神ビルガメシュの子、三〇年在位。（後略）
（合計一二人の王が立ったエアンナ／ウルクが「武器で掃討」された後、王権はウル第一王朝、アワン、キシュ第二王朝、ハマジ、ウルク第二王朝、ウル第二王朝、アダブ、マリと移行する）

王朝創立者のメスキアグガシェルは太陽神ウトゥの子とされている。「海へ赴き、山々へ分け入った」というのは、勢力拡大のためにペルシア湾に航海したとかイランとの国境地帯にある峨々《がが》たるザグロス山脈まで遠征したというような「史実」を指すのかはわからない。その後継者エンメルカルは「ウルクを建設した」とされ、それまで「エアンナ」と称されたウルク市がここで「正式に」その名を名乗ることになる。

ウルクの英雄と叙事詩

シュメル人の認識ではエンメルカルは「大王」だったようで、『エンメルカルとアラッタの君主』『エンメルカルとエンスフギルアンナ』『ルガルバンダ叙事詩』では「太陽神ウトゥの子」と表現されている。次王ルガルバンダは王朝表では単に「牧夫」とだけ記されているが、その名には神格化を示すディンギル印「神」がつけられ、この点でメスキアグガシェルやエンメルカルとははっきり異なっている。「ルガルバンダ」とは「小さな王」という意味で、『ルガルバンダ叙事詩』に見られるようにアンズー鳥に与えられた超能力を発揮した活躍のためか、大勢の兄たちを差し置いてエンメルカルの後継者となった。

ウルクのもうひとりの英雄はアッカド語の叙事詩で有名なギルガメシュであるが、シュメル語ではビルガメシュという。アッカド語の叙事詩では「ギルガメシュは三分の二が神、三分の一が人間」といわれ、ルガルバンダ神と配偶女神ニンスンとの息子とされている。

ギルガメシュについては次章で詳しく解説する。

エン、エンシ、ルガル――「王」を意味するシュメル語

王朝創立者のメスキアグガシェルは「エアンナのエン」だが、ビルガメシュは「クラバのエン」であった。神話のなかで、エンメルカルは「ウルクのエン」と記されている。

ここではシュメル語の「エン」を「君主」と訳出したが、本来の意味は「主、主人」で、「王(ルガル)」とも「都市支配者(エンシ)」ともちょっと違ったニュアンスがある「王」を指し、元来は俗世よりむしろ神事にかかわる立場で都市の守護神、大いなる神に仕える大神官を指したようだ。

都市文明と交易

シュメル草創期の商業活動

「まだ金銀やラピス・ラズリや鉱石が山から運び降ろされる以前、商業活動が起きる前のこと……」と冒頭で述べられているが、実際にはメソポタミアの商業活動の歴史はとても古く、すでにウバイド文化期から交易が行われていたようだ。南方では「ディルムン」と呼ばれた現在のバハレーン島とその周辺の発掘から、メソポタミア南部に由来するウバイド形式の土器が数多く出土している。またメルッハやマガンも古くからメソポタミア地方と交易活動を行っていたようで、シュメル諸都市からメルッハの印章が出土しているが、インダス文明とのかかわりを示唆するような水牛の図柄と文字が印刻されていた。

7－4　ハブバ・ケビラ南遺跡の住居跡からまとまって発掘された土器類

　西方では、ユーフラテス河をさかのぼったシリア北部にテル・カンナス、ハブバ・ケビラ南（ダム建設で水没）という遺跡があるが、ウルク文化期からジェムデト・ナスル期にかけての円筒印章や文字資料が出土して

7－5　近年の発掘で、イランのケルマン州の古都バムがアラッタの可能性ありと期待が寄せられている

おり、都市ウルクの交易基地だったことが判明している。

ラピス・ラズリの交易路

準貴石あるいは半貴石の範疇《はんちゅう》に入れられるラピス・ラズリは、濃紺に金色がかすかに混ざった美しい石で、日本では瑠璃《るり》、青金石《せいきんせき》などと呼ばれる。原石は太古の昔からアフガニスタンのバダクシャン山地に産することが知られていた。その交易路はイラン高原を越えて、遠くメソポタミアやエジプトにまで運ばれ、前三千年紀以来諸国の王侯の衣服や宝冠、印章などの装飾に用いられたことを多くの出土品が示している。

またこの神話にも記されているように、初期王朝時代にはアラッタ人は特にその加工技術に優れていたことで近隣にその名を轟かせていた。

ウルク王エンメルカルは北方の山岳を越えた遠方にある「アラッタ」という都市の君主としばしば対決した。エンメルカル対アラッタのもうひとつの神話『エンメルカルとエンスフギルアンナ』ではウルク側の呪術師「賢い老女サグブル」とアラッタの呪術師「ハマジ出身のウルギリヌンナ」が対決する。ウルギリヌンナはハマジが戦争に敗れた後アラッタに亡命してきて、ギパル宮の奥の院で祓魔《ばつま》儀礼を取り仕切っていたという。ハマジは、『シュメル王朝表』によれば、エンメルカル王のウルク第一王朝が「武器で掃討」された後、王権がウル第一王朝、アワン、キシュ第二王朝と経巡った後に成立した王権所在地で、地理的にはティグリス河の支流ディヤラ河を水源近くまでさかのぼったあたりと推定されている。

国破れてのちウルギリヌンナが亡命したという都市アラッタは、今のところ明確には位置が同定されていないが、エンメルカルの使者はズビ山地（ザブ河上流域か）を越え、スサとアンシャン（現在のイラン南西部あたり）とを平伏させてから、「五つ山越え、六つ山越え、七つの山を越え」アラッタに到着したことから、現在のザグロス山脈を越えたはるか東方と考えられる。

それでは次に、ザグロス山脈をたったひとりで越えた王子の物語を紹介しよう。

『ルガルバンダ叙事詩』

主な登場人物

エンメルカル　　ウルク第一王朝第二代王
ルガルバンダ　　「小さな王」の意味。エンメルカル王の末子
七人の兄たち　　エンメルカル王の王子たち。大将軍として遠

征に参加

イナンナ女神　愛と豊饒、明星の女神。ウルクの都市神

ウトゥ神　太陽神

ナンナ／スエン神　月神

【第一部・洞窟のルガルバンダ】

はるかむかし天地が分かたれて以来、農耕がはじまり、運河が整備されたが、その頃ユーフラテス河畔の都市ウルクは、イナンナ女神を信奉するエンメルカル王のもとで栄光に輝いていた。

あるとき、太陽神ウトゥの御子、ウルク王にしてクラバの主であるエンメルカルは反逆の地、山岳地方の都市アラッタ征伐を決意した。シュメルの国じゅうに召集ラッパの音が響き渡り、各領主たちは武装市民を率いて、ウルクへ、クラバへと逆巻く洪水か嵐のように参集した。エンメルカル王の七人の王子たちも、将軍たちを統率する大将軍の立場で遠征に参加していた。エンメルカル王の八番目の王子でまだ若輩だったルガルバンダは、控えめでおとなしく、ただ黙って軍隊とともに行進するだけであった。

エンメルカル王が先頭切って行軍すると、全軍はおおいに奮い立ち、牡牛のように踏破す

ること五日、六日目にようやく水浴びをし、七日目にやっと山路に分け入った。

病気になったルガルバンダ王子

進軍行程のなかばに達したあたりで、ルガルバンダ王子は突然病に襲われた。激しい頭痛に襲われ、身体は痙攣《けいれん》し、王だろうが一兵卒だろうが、ルガルバンダを救える者はいない。「王子をウルクに即刻帰還させねば」といっても峻厳《しゅんげん》な山岳地帯で、雲霞《うんか》のごとき軍隊もなす術《すべ》がなかった。

山の厳しい冷え込みに震えた王子が歯をがちがちいわせたので、一行は王子を洞窟《どうくつ》に運び込み、病人が食べられそうないろいろな種類の甘い菓子を籠盛りにして居心地良く整え、新鮮なバターやチーズ、茹《ゆ》で卵《たまご》などを供物のように並べ、ビールや葡萄酒や水を革袋に入れ、香油も壺で混ぜ合わせておいた。ズビ山地から輸入した高価な錫《すず》製斧や黒山地方から輸入した鉄製の武具をそばに置いてやった。

ルガルバンダ王子は落ち窪《くぼ》んだ目を開けてそれらを眺めたが、結んだ口を開くことはなく、兄たちが頭を起こしてやったが、もはや王子は息もしていなかった。

「神々のご加護で病が治ったら、煉瓦構築の壮麗なクラバへ帰還させることができよう。だが、万が一、我らの弟が神々の宮居に招かれることになったら、アラッタ征服の後でここに立ち寄って遺骸《いがい》を故郷に連れ帰ることにしよう」と決めた兄たちは嘆き悲しみつつ、アラッタ征服の行軍に戻っていった。

神々への病気回復祈願

丸二日間というものルガルバンダ王子は病に苦しんだ。さらに半日経過し、そしてその日の夕方、冷気が鎮静剤のように漂うと少し元気が出てきたが、病気が去ったわけではない。天空の夕陽《ゆうひ》を見上げたルガルバンダ王子は、か細い手をあげて涙ながら祈りを捧げた。「ニンガル女神の御子なる勇士、太陽神ウトゥよ。我が病を癒《いや》したまえ。兄たちはみな山越えに出掛けてしまいました。慈しんでくれる父も母も兄たちもおらず、ひとりぼっちでこんな恐ろしいところに居るのは耐えられません。迷い犬はみじめです。どうか、病を癒したまえ。愚か者のようにこんな山中で生涯を閉じさせないでください」。すると太陽神ウトゥはルガルバンダの涙を受け止め、洞窟に聖なる励ましをお送りになった。

月神ナンナの御子、どんな貧民にも喜びを与える女神、天空の明星イナンナが山の洞窟を明るく照らすと、ルガルバンダ王子は涙ながら祈りを捧げた。「ここには荒地に大蛇がおり、岩の割れ目に蠍がいるのです。どうぞ、こんな糸杉の生い茂る山中で我が肉体を滅亡させないでください」。すると女神イナンナはルガルバンダの涙を受け止め、まどろみを与えて慈愛で包むと、そっと煉瓦構築のクラバへご帰還なさった。

その夜、エンリル神の愛する御子スエン神、月神ナンナが山の洞窟を明るく照らすと、ルガルバンダは天空の月を見上げて、涙ながら祈りを捧げた。「誰も届かぬ遠い空にまします王者スエン神よ。悪の根源を追い払い、その邪気を追いやってくださるように」。するとナンナ・スエン神はルガルバンダの涙を受け止め、生命を与えて、再び自分の足で立てるようにしてくださった。

7－6　太陽神ウトゥと船神　両肩から炎を噴き出す太陽神は椅子に腰掛け、その前には万物の実りをもたらす犂や種子の壺などが積まれている。船神は自ら櫂を漕ぎ、太陽神が天空を渡り、夜の冥界を抜けるのを助ける。船尾は蛇頭形をしている（円筒印章印影図。テル・アスマル出土。アッカド王朝時代）

洞窟からの旅立ち

夜が明けて、若い太陽の聖なる光が山の洞窟を明るく照らすと、ルガルバンダの守護霊たちが王子の身辺を浮遊し、病魔はすっかり退散していた。

天空の太陽を見上げたルガルバンダは涙ながらに感謝の祈りを捧げた。「国土の牧者、シュメルの父なる神ウトゥよ。すべてのものがあなたとともに起き、あなたとともに休みます。あなたなしにはどんな生き物も生きることはできません。陽光はどんな鎮静剤にもまして、憩いを与えてくださるのです。ニンガル女神の御子なる勇士、太陽神ウトゥよ」。ルガルバンダが洞窟の外に出てみると、あたりは生気に満ちていた。波立つ河の命の水を啜《すす》り、芽吹いた命の植物を齧《かじ》ってみたりしているうちに体内に力がみなぎり、大きな馬かシャカン神の野生驢馬のように力強く、野山を駆け巡ることができるようになった。

でも、どれだけ良い目で見通しても、周囲には人っ子ひとり見えない。

野営地で兄たちや従者がパンを焼いていたことを思い出したルガルバンダは、洞窟に置いてあった袋から火打石や炭を取り出して、何度も失敗しながらようやく生まれて初めてたったひとりで火を起こし、麦粉を水でこねて丸めて、パンを焼いてみた。ひとつずつ葉っぱで包んで日々の兵糧《ひょうろう》とし、まずひとつに干しなつめやし果を添え、蜜をかけて食べてみたら、そのおいしいことといったら譬えようもなかった。

山中の夢

さて山岳地には巨大な茶色の野牛たちが糸杉の樹皮をまるで大麦のように嚙《か》み砕き、波立つ流れの水を飲み、高地の聖なるシャボン草でゲップしたりして、きままに餌《えさ》をとっていたのだが、ルガルバンダ王子はそのうちの二匹を罠《わな》で捕らえ、木蔦《きづた》を小刀で切り取ってつくった紐《ひも》でつないだ。また巨大な茶色の山羊のつがいも捕らえて足枷《あしかせ》をつけた。

夜になるまで歩いても人っ子ひとり見当たらず、目が冴《さ》えたままのルガルバンダだったが、ビールの女神ニンカシの助けでやっと眠気が訪れたので、シャボン草で寝床をこしらえ、やがて夢の世界に入っていった。

夢は、嘘つきには嘘を語るし、正直者には真実を語る。夢神ザンガラが恐ろしい声でルガルバンダ王子に語りかけた。「茶色の野牛を我がために犠牲にしてくれるのは誰か。その獣脂を我がために溶いてくれるものは誰か。その者は錫製の我が斧をもち、鉄製の我が剣を振り回すのだ。その者は茶色の野牛を捻《ね》じ伏せて昇る太陽神ウトゥに捧げるだろう。また茶色の山羊のつがいの頭を粉砕して、その血を穴に注ぐと、血の匂いが野に漂い、高地の油断ない蛇どもが嗅《か》ぎつけることだろう」

ルガルバンダは目覚め、夢だったか、と身震いし、怖《お》じ気立《けだ》ったが、それでも錫製の斧と鉄製の剣を振り回し、野牛を捻じ伏せて、昇る太陽神ウトゥに捧げ、山羊の血を穴に注いだ。

夜が明け、太陽が姿を現すと、ルガルバンダ王子はエンリル神の御名を唱えながら、アン神やエンリル神、エンキ神、ニンフルサグ女神がご降臨くださるように、生贄《いけにえ》の穴のところに供物を用意し、黒ビールや白ビール、強い飲料、葡萄酒などを並べ、大地には冷たい水を振り撒いて潔めた。また山羊の黒い肝臓を炙《あぶ》ると、お香のように煙が立ち上っていった。ドゥムジ神ご自身が用意なさる極上の聖餐のように、ルガルバンダの手で整えられたものを大いなる神々は喜んでお召し上がりになった。

（書板の破損ゆえに、物語の結末は不明）

【第二部・ルガルバンダとアンズー鳥】

ルガルバンダ王子は、たったひとりぼっちではるか山奥をさまよっていた。相談しようにもそばには父も母も兄たちも従者たちも誰もいないので、しかたなく独りごちた。

「この峻厳たる山岳の守護者、天翔《あまかけ》る霊鳥アンズーの一家を喜ばせるならば、ウルクへ帰る道筋を、あるいはアラッタへいく方法を教えてもらえるのではないだろうか。神々にお慶びいただいたようなご馳走を用意し、アンズー鳥の家族に挨拶するというのはどうだろうか」

山岳地の奥の奥の頂に、エンキ神の素晴らしい鷲《わし》樹が巨大な塔のように立っていた。この樹木にアンズー鳥は営巣し、雛《ひな》を育てていた。巣は杜松材と柘《つ》植《げ》材でできており、その輝く小枝を編んで日除《ひよ》けにしていた。日の出とともにアンズー鳥が翼をひろげ、太陽に向かって叫び声をあげると、ルルブ山脈が揺れ動き、野牛も牡鹿も飛びすさって畏《おそ》れるのだった。

ルガルバンダは神々にもふさわしい菓子類を入念に吟味した。すっかり用意が整うと親鳥が狩りに出るのを見計らって、アンズー鳥の雛の前に菓子を並べ、塩で味付けした肉を勧めたり、羊脂を食べさせたり、嘴《くちばし》にもう一切れ菓子を挟んでやったりした。すっかりお腹がくちくなった雛の目元にタール墨で化粧を施し、頭に軽く匂いヒバの芳香をつけてやった。それから雛の頭のところにくるくる包んだ塩漬け肉を置いて、そっと巣を離れ、糸杉も生えない岩山に身を潜めた。

7－7　飛翔し、獲物を狩るアンズー鳥
（ウル出土。円筒印章印影図。初期王朝時代）

アンズー鳥からの贈り物

アンズー鳥は高地の野牛を狩り、巣の上空を旋回して、いつものように雛に呼び掛けた。ところが、いつもだったらすぐ返事が聞こえてくるのに、今回に限ってはなんの返答もない。アンズー鳥の妻は心配のあまり「ウーッ」と恐ろしい叫び声をあげた。「なにか悪いことでも起きてなければいいが。誰かが巣から子供を盗んでいってしまったとか……」とアンズー鳥は妻に問いかけた。

ところがアンズー鳥が巣に近寄ってみると、なんとそこはあたかも神々の宮居のごとく素晴らしくしつらえられており、雛はちゃんと巣のなかにいた。しかも目元にはタール墨で化粧が施され、頭には匂いヒバの芳香が漂い、頭のそばには包んだ塩漬け肉が置いてある。

アンズー鳥は歓喜の声をあげた。「私は波立つ河の運命を定め、巨大な扉のようにこの高地を守るものとして、エンリル神がここに置かれたのだ。このみごとな変化を我が巣にもたらしてくれた者が、もし神であれば礼をいいたい。もし人間であるのなら運命を定め、『アンズー鳥に力を与えられし者』と名乗らせよう」

そこでルガルバンダはなかば畏怖し、なかば歓喜しつつ、アンズー鳥を讃えて名乗りでた。

「輝く目をしてこの地に生まれしアンズー鳥よ。あなたの父上、全土の支配者があなたの掌に天を、あなたの脚に地を任せられた。私はあなたに我が命のすべてをお任せします。あなたの奥方が我が母であり、あなたが我が父で、あなたの御子たちが我が弟であってくださるようにとご挨拶を申し上げるものです」

それを聞くとアンズー鳥は喜んでルガルバンダにこう言った。

「ルガルバンダよ。お前には金銀満載の船、熟したりんごや山積み胡瓜満載の船、――そんなふうにしてクラバへ帰還させようか」。ところが子孫を愛する人、ルガルバンダはアンズー鳥の申し出を断る。

「それでは、シャラ神のように投げ矢を陽光のごとく、弓矢を月光のごとく真っ直ぐに飛ばせるように。お前の投げ矢はあたったものを必ず倒す毒蛇。刃物で魚を切るように魔力で切り倒す。そうしたものを束ねて帰還してはどうか」。ところが子孫を愛する人、ルガルバンダはまたアンズー鳥の申し出を断る。

7－8　ニンフルサグ神殿のアンズー鳥扁額　ルガルバンダ王子の誓いのように立派な扁額が発掘されている（テル・アル・ウバイド出土。前2500年頃。大英博物館蔵）

「では、ニンウルタ神が、お前に戦闘帽『戦場の獅子』を被せ、胸当て『山岳地に退却なし』を胸に当ててくださる。そして町への凱旋《がいせん》、というのはどうだ」。ルガルバンダはまたもアンズー鳥の申し出を断る。

「それなら、聖なるドゥムジ神の攪乳器の豊かさというようなものは。世界最高級のそのバター、世界最高級のそのチーズ。それだったらよいのではないか」。しかしルガルバンダは、水鳥キブが沼沢地をすいすい飛翔《ひしょう》するがごとくに、アンズー鳥の申し出を断り続ける。

　ついにアンズー鳥は「まったく強情者だな。だが私はお前の運命を定めねばならぬ」といい、聖なるルガルバンダ王子に自分が一番欲しいものは何かと問い質した。するとルガルバンダは「私は、……どんなに走っても決してくたびれることのない腿《もも》の筋力、どんなに広げてもくたびれない腕の力が欲しいのです」と答え、「もし太陽神ウトゥが私を都市クラバへ帰してくださるなら、私をさげすむものや喧嘩を吹っかけるものもいなくなるでしょう。そうしたら、私は彫刻家にあなたのお姿を立派に彫らせ、シュメル全土に御名が轟き渡るようにいたしましょう。そしてあなたの似姿を各大神殿の象徴とさせましょう」と約束した。するとアンズー鳥は喜んでルガルバンダの運命を定め、王子の望む筋力を授けてやった。

兄たちとの邂逅

天空高くアンズー鳥が飛翔し、ルガルバンダが地表を疾走していく。やがてアンズー鳥は空から軍勢を探し出し、ルガルバンダは下から軍勢の砂塵を発見した。するとアンズー鳥はルガルバンダに声をかけて「お前にいっておくことがある。心して聴くのだぞ。私は約束どおりお前の運命を定めたが、このことはたとえ兄弟であっても決して喋《しゃべ》ってはならない。幸運の裏にはいつだって嫉《やっか》みが潜んでいるものなのだ」と忠告し、巣へと帰っていった。ルガルバンダも兄たちの軍勢へと韋駄《いだ》天《てん》走りで荒野を駆け抜けた。

天から降ったか地から沸いたかのように、突如としてルガルバンダ王子が軍勢の只中に姿を現すと、仰天した一同はいっせいに騒ぎ、兄たちは「どうやってここまでこられたのだ」

とルガルバンダを質問攻めにした。「狼みたいに這《は》いつくばって、水草食べたし、家鳩みたいに地面掘って、ドングリ、食べた」とルガルバンダが曖昧に答えると、兄たちは弟を抱きしめるやら口づけするやら大騒ぎで、巣のなかの水鳥の雛かなんかのように一日じゅう付きっ切りで世話をして「病気を退散」させたのだった。

エンメルカル王の軍勢は再び粛々と進軍し、路《みち》なき路を迂回《うかい》しながらもアラッタまであと一ダンナ（約二時間または約一〇キロメートル）に迫った。ところがそこでアラッタの見張り塔に気付かれてしまい、アラッタの城壁からは投槍や石が雨霰《あめあられ》のごとく凄まじく降り注ぐ。一年分の降雨量にも匹敵するくらいの激しい攻撃は一日が一月となり、そしてついに丸々一年が過ぎ去ってしまった。収穫を迎えた畑が黄色く色づく頃、一年続いた投石は道路を塞《ふさ》ぎ、もはや帰還する道筋さえ定かではなくなった。

エンメルカル王の早飛脚を志願したルガルバンダ

ウルクの軍勢の真っ只中に居て、太陽神ウトゥの子エンメルカルは、鳴り止まぬ投石の騒音に悩みながらも、誰かクラバまでたどりつける者はいないかと思案していた。ところが軍勢の誰一人として「私が参りましょう」と名乗り出てはこず、ひとりルガルバンダ王子だけが王の懇請に応じたのであった。

「我が王よ。私が参りましょう。ただお願いがあります。私を単独でクラバへいかせてください」。なす術もないエンメルカル王はその願いを承諾するほかはなかった。

山中の「王宮」での御前会議の場でエンメルカル王はイナンナ女神への恨み言を述べた。「むかしむかし、我が高貴な妹イナンナ女神はこの私を御心にお選びになり、煉瓦構築のクラバに置いてくださった。その頃のウルクはじくじくした沼地にすぎなかった。台地にはユーフラテスポプラが茂り、沼地には古い葦も新しい葦も一緒に密生していた。エリドゥの王者エンキ神が私に古い葦を伐採させ、干拓をさせてくださった。この五〇年というもの私は国のために働いた。穀物のなんたるかも知らぬ蛮族マルトゥがシュメル・アッカド全土に攻め上がってきたときには、荒地を越えて広がる防御壁をウルクに築いた。

しかし今や、我が命運は尽きたようじゃ。我が軍勢は私とともに故郷を離れてこんな山奥に閉じ込められ、我が妹、聖なるイナンナ女神は煉瓦構築のクラバへ帰還してしまわれた。

都市を愛して私を憎まれるのなら、それとも私を愛して都市を憎まれるのなら、どうして私と都市ウルクとを結びつけられたのか。イナンナ女神はアンズー鳥の雛のように私を見捨て、聖所に帰還してしまわれた。私をクラバにお帰しくださったら武器は置く。楯《たて》は粉砕されてかまわぬ、と。このように、我が高貴な妹、聖なるイナンナ女神に申し上げるのだ」

ルガルバンダ王子が御前を退出すると、兄たちはいっせいに王子を叱責《しっせき》した。「お前がウルクにいくなんて、とんでもない。誰かほかのものをやるべきだ」「太陽神ウトゥの御子エンメルカル王のために、クラバには私がひとりでいきます」「なにゆえお前は、そう『ひとり！　ひとり！』と言い張るのだ。我々の守護霊がともに付いていかなくては、お前は二度と我々と一緒の大地を踏んだり、一緒に暮らしたりできなくなってしまうのだぞ」と口々に引き止めるが、「時間を無駄にしたくないので、もういきます」といわれ、兄たちの心臓は早鐘のように打ち、従者たちの心はズシンと落ち込んでしまった。

ルガルバンダ王子は兵糧の食べ残しと武具を手にして出発し、アンシャンのはるかな端から高地へ、五つ山越え、六つ山越え、七つの山を越え、そしてその日の夜には、まだイナンナ女神の聖なる夕食が整えられる前に、煉瓦構築のクラバに到着したのであった。

イナンナ女神の助言とエンメルカル王の勝利

クッションにもたれたイナンナ女神は、深々と頭を下げるルガルバンダにやさしく声をおかけになった。

「アラッタからなにか知らせがあるのですか。なぜたったひとりでやってきたのですか」

ルガルバンダはエンメルカル王の伝言をそっくり繰り返した。

すると聖なる女神イナンナはお答えになった。「そうね。……イナンナ女神の清らかな河の流れの水源には土手に水草がはびこり、スフルマシュ魚が蜜草を餌とし、キントゥル魚がシャボン草を餌とし、スフルマシュ魚たちの神であるギシュシェシュ魚が楽しげに泳ぎ回って、輝く鱗の尻尾でこの聖なる場所にはびこった古い葦をピシピシ打っています。またタマリスクが群生して水を吸い上げています。そのほとりにただ一本だけ孤立しているタマリスクがあります。太陽神ウトゥの子エンメルカルが、もしこのタマリスクを切り倒して手桶《ておけ》をつくり、そして聖なる場所から古い葦を刈り取るなら、またギシュシェシュ魚を捕らえて供物とし、イナンナ女神の武器アンカラの力を高めるなら、エンメルカルの軍勢はきっと勝利を収めるでしょう。都市アラッタから貴金属加工品と貴金属加工職人、貴石加工品と貴石加工職人らを連れ出すなら、また都市を再建させるなら、アラッタの加工鋳型はすべてエンメルカルのものとなるでしょう」

女神の忠告どおりに事は運んだ。アラッタの狭間《はざま》付城壁は緑色のラピス・ラズリ、その城壁や塔の煉瓦は錫石、その粘土は赤みを帯びた粘土で、糸杉の丘を掘ったものであった。

聖なるルガルバンダ万歳。

聡明な主人公ルガルバンダ王子——四五〇〇年前の教訓話

人生訓

この神話は今から四五〇〇年も昔の物語ではあるが、現在にも通ずる教訓も多数含まれている。アンズー鳥の魅力的な提供物に対してただひたすら断るばかりだった王子は、結局自分の一番願望するものを手に入れることができた。強い信念さえあれば、なにごとも「なせばなる」というところだろうか。

「幸運の裏にはいつだって嫉みが潜んでいるものなのだ」という忠告。『千夜一夜物語』でもグリム童話でも大概は「ひとには内緒に」という禁を犯して主人公が困難に陥るのが通常の筋書きであるが、その点ルガルバンダは数少ない聡明《そうめい》な主人公で、物語の「波瀾万丈《はらんばんじょう》」を期待する向きには少々物足りないかもしれない。

末子ルガルバンダの王位継承

『シュメル王朝表』によれば、ルガルバンダ王子はエンメルカル王の次のウルク王である。この物語を書写した古バビロニア時代の書記たちは当然そのことを知っていたので、「子孫（人民）を愛する人ルガルバンダ」と表現し、末尾には「ルガルバンダ万歳」と記したのであろう。

7－9　ラガシュの王子アクルガル　姉アブダ（左）に続く少年アクルガルは後ろの兄たちよりも小さく、髪もふさふさと描かれている。水差しをもっているのが王位継承の印という（ウルナンシェ王の奉納額部分。初期王朝時代）

メソポタミアでは長子相続が一般的であったが、この物語の遠征で特別の功績をあげたルガルバンダ王子は大勢の兄たちを差し置いてエンメルカル王の後継者となったようだ。

初期王朝時代の都市ラガシュでも末子相続が行われた形跡が見られる。ウルナンシェ王（前二五〇〇年頃）は六代約一五〇年間ラガシュ支配を全うした統一王朝の祖であるが、この王には少なくとも八人の王子がいた。現在四枚残されているウルナンシェ王の「奉納額」の一枚には王子たちの先頭に小さな子供が王と向かい合い、着衣に「アクルガル・子供」と刻まれているが、このアクルガル王子は第二代王となった。アクルガルが兄たちを差し置いて王位に就いた理由は不明だが、戦乱の続く時代にも安定した治世を全うし、子孫の世代には大いに繁栄したところを見ると、父王ウルナンシェの慧眼《けいがん》はたいしたものといえよう。

苦戦するエンメルカル王とイナンナ女神の助言

前の『エンメルカルとアラッタの君主』とは異なり、エンメルカル王はこの「ルガルバンダ物語」では大変な苦戦を強いられる。

エンメルカル王の恨み言の冒頭の一節「昔、ウルクはじくじくした沼地にすぎなかった。台地にはユーフラテスポプラが茂り、沼地には古い葦も新しい葦も一緒に密生していた。(それを掃討し、ウルクを都市として整備した)」は、『シュメル王朝表』の「エンメルカル、都市ウルク建設」の状況を具体的に説明しているという意味でも非常に興味深い。

アラッタは、文明の中心であったメソポタミア南部から見れば辺境の都市かもしれないが、貴石や貴金属加工術に優れ、それらの製品交易によって経済力もあったようである。ただ農産物に乏しく、そのためにウルクの遠征軍に対しても決定的な攻撃を仕掛けることができず、結局膠着状態が一年余も続いてしまった。ウルク王エンメルカルにしても、アラッタ壊滅が目的ではなく、貴石や貴金属交易路確保と加工技術導入が主眼の遠征であったから、イナンナ女神の助言が意味する「平和解決」を直ちに理解できたのであろう。

エンメルカル王とアラッタの領主とは和平交渉を成立させ、ウルクは疲弊した都市アラッタを修復する見返りとして、貴石や金属加工技術と交易路を獲得したと思われる。

アンズー鳥

「ルガルバンダ物語」の後半は、アンズー鳥という巨大な鳥を軸に展開する。

アンズー鳥はアラッタへの峻厳な山岳地帯を守護する霊鳥と考えられていたようで、エンメ

7－10　**エアンナトゥム王の戦勝碑（部分）**　大いなる神（ニンギルス神か）の左手に握られている聖鳥アンズー。網の中には敵兵の頭が見える（初期王朝時代。ルーヴル美術館蔵）

ルカル物語でも、アラッタの町そのものがアンズー鳥に譬えられている。古代の図像では、アンズー鳥は頭部が獅子の巨大な鷲として描かれた。前三千年紀初頭の円筒印章やニンフルサグ神殿の銅製額のアンズー鳥表現（二一三ページ図参照）が最も古く、初期王朝時代のラガシュ王エンメテナの銀壺にも素晴らしい浮彫が施されている。またユーフラテス河中流域のマリ出土のペンダント（本章扉図参照）は黄金とラピス・ラズリ製の豪華なものであった。

ラガシュ王エンメテナの伯父エアンナトゥムが残した戦勝碑には、都市神ニンギルスの聖鳥として大きく描かれているが、アンズー鳥はニンギルス神の化身という説もあれば、シュメルの神々の王者エンリル神の化身という説もある。

しかし時代が下ると、「イナンナ女神のハルブ樹のてっぺんにアンズー鳥が雛とともに住みつき、根っこには蛇が巣を構えた」という神話『ビルガメシュ神、エンキドゥと冥界』（次章参照）のように、アンズー鳥は蛇や悪霊リルラと同格の嫌われ者になってしまった。

第八章
『ギルガメシュ叙事詩』成立縁起
ビルガメシュ神の英雄譚

フワワ退治の場面　シュメル語版にもとづく図像。左端はウルクの若者、ひげのあるビルガメシュは武器をふりあげ、ひげなしのエンキドゥがフワワののどに刀を突き立てている（素焼き粘土の額。古バビロニア時代）

『ギルガメシュ叙事詩』——古代オリエント世界最高の文学作品

登場する主な神々

アッカド語名	シュメル語名	アッカド語版での属性ほか
ギルガメシュ神	ビルガメシュ神	ウルク市の王
エンキドゥ	エンキドゥ	ギルガメシュの友人
ルガルバンダ神	ルガルバンダ神	ギルガメシュの父
ニンスン女神	ニンスン女神	ギルガメシュの母
エンリル神	エンリル神	シュメル・アッカドの最高神
フンババ	フワワ	「杉の森」の番人
シャマシュ神	ウトゥ神	太陽神
イシュタル女神	イナンナ女神	ウルク市の都市神
アヌ神	アン神	イシュタル女神の父
ウトナピシュティム	ジウスドゥラ	不死を得た人
エア神	エンキ神	アプスを司る慈悲深い神

長く読み継がれる作品

長い間読み継がれた文学といえば、我が国ではまず『源氏物語』があげられる。千年もの長きにわたって読み継がれ、近くは外国語に翻訳されて世界中で読まれるようになった。どうして平安時代の一貴族の恋愛遍歴が二一世紀になっても人々を引きつけるのだろうか。

その理由のひとつは時代、地域を超えて共感できる、人生の奥深さを思い知らされるような「普遍性」が含まれているからで、長い寿命をもつ文学作品に共通した特徴である。世界には『源氏物語』よりもずっと長い寿命をもっている作品がいくつかあり、その筆頭が『ギルガメシュ叙事詩』である。

『ギルガメシュ叙事詩』は単なる英雄の武勇譚ではない。「死すべきもの」としての、人間の存在への根本的な問いかけを含んだ作品であることが、古代オリエント世界のみならず、四千年も後の人間にも読まれている理由のひとつであろう。

ビルガメシュ神の名前の由来

ギルガメシュは古代オリエント世界最大の英雄である。長い間、広い地域で『ギルガメシュ叙事詩』は伝えられ、文書だけでなく、円筒印章の図柄などにも数多く残っていることから、人々に広く知られ、好かれていたことがわかる。

古バビロニア時代（前二千年紀前半）以降はギルガメシュ神と読まれていたが、本来はシュメルの冥界神で、シュメル語でビルガメシュ神という。どちらも原文では神であることを示す限定詞がついていて、一貫して神と扱われていたことになる。

ビルガメシュの名前の意味は、ビルガは「祖先」「老人」、メシュは「英雄」「若者」なので、「祖先は英雄」「老人は若者」といった意味で、冥界とかかわりのある祖先崇拝を暗示している。『ギルガメシュ叙事詩』「標準版」第一一書板で、ギルガメシュは「若返りの草」つまり「不死の草」の存在を教えられるが、この草の名前こそ「ビルガメシュ」なのである。

8－1　伝ビルガメシュ神像
人面牡牛を御す英雄（竪琴前板象嵌細工。ウル王墓出土。前2500年頃）

『あらゆることを見た人』

『ギルガメシュ叙事詩』とは近代の学者がつけた書名である。アッカド語で書かれた冒頭の部分は「あらゆることを見た人」と書かれ、これが古代の書名になる。

「あらゆることを見た人」とは、ギルガメシュのことで、シュメル語で書かれた複数のビルガメシュを主人公とした物語のなかから取捨選択して、アッカド語の『ギルガメシュ叙事詩』が編纂された。

『ギルガメシュ叙事詩』「標準版」は前一二世紀頃にシン・レキ・ウンニンニという呪術祭司がまとめあげたようで、「標準版」はセレウコス朝時代（前三〇五〜前六四／六三年）まで伝承されている。

まず『ギルガメシュ叙事詩』「標準版」のあらすじを紹介しておこう。

『ギルガメシュ叙事詩』のあらすじ

ウルク市の暴君ギルガメシュ

「あらゆることを見た人」ギルガメシュは、洪水前のできごとを人々に知らせ、ウルク市の城壁を建てさせたなどの功績があった。ギルガメシュの父はルガルバンダ神、母はニンスン女神だが、ギルガメシュ自身は三分の二は神、三分の一は人間で、ウルク市の暴君であった。人々の訴えで、アヌ神はギルガメシュを懲らしめるために野人エンキドゥをつくらせるが、エンキドゥは娼婦《しょうふ》シャムハトと交わることで、野人から人間となる（第一書板）。

ギルガメシュとエンキドゥの組み討ちは決着がつかず、互いの力を認めることとなり、逆に友情で結ばれることになった。ギルガメシュはエンキドゥに、フンババが守る「杉の森」

8－2　フンババ退治　(左)ギルガメシュ、(中)フンババ、(右)エンキドゥ。ギルガメシュは冠をかぶり、高官の装束をしている（円筒印章印影図。新アッシリア帝国時代）

への遠征を提案する。「杉の森」にはエンリル神が定めた番人フンババがいて、「その声は大洪水、その口は火、その息は死」であるという（第二書板）。

「杉の森」への遠征

ギルガメシュが母ニンスンに遠征に赴くことを告げると、ニンスンはギルガメシュとエンキドゥへの加護を太陽神シャマシュ神に祈る（第三書板）。

旅の途中で、ギルガメシュは夢を見た。夢解きはエンキドゥがフンババを退治すると告げる。フンババの叫び声にギルガメシュは怖じ気づくが、エンキドゥがギルガメシュを鼓舞する。ついに「杉の森」に到着した（第四書板）。

シャマシュ神が送った風の援軍の助力を得て、首尾良く二人はフンババを捕らえる。フンババは命乞いをするものの、エンキドゥによって殺害されてしまう。二人は杉を伐採して筏《いかだ》に組み、ニップル市に向けてユーフラテス河に流した（第五書板）。

「天の牡牛」退治とエンキドゥの死

「杉の森」への遠征から戻って、衣服を整えたギルガメシュの男振りの良さにイシュタル女神が想《おも》いを寄せるが、ギルガメシュは愛人ドゥムジ神に対する女神の扱いをなじった。求愛を拒絶された女神の怒りは凄まじく、父アヌ神に懇願し、仕返しに「天の牡牛」を送るが、ギルガメシュはエンキドゥと力をあわせて牡牛を殺してしまう（第六書板）。

大いなる神の定めた番人フンババや「天の牡牛」を殺した罰として、エンキドゥの死が定められ、エンキドゥは死んでしまう（第七書板）。

ギルガメシュはエンキドゥの死を悼み、手厚く葬儀を行った（第八書板）。

8－3　**天の牡牛の殺害**　左端イシュタル女神、その隣ギルガメシュ、天の牡牛、右端エンキドゥ（円筒印章印影図。新アッシリア帝国時代）

不死を求める旅

エンキドゥの死を目の当たりにし、死への恐れからギルガメシュはただひとりの不死を得た人、ウトナピシュティムを訪ねる旅に出る。旅の途中、マーシュの山の麓《ふもと》で蠍人間に出会い、蠍人間から山越えの道を聞

8－4　蠍人間　背後は杯をもつガゼル（竪琴前板象嵌細工。ウル王墓出土。前2500年頃）

きだし、海辺にたどりつく（第九書板）。

海辺でギルガメシュは酌婦シドゥリと出会う。シドゥリに教えられたように、「死の水」を渡れる船頭ウルシャナビに連れていってもらうことで、ようやくウトナピシュティムのもとにたどりついた。ウトナピシュティムはギルガメシュに人間は死すべき定めにあると諭す（第一〇書板）。

「大洪水の物語」

ウトナピシュティムは自分が不死を得ることになった「大洪水の物語」を語る（六三ページ参照）。この後七日間眠らずにいる試練を課されるが、ギルガメシュは眠気に負けてしまう。しかし、ついにウトナピシュティムは妻のとりなしによって「若返りの草」のありかを教え、ギルガメシュは草を手に入れた。ところが、帰路水浴びをしている隙《すき》に草を蛇に取られてしまい、ギルガメシュは泣いた。やがてウルクに戻ったギルガメシュは城壁建設などをなしとげた（第一一書板）。

エンキドゥが語る冥界の様子

冥界へプックとメックと呼ばれる木製品（遊具あるいは楽器の一種）を落としたことで嘆いているギルガメシュを見て、エンキドゥはこれらを取りに冥界へ下るが、戻れなくなる。エア神に教えられたように冥界に穴をあけると、そこからエンキドゥの霊が出てくる。ギルガメシュとエンキドゥの間で、冥界の死者たちを巡って問答がかわされる（第一二書板）。

『ギルガメシュ叙事詩』に採用されたシュメル語のビルガメシュ神の物語が三編ある。第四、五書板にいれられた『ビルガメシュ神とフワワ』、第六書板に採用された『ビルガメシュ神と天の牡牛』そして新アッシリア帝国時代（前一〇〇〇～六〇九年）になってその後半部分が第一二書板としてつけ加えられた『ビルガメシュ神、エンキドゥと冥界』である。以下、順に見ていこう。

『ビルガメシュ神とフワワ』

ビルガメシュ神の武勇譚

『ビルガメシュ神とフワワ』はA版、B版と二つの版が残っている。以下で紹介するA版は物語冒頭が「エン、生者（フワワ）の山のほうへ」とはじまり、古代メソポタミアではこれが書名となっている。全文二〇二行で、その内容はほぼ全文が復元されている。B版は「さあさあ」とはじまり、A版と異なる内容も含んでいるが、粘土板がかなり破損していて完全ではなく、A版ほど普及していない。

いざ「生者の山」へ

「エン」（シュメル語で「主人」の意味）であるビルガメシュ神は「いかなる人間も死を免れることはできないのだから、山へいき、名をあげたい」と、「生者の山」（フワワが守る「杉の山」）へ向けて出発することを決め、そのことを「アラド」（シュメル語で「下僕」の意味）エンキドゥに話すと、エンキドゥは「杉の山」はウトゥ神が支配しているので、ウトゥにあらかじめ奏上すべきであると進言した。

そこで、ビルガメシュはウトゥに犠牲獣を奉献し、「私の町（ウルク市）で人々が死にました。城壁の上から河を流れる死骸を目にしました。私もそうなるでしょう。人間は死を免れることはできないのですから、私は山へいき、そこで名をあげたいのです」と、涙ながらに助力を懇願したので、ウトゥは道案内としてその最初の者が「獅子の前足と鷲の後足をもっている」七勇士をビルガメシュに遣わした。ビルガメシュ自身はウルク市で家も母もない五

○人の若者を集め、斧などで武装させてから、いよいよ遠征に出発した。七つ目の山を越えて、ビルガメシュとその一行は杉をようやく見つけ、杉を切りはじめた。

フワワ退治

すると、「杉の山」を守るフワワが驚いて発した「ニ（驚愕《きょうがく》の光輝、霊気の一種）」によって、ビルガメシュは突然寝てしまう。エンキドゥにも睡魔はおよぶが、いち早く目覚めたエンキドゥは「いつまで眠っているんですか」とやっとのことでビルガメシュをゆり起こし、フワワに立ち向かわせようとする。

エンキドゥによれば、フワワは、その剣呑《けんのん》な口は竜の口で、その顔はしかめっ面の獅子で、その胸は荒れ狂う洪水のような異形のものであるという。

フワワの棲家《すみか》に近づいたビルガメシュはフワワを捕らえるために策略を用いた。ビルガメシュは姉エンメバラゲシと妹のマトゥルをフワワに妻として与えるので「ニ」を手渡すようにいう。フワワがビルガメシュに七つの「ニ」を次から次へと渡してしまうと、しめたとばかりにビルガメシュはフワワをなぐりつけ、まんまと捕らえることに成功した。ビルガメシュは命乞いをするフワワをあわれんで情けをかけようとするが、危惧《きぐ》したエンキドゥがフワワののどを切って殺害し、その首級《しるし》を革袋に入れてしまった。

エンリル神の処置

ビルガメシュらはエンリル神の御前にフワワの首級を置いた。その首級を見るやエンリルは激怒したものの、フワワの首級の「メラム（畏怖の光輝、霊気の一種）」を野原や河川など七つのものどもに分け与えた。

最後に「強き者、ビルガメシュ神は讃えられよ」とまずビルガメシュを、次いでニサバ女神を讃えてこの物語は結ばれている。

8－5　フワワ退治の場面
(上)断片、(下)復元想像図。フワワののどに刀をつきつけているエンキドゥか。腰に帯を締めたフワワの原型ともいう（素焼き粘土の額断片。古バビロニア時代）

「名をあげる」

ビルガメシュの名前には神であることを示す限定詞がついているが、物語のなかではビルガメシュは「死すべきもの」つまり人間の扱いである。その人間がなすべきことは「名をあげる」こととビルガメシュは思い定めて、そのために山への遠征を志している。

人間の死を目撃したビルガメシュが「名をあげたい」と思うのは思考が飛躍しているようにも思える。だが、肉体は滅んでも、少なくとも子や孫には覚えておいてほしいものだ、人々の記憶のなかでは生きていたいという心情は普遍的なものであろう。そしてできることならば凡人としてでなく、功名をあげた英雄として多くの人々に記憶されたいものだとの願いは、多くの人が納得できる考えである。

下僕エンキドゥ

ビルガメシュが山への遠征を打ち明けたエンキドゥはシュメル語版のビルガメシュを主人公にしたどの物語にも登場する。「主人」ビルガメシュにつき従うエンキドゥは「下僕」で、二人は主従関係にある。エンキドゥが従者になった経緯は語られていないが、主人のいうことを鵜呑《うの》みにする従者ではなく、主人の不足している面を補う有能な従者であった。

『ビルガメシュ神とフワワ』A版や『ビルガメシュ神の死』「メ・トゥラン版」などでは、エンキドゥ神と神格化され、また後代の『ギルガメシュ叙事詩』のように「友」と呼ばれている例もある。

なお、ギルガメシュとエンキドゥは「タリメ」と呼ばれる、神殿の門番の役割を務める一対の神々とも考えられていた。

情けを知る英雄

ビルガメシュ神とエンキドゥは「お神酒徳利《みきどっくり》」のように常に行動をともにするが、紹介したように、フワワを直接殺害したのは物語の主人公ビルガメシュではなく、エンキドゥであった。だが、ディヤラ河流域イシュチャリ遺跡（古代名ネレブトゥム）から出土した前一八世紀前半の粘土板には、友であるエンキドゥに促されて、ビルガメシュがフワワを殺害したと書かれている例もある。

ビルガメシュは敵と見れば問答無用で殺害してしまうようなことはなく、状況によっては憐《れん》憫《びん》の情を示す英雄でもあった。フワワだけでなく、後で話す『ビルガメシュ神とアッガ』でも敗軍の将アッガに情けをかけている。

策略を用いる知将にして情を示すビルガメシュと、非情にもフワワを殺害するエンキドゥは二人でひとりのようで、エンキドゥは常にビルガメシュに寄り添っていることから、二人は同性愛であるとか、エンキドゥはビルガメシュのドッペルゲンガー（二重身）と考える研究者もいる。

敵役フワワ

フワワはビルガメシュの遠征先である「杉の山」の番人であったから敵役《かたきやく》となってしまったが、フワワの首級を見たエンリルが激怒したように、エンリルの定めた番人ともいわれ、悪事をなす悪魔ではない。フワワ（後にフンババともいう）は『ビルガメシュ神とフワワ』A版では神を示す限定詞がつくこともあり、その身は七層の光輝（「メラム」と「ニ」）によって守られ、一説には巨人であったようだ。

8－6　**フンババの面**　フンババの顔のしわは腸を表すともいう

ビルガメシュの兄弟であると自称したウル第三王朝（前二一一二～二〇〇四年）第二代のシュルギ王（前二〇九四～二〇四七年）は『シュルギ王讃歌O』のなかでビルガメシュ神によるフワワ退治を伝えている。シュルギ王が生きていた前二一世紀頃にはすでにビルガメシュのフワワ退治の話は流布していたことになる。

流布していたことを示す別の物証もある。前二千年紀や前一千年紀の粘土の額や円筒印章の図柄のなかにはギルガメシュとエンキドゥがフンババを殺害する場面を表現したものがかなり出土している。また、フンババは卜占に結びつけられ、壁などに吊されたフンババの顔はその恐ろしい表情から魔除けとなった。一説にはフワワ／フンババはエラムの神フンバンとかかわりがあるといい、フンババの名前と役割は、ヘレニズム時代の北部シリアで知られていた伝説の守護霊コンバボスのなかに継承されているともいう。

ビルガメシュ神の姉妹

ビルガメシュはフワワを退治する際に自分の姉妹を妻に与えるという策略を用いるが、姉妹のひとりの名前はキシュ市の王エンメバラゲシと同名である。この王名は『ビルガメシュ神とアッガ』(後述)に出てくることからも、おそらく流布していた名前で、その名前をわざわざ姉の名前としたのは、ビルガメシュがフワワを見下していたからであろう。つまりフワワは山に住んでいてなにも知らないことを見越して、しかもビルガメシュと敵対関係にあるキシュ王の名前をわざわざ選んで姉の名前にしたということになる。

一方、妹の名前マトゥルはシュメル語で「小さないちじく」を意味する、いかにも女性らしい名前である。この妹は『ビルガメシュ神と天の牡牛』(後述)にも出てくるが、こちらでは名前に神であることを示す限定詞(ディンギル印)がつけられていて、女神である。

シュメル語エレンを本書では「杉」と訳したが、エレンは杉を含む針葉樹一般をも指す。

フワワが番をする「杉の山」は太陽神ウトゥが支配していることから、シュメル地方の東方に位置するザグロス山脈にあたるとも考えられているが、アッカド語版では西方になる。

太陽神のウトゥは昼に天を旅することから遠方を支配し、ビルガメシュの遠征にあたって「合成獣」とおぼしき道案内どもを遣わしている。しかもウトゥが支配する「杉の山」にもフワワを番人としておいている。一説にはウトゥはニンウルタ神以前に合成獣を掌握する神であったともいう。

神話は人間世界のできごとをしばしば物語のなかにとりこんでいるが、シュメルの王たちが初期王朝時代最末期（前二四世紀）に西方へ遠征した記録はなく、西方への遠征はアッカド王朝以降である。たとえば同期のラガシュ市の王たちはザグロス山脈方面から「白い杉」などの木材をもってきている。

沖積平野の南端シュメル地方は、建築資材に適した太く長い良材に恵まれていたとはいいがたく、周辺山岳地域へ出向いて入手してこざるをえなかった。都市国家に富をもたらす交易とは必ずしも代価を支払って行われていたわけではなく、略奪もありで、ここにビルガメシュのような腕力の強い英雄たちが活躍する理由があった。

『ビルガメシュ神と天の牡牛』

イナンナ女神激怒す

『ビルガメシュ神と天の牡牛』は「戦闘の青年（ビルガメシュ）の歌を私は歌うだろう」とビルガメシュを讃える序文ではじまるので、『戦闘の青年の』が古代における書名になる。主にメ・トゥランとディルバット（バビロニア西部の遺跡）から出土した文書によって物語は復元されている。あらすじは次のようになる。


冒頭、ビルガメシュ神を讃える文に続いて、ビルガメシュと母ニンスン女神の会話になる。ビルガメシュは母に娼婦のような振る舞いのイナンナ女神から求愛されたことを報告すると、母はイナンナから贈り物を受け取ることを禁じた。

イナンナは彼女の求愛を拒絶したビルガメシュに激怒し、かわいさ余って憎さ百倍とばかりにビルガメシュを殺害するために、父アン神に「天の牡牛」を与えてくれるようにせがむ。はじめは拒絶したアンだが、与えることにする。

イナンナは「天の牡牛」をウルク市に降した。牡牛は牧場を壊し、河の水を飲んで干上がらせてしまうなど、ウルクを荒らしまわった。

牡牛を退治するためにビルガメシュはなんと七グと三マナ（二一一・五キログラム）もの重さがある剣を手にするなど重武装し、一方で母と妹マトゥル女神にエンキ神の神殿に犠牲を捧げるよう指示する。

イナンナが城壁の頂から見守っていると、ビルガメシュとエンキドゥは牡牛を捕まえる。ビルガメシュは七グ（二一〇キログラム）の重さがある斧で牡牛の頭を打って殺害した。彼が支配する都市（＝ウルク市）に住む未亡人の息子たち（＝貧乏人たち）にその肉を分けたが、二本の角はエアンナ聖域にいますイナンナに奉献した。

「メ・トゥラン版」では、この話の最後は「『天の牡牛』の死について、清らかなイナンナ女神、あなたを讃えることは良きかな」とビルガメシュではなく、イナンナを讃えて結ばれている。

イナンナ女神の恋人

ビルガメシュはイナンナから求愛されたことを母ニンスン女神に話すが、このエピソードは『ギルガメシュ叙事詩』には見られない。シュメル語版でのビルガメシュの態度は大人ではない。女の子とつきあったことがなく、しかもマザー・コンプレックスの純情な少年のようで、英雄にはふさわしくない話であるから、『ギルガメシュ叙事詩』には採用されなかったにちがいない。

シュメル語版のビルガメシュを主人公としたほかの物語ではイナンナとビルガメシュの仲は必ずしも悪くないが、『ビルガメシュ神と天の牡牛』では両者の不仲が物語の発端となっている。不仲の理由についてはいろいろ推測されている。たとえば、イナンナに象徴されるアッカド王朝からの、ウルクを代表とするシュメルの解放のための政治闘争を象徴するといった解釈もあるが、こうした説は考えすぎであろう。

ビルガメシュが「大地母神」イナンナの愛を受け入れることは、第二のドゥムジ神つまり「死んで復活する神」となることを意味する。わがままで勝ち気なイナンナの恋人にふさわしいのはドゥムジのような優しい年若い青年神で、ビルガメシュのような天下無双の英雄はふさわしくないようだ。したがって、イナンナとビルガメシュの間では恋愛は成立しないことになる。いいかえると、ビルガメシュは冥界神だが、「死んで復活する神」ではなかった。

シュメル版「語り物」

ところで、ビルガメシュを主人公とした一連の物語は文字で刻まれる以前に口承の段階があり、宮廷で語られていたようだ。ことに怪力のビルガメシュが牡牛を倒すような武勇譚は王や王の客人たちを楽しませるための話であったにちがいない。

前二〇〇〇年頃に書かれたアッカド市の滅亡を詠うシュメル語の作品『アッカド市への呪い』のはじめには「エンリル神の怒りの表情がキシュの町を『天の牡牛』のように殺害した」と書かれていることから、『ビルガメシュ神と天の牡牛』の物語はすでにその頃には流布していたことになる。

『ビルガメシュ神、エンキドゥと冥界』

エンキドゥの冥界見聞記

『ギルガメシュ叙事詩』に採用された三つ目の物語が『ビルガメシュ神、エンキドゥと冥界』である。この物語の後半が、『ギルガメシュ叙事詩』に第一二書板として後から挿入された。『ビルガメシュ神、エンキドゥと冥界』と現在呼ばれている作品は『古の日々に』が古代の書名で、全文三〇三行あるいはそれ以上の長さである。古バビロニア時代のウル市とニップル市の学校では教材になっていた。

第一章で紹介したように、冒頭の数行が「天地創造」を語る複雑な作品であるが、冒頭部分はすでに話したので、以下では第一二書板にいれられた部分を話そう。

イナンナ女神の願い

ユーフラテス河畔に生えていたハルブの木が暴風によって引き抜かれてしまった。その木をイナンナ女神が拾い、ウルク市の自分の庭園に植えた。女神はその木で椅子と寝台をつくろうと考えていた。

五年経《た》ち、一〇年経ちするうちに木は大きくなった。ところが、その根元には蛇が巣くい、梢《こずえ》ではアンズー鳥が雛をかえし、幹には悪霊リルラが棲みついてしまった。そこで、イナンナは兄弟のウトゥ神に涙ながらに訴えるが、ウトゥはなにもしてくれない。次にイナンナはビルガメシュに訴えると、すぐにビルガメシュが五〇マナ（二五キログラム）もの重さの腰帯を巻き、七グと七マナ（二一三・五キログラム）もの重さがある青銅製の斧をもって、蛇を殺すと、それを見たアンズーと悪霊は逃げ去った。

ビルガメシュは木を切り倒し、イナンナに献上した。さらに、ビルガメシュは根からエルラグ（アッカド語ではメック）を、枝からエキドマ（アッカド語ではプック）をつくった。エルラグとエキドマは遊具あるいは楽器の一種ともいう。

エンキドゥ、冥界へ

ビルガメシュは広場でエルラグとエキドマに興じてやめようとせず、市民たちの不満がつのり、エルラグとエキドマは冥界に落ちてしまう。ビルガメシュが嘆くと、下僕エンキドゥがそれらを取り戻すために冥界に下るが、戻れなくなってしまった。

そこで、ビルガメシュはエンリル神に助力を求めるが埒《らち》が明かず、エンキ神に嘆願する。エンキはウトゥに命じて、穴をあけさせる。その穴から上がってきたエンキドゥにビルガメシュは冥界にいるさまざまな死者たちの様子をたずねる。

ビルガメシュとエンキドゥの問答形式である。死者で、息子をひとりもつ者から、七人もつ者まで、冥界での様子をビルガメシュが順次たずねると、エンキドゥは子の数が多い者のほうが幸せであることを報告する。このほかに、宮廷の宦官、葬儀の供物を供えられなかった者、死産の子など、冥界にいるさまざまな死者たちの様子をビルガメシュがエンキドゥにたずね、その問いにエンキドゥがひとつひとつ答えている。

冥界情報

人間にとって気になることのひとつは、やがて必ずいくあの世のことで、具体的にはあの世はどんなところか、死者たちはどんな生活をしているのだろうかということである。もちろん、科学の発達した現代では人間は死ねば土に帰るだけだと多くの人は思っている。だが、これでは救いがない。「絶対の無」に常人はなかなか耐えられるものではない。死んで無になる怖さが、生きている人間の心に落ち着きを与える仕掛けとしてあの世をつくりだし、あの世についの考え方をふくらませていった理由になるであろう。

シュメルでは死者はこの世における行いの善《よ》し悪《あ》しにかかわらず、冥界に赴くと考えられていたから、冥界についての情報はシュメル人の聞きたいことであった。

オデュッセウスの場合、ビルガメシュ神の場合

古代ギリシアにも似たような考え方がある。原則として死者は冥界に赴くとされていた。ホメロスの『オデュッセイア』「第一一書」では「トロイアの木馬の計」を考えた知将オデュッセウスに冥界を訪問させている。

オデュッセウスはトロイア落城後にポセイドン神の怒りに触れ、一〇年にわたり海上を漂泊させられた。その途中で魔女キルケーからの指示で、死んだ予言者から託宣を得るために冥界の境にいたる。冥界は大洋河(オーケアノス)の流れを渡りきったかなたで、方角は西方になる。

オデュッセウスは境にいたったが、冥界のなかには入っていない。そこで亡き母、戦死した僚友やアガメームノン、アキレウス、ヘラクレスのような英雄たちなどの魄霊《はくれい》に会い、次々に会話をするが、死者たちの話は嘆き、繰り言、今生への未練に終始している。

一方、ビルガメシュの場合は、自らは冥界へ下らず、冥界の死者たちの情報を冥界へ下ったエンキドゥから聞きだす。固有の名前のある死者ではなく、さまざまな死者についての一般論

であることから、死者へ懇ろに供養を行うことの必要性を説いているともいう。

第一二書板に採用された理由

一般論として、死者への供養は死者のために行われるが、実際には死者以上に残された人間の心を安らかにする工夫である。残された人間がもっている死者への哀悼や後悔といった想いは供養という形式があれば昇華しやすい。「死んだ父母は冥界でどうしているのだろうか」「幼くして逝《い》った子は泣いてはいないだろうか」といった残された人々が知りたがっていることに、シュメル人は答えを用意していたのである。

その答えである『ビルガメシュ神、エンキドゥと冥界』の後半をアッカド語に翻訳して『ギルガメシュ叙事詩』の第一二書板に入れることで、古代メソポタミアの編集者たちはこの作品を単なる英雄の武勇譚に終わらせず、死と死後の世界について知りたがっている多くの人々に受け入れられる作品へと育てていった。

『ビルガメシュ神の死』

なぜ採用されなかったか

『ビルガメシュ神とフワワ』『ビルガメシュ神と天の牡牛』『ビルガメシュ神、エンキドゥと冥

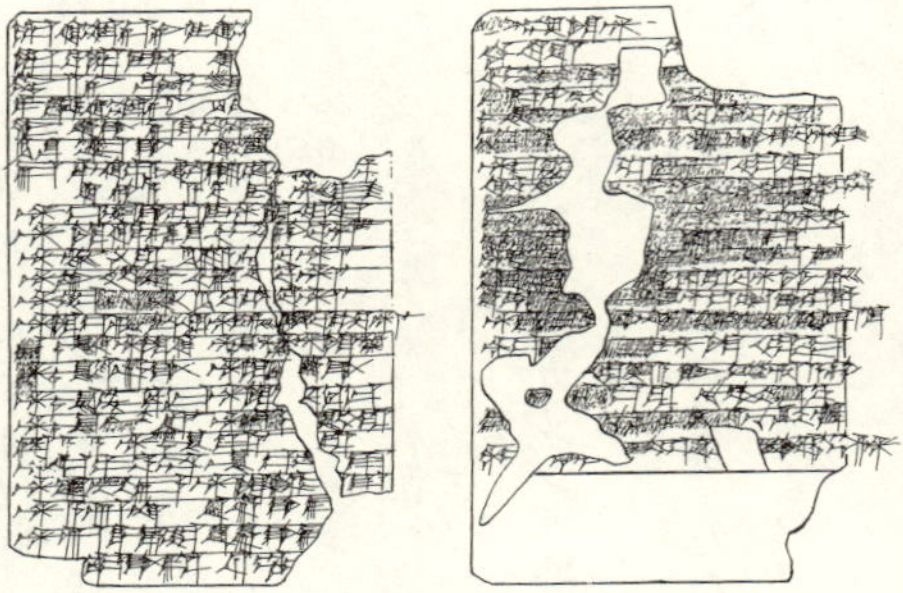

8－7　『ビルガメシュ神の死』手写テキスト　（左）表、（右）裏

界』の三編の物語は『ギルガメシュ叙事詩』にとりいれられたが、一方でとりいれらなかったシュメル語版のビルガメシュの物語が二編ある。『ビルガメシュ神の死』と『ビルガメシュ神とアッガ』で、なぜとりいれられなかったのかその理由を考えてみよう。まず『ビルガメシュ神の死』から紹介しよう。

「大きな牡牛は横になる」と物語がはじまることから、これが書名であったかもしれない。物語冒頭ではビルガメシュが起き上がれないことが繰り返されている。ビルガメシュは若くして死んだとされ、それは不死を求めての旅から戻ってすぐ後のようである。

大きな牡牛は横になる、再び起き上がることはない。エン、ビルガメシュ神は横になる、再び起き上がることはない。

死の床に横たわるビルガメシュにエンキ神（「ニップル版」ではエンキはビルガメシュの個人神）は夢を見せる。そのなかでビルガメシュは神々の会議にいる自分を見出す。神々は、「杉の山」への遠征、フワワ退治、大洪水の生き残りジウスドゥラから古代の知識を学んだといったビルガメシュの功業を評価する。

次にエンリル神が現れ、夢のメッセージを次のように説明する。

「ビルガメシュは王として生まれたが、彼は死すべき人間の運命から逃れることはできない。たとえ死んでも、冥界でビルガメシュは家族やエンキドゥと再会し、そして彼は神々のなかに数えられることになる」、と。

ビルガメシュは目覚めてから夢の内容に愕然《がくぜん》とするが、粘土板のこの後は破損している。破損の後、物語の内容がわかるようになるとエンキに促され、ビルガメシュは墓の造営に着手している。ユーフラテス河の川床に石で墓をつくる。ビルガメシュの妻たちや側近たちはビルガメシュに従っていくための仕度をする。

冥界で歓迎されるように、ビルガメシュは冥界の女王エレシュキガル女神の宮廷の神々たちに贈り物をして、そして彼は横たわる。戸口は大きな石で封印され、墓は水没し、その結果墓の場所は発見されない。ウルクの人々は王を悼んで嘆き悲しむ。

「メ・トゥラン版」の最後は「ニンアズ神の母であるエレシュキガル女神、あなたを讃えることは良きかな」と結ばれ、冥界の女主人を讃えて終わるが、別の「ニップル版」では「クラバ（ウルク市の地区）のエンであるビルガメシュ神、あなたを讃えることは良きかな」と違った終わり方をしている。

8－8　「ウル王墓」の「大死坑」の殉死者　男性５人、女性68人、合計73人

『ビルガメシュ神の死』は『ギルガメシュ叙事詩』に採用されていない。不死を求める主人公が死んでしまっては話にならないと考えたのかもしれない。そのかわり、『ギルガメシュ叙事詩』では、第七書板でエンキドゥが死に、第八書板ではギルガメシュがエンキドゥの葬儀を手厚く執り行う。葬儀では死者の像が安置されることは両方の作品に共通し、『ギルガメシュ叙事詩』ではギルガメシュは数多の副葬品を用意するが、これに『ビルガメシュ神の死』で対応しているのがビルガメシュが自らの死に際して用意する冥界の多数の神々への贈り物であるともいう。

殉死の例

『ビルガメシュ神の死』ではウルクの王ビルガメシュの死に際して殉死が行われたようである。

多数の殉死者を伴った「ウル王墓」が発見されているが、ウル市以外のシュメル地方の都市にはこれまで殉死の例が見出されず、「ウル王墓」は特異な例と考えられている。だが、この物語がきっかけとなって、シュメルでは殉死が特殊ではなかったことを証明することができるかもしれない。

『ビルガメシュ神とアッガ』

シュルギ王も知っていた話

『ギルガメシュ叙事詩』に採用されなかったもうひとつの物語が『ビルガメシュ神とアッガ』である。全文一一五行の短編で、古バビロニア時代に学校で書かれた保存状態良好な写本が残っている。「エンメバラゲシの子、アッガの使者たちがキシュ市からウルク市のビルガメシュ神のもとへやってきた」とはじまるので、『ルキンギア(使者たち)』が古代の書名になる。次のようなあらすじである。

キシュ市の王アッガがウルク市の王ビルガメシュ神に使者たちを送った。使者たちは「井戸をからにすること、国の井戸をからにすること、国の浅い井戸をからにすること、まきあげるロープが備えつけられた深い井戸をからにすること」と、謎めいた難題をつきつけた。ビルガメシュはキシュとの戦争か和平かを長老会に諮《はか》った。長老会はキシュへの恭順を選んだ。この決定に不満なビルガメシュは次に若者会（＝民会）に諮る。

若者会は戦争を選び、ビルガメシュは開戦する。

キシュはウルクを包囲するも、ビルガメシュの放つ「メラム」によって、アッガは捕らわれる。敗軍の将アッガを謁見したビルガメシュは情けをかけ、アッガがキシュに帰還することを許す。

「クラバのエン、ビルガメシュ神、あなたを讃えることは良きかな」とビルガメシュを讃えて物語は結ばれている。

使者たちがつきつけた難題は、ウルクの人々がキシュの人々のために水汲みの労働をすること、つまりウルクはキシュに屈伏すべきとの意味と解釈されている。

『ギルガメシュ叙事詩』には『ビルガメシュ神とアッガ』の物語はまったく伝えられていない。だが、ウル第三王朝第二代シュルギ王の数多ある王讃歌のひとつ、『シュルギ王讃歌O』では『ビルガメシュ神とアッガ』の話をふまえて、「あなた（ビルガメシュ神）はキシュ市のルガ

8－9　**（上）都市国家間の戦争**　ウルのスタンダード「戦争の場面」（下段）疾走する戦車、（中段）重装歩兵の隊列と連行される捕虜、（上段）捕虜を謁見する王
（下）戦争の場面（粘板岩上に象嵌。キシュ市の王宮A、謁見の間出土。初期王朝時代）

ル（王）、エンメバラゲシの頭を踏みつけ［……］、あなたは王権をキシュ市からウルク市へ運んだ」と書かれている。当然シュルギ王は「（シュルギと）兄弟で友、エン（王）、ビルガメシュ神」とキシュとの間で戦いがあったという話を知っていたことになる。
なぜ故意にとりあげなかったのだろうか、以下で考えてみよう。

実在したメバラシ

ビルガメシュ実在の論拠となるのは、キシュ市の王アッガの父、エンメバラゲシが実在していたことによる。「メバラシ、「キ」シュ市の王」と書かれた王碑文が発見され、このメバラシがエンメバラゲシを指すと考えられるようになった。「エン」はシュメル語で

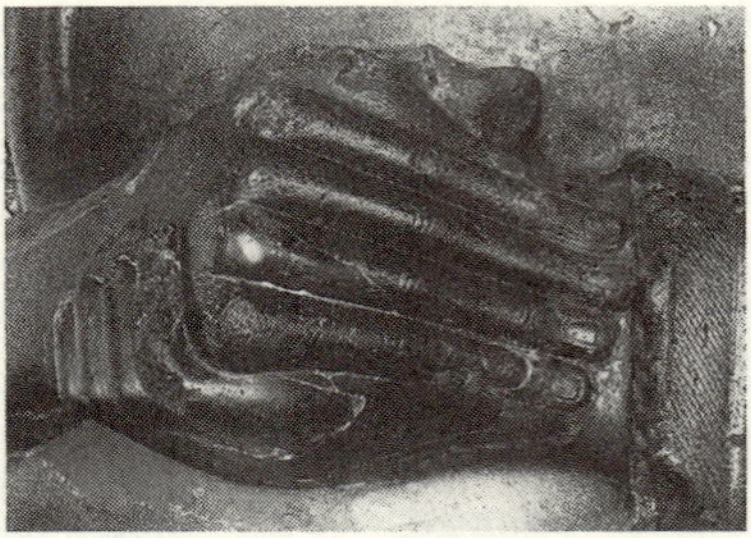

8 －10　グデア王像の指

「主人」を意味し、王号のひとつである。後代に「エン、メバラシ」がひとつの固有名詞エンメバラゲシになったようだ。

　エンメバラゲシの子がアッガであって、『ビルガメシュ神とアッガ』ではビルガメシュと戦うことから、ビルガメシュの実在も考えられるようになった。

　また、前二〇〇〇年頃に書かれた、エンリル神の配偶神ニンリル女神の神殿があったトゥンマル聖域の歴史を回顧した『トゥンマル碑文』にも、エンメバラゲシ、アッガおよびビルガメシュが登場することから、この碑文もビルガメシュ実在の論拠のひとつとされている。ただこの碑文が史実か文学的創作かは現在でも意見が分かれている。

美しい指

『ビルガメシュ神とアッガ』はシュメル文学の一種である「論争詩」（九九ページ参照）の筋立てであるとの見解がある。

　ビルガメシュの容姿が「彼の顔は獅子の顔でありましょうし、彼の眼は野牛の眼でありましょう。（彼のひげはまた）ラピス・ラズリのひげでありましょうし、彼の指は美しい指でありましょう」と讃えられていることなどから、『ビルガメシュ神とアッガ』はウルクとキシュ両都市の都市神で、かつ戦の神でもあるイナンナ女神にとって、ビルガメシュとアッガのどちらがふさわしいかを競うという論争的モチーフで書かれたのだという。この指摘は的を射ていると思う。

顔や目の形容はいかにも英雄にふさわしいが、女性に好かれる容貌《ようぼう》とは限らない。ビルガメシュの指は美しいというが、これこそイナンナ好みの、つまり女性の心理を見すえた表現である。文明社会の女性は男性の容貌以上に、一般的に美しい指を好むようだ。節くれだったごつごつした手よりも、指の美しい男性に触れてほしいと思うものである。イナンナ女神もまた愛を語らう相手ならば美しい指の男性つまりビルガメシュと決めるにちがいない。

ちなみにシュメル美術の傑作グデア王の丸彫像は美しい指をしていることで知られている。フランスを代表する作家のひとり、アンドレ・マルローはグデア王像の指をアジアの仏像の繊細で美しい指と比較して遜色《そんしょく》ないと論じている。

神から人へか

神々の子にして、死すべき者

ギルガメシュは古代オリエント世界最大の英雄で、古くからギルガメシュに関してはさまざまな面から論議されてきた。なかでもギルガメシュは実在した人であったかは論議の中心で、すでに二五三ページで一部紹介した。

『ギルガメシュ叙事詩』のなかでは、母はニンスン女神、父はルガルバンダ神と書かれている。母がニンスンであることはシュメル語版、アッカド語版を通じて一貫し、物語のなかで息子を気遣う母親らしい姿が見える。ところが、父は『シュメル王朝表』では「風魔(リル)」、ほかではルガルバンダ神と書かれているが、名前だけで、これといった役割は果たしていない。

神々の子であるならば、ギルガメシュは神であるはずなのに、わざわざ「三分の二は神、三分の一は人間」(第一書板第二欄)と書かれている。シュメル語で書かれたビルガメシュの物語には見られない断り書きである。

ドゥムジ神のような「死ぬ神」(第六章参照)もいないわけではないが、神であるならば、死を恐れ、不死を求める必要はなく、これではギルガメシュの物語は成立しない。そこで、三分の一は人間と作文されたのであろう。

冥界神ビルガメシュ

現在わかっている限りでビルガメシュ神の出てくる最も古い文書はファラ(古代名シュルッパク)から出土した前二六〇〇年頃(この年代は古すぎるとの説もある)の「神名表」である。「神名表」は、学校で生徒が神々の名前を書く練習をするための教材で、ビルガメシュ神の名前がある。

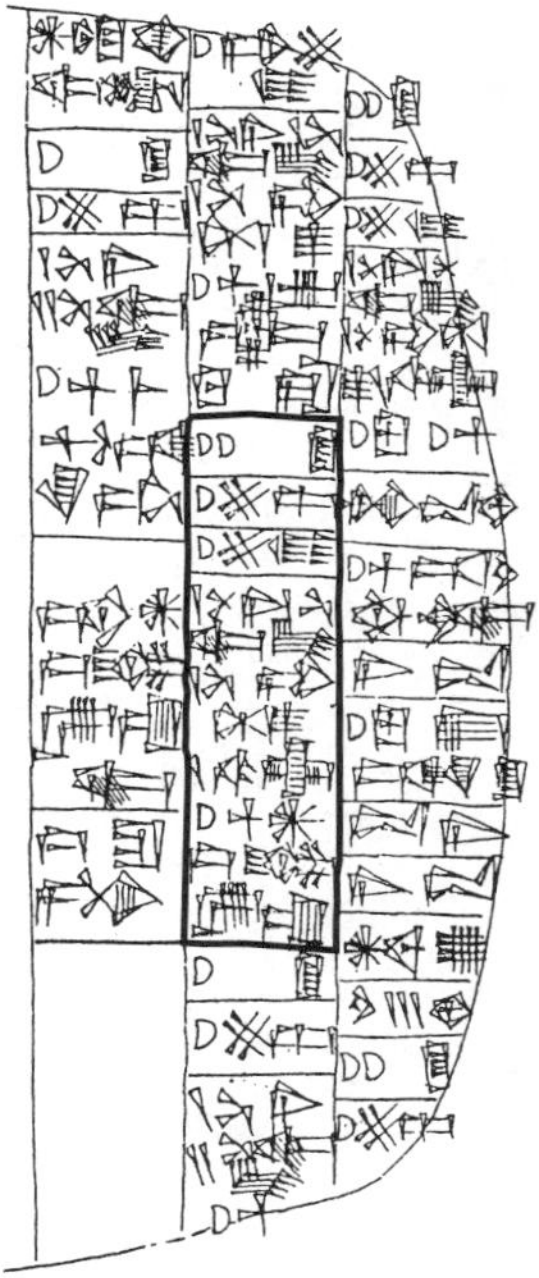

8－11　ビルガメシュ神に奉献された供物の記録　ラガシュ市のウルイニムギナ王治世２年に、后妃シャグシャグがバウ女神の祭（前庭の祭）のおりに神々へ供物を奉献したなかにビルガメシュ神の名と奉献物が見える（太枠内）。２ムンドゥ量の穀物の粉、１ドゥグ量の強精ビール、１ドゥグ量の黒ビール、１シラ量の油、１シラ量のなつめやし、１クル（シラの誤記）量のある種のデザート、１ケシュドゥ量の魚、１頭の山羊、ビルガメシュ神（１ムンドゥ量＝12シラ、１ドゥグ量＝20シラ、１シラ＝約１リットル）

次に古いのは前二三四〇年頃の文書になる。初期王朝時代最末期ラガシュ市最後の王、ウルイニムギナ王治世において、祖先供養を行う「バウ女神の祭」でビルガメシュ神およびビルガメシュ神の河岸（の神殿）に犠牲が捧げられたことが書かれている。つまりビルガメシュは祖先供養にかかわる神で、神々の序列の終わりのほうに書かれていることから、神ではあっても高位の神ではなかった。

ビルガメシュが冥界神であったことを示す例は、ウル第三王朝初代ウルナンム王（前二一一二～二〇九五年）の王碑文にもある。「ビルガメシュ神、エンネギ市の主人」と書かれている。エンネギ市はアッカド王朝初代サルゴン王の娘エンヘドゥアンナ王女が編纂した『シュメル神殿讃歌集』にも見られ、冥界に届く太い管のあるところとして詠われていた。この管を通して死者への供物が届けられるとシュメル人は信じていた。

また、ウルナンム王の死後間もなく書かれたという『ウルナンム王の死と冥界下り』でも「ビルガメシュ神は冥界のルガル（王）」と書かれ、「冥界のエンリル神（最高神）」であるネルガル神やエレシュキガル女神、ドゥムジ神などとともに冥界の神々に数えられている。

冥界から地上へ飛び出した英雄

現在残っている記録では、ビルガメシュの名前には神であることを示す限定詞（ディンギル印）がつけられ続けていて、神と考えられていたことになる。一方で、ビルガメシュという王が実在したことを確実に証明する証拠は現時点ではない。逆にいえば、神であることを示す限定詞のない「ビルガメシュ」の名前が刻まれた粘土板あるいは円筒印章などが今後発見されれば、ビルガメシュはまちがいなく実在したということになるだろう。

すでに話したように、ビルガメシュはその名前の意味が「祖先は英雄」「老人は若者」など冥界とかかわりのある祖先崇拝を示唆していて、冥界神と考えられていた。シュメル人にとって、大神は隔絶した地位にあって畏怖すべき存在であったが、冥界神は元来豊饒神でもあって、人間がこの世を生きていく際に大切な現世利益の神である「個人神」（個人の守護神）となりうる神であった。いいかえれば、人間が近寄りやすい神であった。

ビルガメシュのいくつかの英雄譚はシュメル人からセム人へと伝えられ、冥界から飛び出したギルガメシュは天上界へは昇らず、地上にあって三分の二は神、三分の一は人間の、「不死」を求める英雄として、アッカド語版『ギルガメシュ叙事詩』に結実したのである。

最古の「教養小説」

『ギルガメシュ叙事詩』はアッカド語文学の傑作で、人間の生と死、友情などを主題にし、ギルガメシュが苦悩し、成長する姿が描かれている。つまり、最古の「教養小説《ビルドゥングスロマン》」の面をもっている。「教養小説」とは主人公の人格の成長発展を中心にして書かれた小説のことで、ゲーテの『ヴィルヘルム・マイスターの修業時代』やトーマス・マンの『魔の山』などが代表的小説といわれている。

死すべき存在の人間がなすべきことは「名をあげること」と、『ビルガメシュ神とフワワ』ではシュメル人の死生観を示している。死を見据えたところから、この世における生き方が定まるのである。

暴君であったギルガメシュが不死を得られないことを悟り、ウルク市の城壁を建てるなど、王としての責務を全うした。苦悩の後に、人間は所詮《しょせん》死すべき存在で、死は免れえないことを甘受するにいたるギルガメシュの姿はまさに古代オリエント世界の人々が共感する死生観で、『ギルガメシュ叙事詩』が後世、フリ語やヒッタイト語に翻訳された理由のひとつは、特異な英雄の武勇譚だけではなく、普遍的な「教養小説」の面を具《そな》えていたからともいえるだろう。長く後代まで語り継がれたことで、「名をあげたい」とのビルガメシュの思いは成就し、以《もっ》て瞑《めい》すべしということになる。

ギルガメシュ神記念体育祭

バビロニアの「標準暦」第五月は「アブ月」で、現行太陽暦の七月から八月にあたる。月名アブは死者を供養する「アブ祭」に由来する。「アブ」とは死者が冥界へ赴く道筋に位置した丘で、そこを通って死者は生者の国へ戻ることができ、一方生者は死者のために供養できると考えられていた。

アッシリアの『天文書B』はこの月に行われた祭儀を伝えている。

アブ月には（略）火鉢で火が燃やされ、松明《たいまつ》がアヌンナ諸神のために高く掲げられ、ギルラ神（火の神）は空から降りてきて、太陽に匹敵する。ギルガメシュ神の月にして、九日間男性たちは彼らの都市の特定地区で格闘技や運動競技を競う。

「アブ月」に灯《あか》りを燃やすことは死者たちが冥界の暗闇で迷わないようにするためであった。ギルガメシュを讃えて体育競技が行われるが、格闘技はギルガメシュとエンキドゥの組み討ちに由来するともいう。

「アブ月」の死者の祭礼には、冥界から悪霊どもがやってくる。そこで、生者を悪霊どもから守るための儀式では「ギルガメシュ神像」が用いられた。また、「ギルガメシュ神像」は悪霊の仕業で引き起こされた病気を治すためにも使用されたようだ。

ギルガメシュ誕生異聞

最後に、ギルガメシュの物語は古代オリエント文明が滅亡した後も伝えられていたことを話しておこう。

古代ローマの作家、アイリアノス（二世紀後半〜三世紀）の『動物の特性について』では、次のような話を伝えている。

　バビロニアのセウエコロス王は娘が産む子は彼の王位を簒奪《さんだつ》するであろうと呪術師に警告された。そこで王はアクロポリスに娘を幽閉したが、娘は身ごもってしまった。王の怒りを恐れた番人は子供をアクロポリスの頂から投げ落とすが、赤子は鷲によって助けられる。この子が長じてバビロン市の王となり、ギルガモスと呼ばれた。

ギルガモスつまりギルガメシュはアッカド王朝（前二三三四〜二一五四年）初代サルゴン王

（前二三三四～二二七九年）やアケメネス朝ペルシア（前五五〇～三三〇年）初代キュロス王（前五五九～五三〇年）と同様の「捨て子伝説」の主人公になっていた。すでに古代オリエント文明は終焉《しゅうえん》し、ヘレニズム時代となっていたが、『ギルガメシュ叙事詩』は伝えられていた。主人公ギルガメシュがこの世に生まれるにいたった理由についても人々の気になるところであったにちがいない。シュメル語版、アッカド語版などには見られない「誕生」にまつわる話が、最後につけ加えられたことになる。

次章ではギルガメシュと並ぶシュメルの英雄ニンウルタ神の活躍を紹介するとしよう。

第九章
王による王のための神話
英雄神の怪物退治

ニンウルタ神の怪物（アンズー鳥あるいはアサグ）退治　（上）ニムルド市のニンウルタ神殿入口に刻まれた浮彫（前９世紀頃）
（下）円筒印章印影図（新アッシリア帝国時代）

『ルガル神話』――ニンウルタ神、獅子奮迅の活躍す

登場する主な神々

ニンウルタ神　戦の神にして農業神
シャルウル　人格化された、ニンウルタ神愛用の武器
アサグ　「山」に住む悪霊
エンリル神　ニンウルタ神の父
ニンマフ女神　ニンウルタ神の母

シャルウルのご注進

「ルガル　ウ　メラム・ビ　ニルガル　ニンウルタ（シュメル語で『王、メラムの嵐、比類なきニンウルタ神』の意味）」などと、ニンウルタ神の英雄ぶりをひとしきり讃えた後で、物語の本筋に入る。

ニンウルタ神が宴席で寛《くつろ》いでいたときに、武器のシャルウル（シュメル語で「すべてのものを破壊するもの」の意味）が不吉な情報を主人ニンウルタにご注進におよぶ。

シャルウルの話によれば、悪霊アサグがクル（シュメル語で「山」の意味）で蜂起したという。アサグは天と地の交合から生まれ、「石の戦士ども」を率いている。そのアサグを「植物ども」が王に選び、「石の戦士ども」とともにアサグは都市を襲っているという。どうやらアサグはニンウルタを攻撃し、その領土を占領しようと企んでいるらしい。

9－1　ニンウルタ神の怪物退治　神の背後の人物がささげるのはニンウルタ特有の武器（円筒印章印影図。新アッシリア帝国時代）

失敗した一回目の戦闘

この知らせを受けて、ニンウルタ神は立ち上がる。

戦闘に赴くニンウルタの勇姿は次のように仰々しく描写されている。

> 主人（ニンウルタ）が起《た》つと、天に達した。ニンウルタ神は戦闘に赴いた。その一歩は一ダンナ（約一〇キロメートル）にもなり、彼は人を驚かすような嵐であった。「反乱する国」には八つの風に乗って向かった。腕には槍をしっかり握り、ミトゥム武器は「山」に歯を向けて唸り、トゥクル武器は敵を滅ぼしはじめる。

シャルウルは、ニンウルタが敵の主力と遭遇する前に敵を偵察し、敵は強力であるから退却するべきであるとニンウルタに進言した。詳しいことは語られていないが、英雄神ニンウルタはすでに「一一の勇士ども」を「山」で殺害していた。

その「一一の勇士ども」とは、竜、石膏《せっこう》、強き銅、勇士・六つ頭の野生牡羊、いなご船、主人・サマンアンナ神、牛人間、王・なつめやし、アンズー鳥、七つ頭の蛇である。

ニンウルタはシャルウルの進言を無視し、向こう見ずに攻撃を決断するが、みじめな結果を招く。アサグはニンウルタの息を止める土砂嵐を起こした。巨大な嵐で火は人間どもを焼き尽くし、樹木を倒し、ティグリス河は泥に埋もれた。ニンウルタは「マカルヌンタエダ船」（シュメル語で「君主にふさわしい波止場から出る船」の意味）で戦闘に駆けつけたが、敗北は避けがたい状況となった。

そこでシャルウルはニップル市に取って返し、ニンウルタの父エンリル神の助力を求めた。エンリルが暴風雨を与えたので、ニンウルタは呼吸することができ、辛《から》くも敗北を免れた。

9－2　7つ頭の蛇（円筒印章印影図。アッカド王朝時代）

成功した二回目の戦闘

ニンウルタはまだアサグの息の根を止めてはいなかった。シャルウルはニンウルタがアサグを殺害して脅威を除去することを懇願した。今度はシャルウルの進言に耳をかたむけて、ニンウルタは二回目の攻撃を開始し、ニンウルタはアサグを征伐した。アサグの「ニ」と「メラム」は消え、逆にニンウルタの「ニ」と「メラム」が国土を覆った。炒《い》った大麦のように打ち砕かれたアサグは石にされ、ザラグ石と呼ばれることになった。

ティグリス河の治水

さて、アサグに勝利したニンウルタは次に治水灌漑事業に着手する。

真水が地下から湧き出さないので、耕地を潤すことがなく、「山」の氷が融《と》けだして破壊をもたらしたので、国土の神々は鶴嘴をもち、籠を運ぶ苦役に従事することになった。ティグリス河の水位は上がらず、また灌漑設備がなく、大麦はひろく蒔かれてはいなかった。

そこでニンウルタは国土を守るために「山」に対して石の塚を積んで大城壁として、強力な水を阻止し、その水をティグリス河に集めて、耕地に「鯉の洪水」（耕作の準備ができる晩秋の洪水のこと、五三ページ参照）をもたらした。その結果、穀物や果実がよく実って豊作となったので、神々を大いに満足させることができた。

母神の改名

こうしたニンウルタの働きは彼の母にして、創造神であるニンマフ女神を当惑させた。母はニンウルタを支配者としてふさわしいとは認めていないのである。ニンマフは息子に会いに「山」へやってきた。

ニンウルタは自らの勝利を記念して、彼が積んだ石の塚の名前をフルサグ（シュメル語で「渓谷の頂」つまり「山」の意味）とし、母ニンマフをニンフルサグ女神（「山の女主人」の意味）と改名する。そのうえ、母のためにフルサグには杉や柘植などの樹木を茂らせ、金銀銅錫を産出させ、そして多数の野生動物などが生息するようにして、祝福した。

「石の戦士ども」の裁き

ニンウルタ神には戦闘の後始末がまだ残っていた。

以前はアサグの戦士であった金剛砂、紅玉髄、雪花石膏（アラバスター）、ラピス・ラズリなど四九種類の「石の戦士ども」を一九のグループに分けて、次々に裁いていく。

ニンウルタに従った「石ども」に対しては祝福して報いているが、一方でアサグに味方した「石ども」をニンウルタは呪って罰する。
たとえば、ニンウルタは味方した閃緑岩《せんりょくがん》を次のように祝福する。

お前をマガンの国から運んでくるであろう。お前は皮革のように強き銅を形づくるであろうし、それからお前は私（ニンウルタ）の勇ましい腕のために、私のために完全に適合させられるであろう。永遠に名声を確立している王（グデア王）はその像をいつでも彫らせるときに、閃緑岩、お前は優雅さ溢れる私の家エニンヌ神殿の、キアナグ（灌《かん》奠場《てんじょう》）に置かれるだろう。

一方で、火打石はニンウルタに敵対したことから次のように罰せられる。

私はお前を袋のように裂くだろうし、人々はお前を小さく割るであろう。金属細工師がお前を扱い、お前の上で鏨《たがね》を使うだろう。

ニップル市への凱旋

「石の戦士ども」の裁きを終えたニンウルタ神は「マカルヌンタエダ船」でニップル市へ凱

旋し、父エンリル神の祝福を受ける。
最後はニンウルタ神讃歌である。このなかでニンウルタの功績を簡潔に回顧し、その後にニサバ女神を讃える文章が続いて、「ニンウルタ神のシルギド（『長い歌』の意味）である」と結ばれている。

『ニンウルタ神の功業』

ニンウルタ神の長い物語

『ルガル神話』は全文七二六行にもなる、シュメル語で書かれた最も長い作品のひとつである。主要な写本が「ルガル（王）」とはじまることから、古代メソポタミアの書名のように『ルガル神話』と呼ばれている。この場合、ルガルとは英雄神ニンウルタ神のことである。物語の内容から『ニンウルタ神の功業』と題をつけられることもある。

物語はラガシュ市で、グデア王の時代（前二二世紀頃）よりもあまり遅くない頃に現在の形に整えられたようだ。以下にその理由を書いておこう。

ニンギルス神とニンウルタ神

本来の『ルガル神話』の主人公はニップル市のニンウルタ神ではなく、ラガシュ市のニンギルス神で、その起源は別々の神であった。

ニンギルスはラガシュ市の都市神である。その属性は戦の神で、雨嵐をも司る農業神にして、豊饒神ともなり、配偶神はバウ女神である。ニン・ギルスとは「ギルス地区（ラガシュ市内の地区）の主人」の意味で、この地区のエニンヌ神殿に祀られていた。エ・ニンヌは「五〇の家」の意味だが、本来はエ・メ・ニンヌで、「五〇のメ（を所有する）家」の意味であるという。五〇はニンギルスとその父エンリルの聖数で、ちなみにシュメル社会は「六〇進法」を使っているので、六〇はシュメルの最高神アン神の聖数になる。

ニンギルスは初期王朝時代末期（前二五～二四世紀）におけるラガシュ市の王碑文のなかでは「エンリル神の勇士」つまりエンリルの臣下に位置づけられていたが、後代にエンリルの子になった。

ニンウルタ神は約《つづ》めたカタカナ表記「ニヌルタ」神のほうが知られているが、正式にはニン・ウルタで、「大地の主人」を意味する。ニンウルタは農業神にして戦の神でもある。

ニンウルタの配偶神はグラ女神だが、ニンギルスの配偶神であるバウ女神とされることもある。バウもグラも、ともに治癒神である。

9－3　7つ頭の棍棒を右手に、玉座に腰掛けるニンギルス神、背後には大きな棍棒も見える（グデア王の碑復元想像図）

狂言回しシャルウル

物語の狂言回しを務めるシャルウルはニンギルス神の武器で、グデア王の「円筒碑文A」および「円筒碑文B」にも登場している。武器の種類は棍棒と考えられる。棍棒はニンギルス神の数ある武器のひとつで、シャルウルは「ラガシュ市の右腕」「戦闘の洪水」などと詠われていた。

シャルウルはアッカド語で書かれた『アンズー鳥神話』のなかでもニンウルタを戦闘の場面で助ける、信頼厚い使者として登場している。英雄が活躍するとなると、その英雄自身の戦いぶりだけでなく、英雄を助ける武器も物語の大切な脇役になりうる。こうした武器には名前がつけられていることもあって、中世ヨーロッパの「アーサー王伝説」では、アーサー王の愛刀にして魔法の刀エクスカリバーは人間のような意志を示している。これはシャルウルの末裔《まつえい》ということになるだろう。

グデア王の碑文にさかのぼる

閃緑岩を裁く話のなかに登場するエニンヌ神殿は、「永遠に名声を確立している王」と詠われているグデア王がニンギルス神のために建立したと「円筒碑文A」などに書かれている。

9－4　雪のザグロス山脈　アサグが棲む山とされる

さらに、多数あるグデア王像のほとんどはマガン産の閃緑岩でつくられ、そのなかでも「グデア王像B」（「建築家グデア王像」と呼ばれる）はエニンヌ神殿のニンギルス神に奉献され、キアナグに置かれることが像に書かれている。

以上のようなことが『ルガル神話』には反映されていることから、グデア王の時代よりもあまり遅くない頃に現在の形に整えられたと考えられる。

『ルガル神話』の構成

物語は次のような三つの部分から組み立てられている。

一、ニンウルタ神のアサグ退治

英雄神ニンウルタがシャルウルの勧めに従って、「山」に住む悪霊アサグと「石の戦士ども」を退治する。シュメル語アサグは病気あるいは病気を起こす悪霊を指し、治癒神バウ女神によって征伐されるが、バウの配偶神がニンギルスあるいはニンウルタである。

『ルガル神話』ではアサグは山に棲む。「山に棲むアサグ」とは農地に被害をもたらす両河の氾濫の原因となる「雪をいただく山岳地方」を象徴しているとも説明されている。

二、ニンウルタ神によるティグリス河の治水・灌漑

ティグリス河を利用した灌漑を行うことで、農業を中心とする豊饒な世界の秩序を確立する経緯が語られる。

三、ニンウルタ神による「石の戦士ども」の裁き

「石の戦士ども」の裁きはシュメル語の難解な語呂合わせで語られ、その種類が特定できない石も含めて、一九のグループに分けて四九種類もの石の名前があげられている。

沖積平野のシュメル地方に石材は乏しく、外国から各種の石材を搬入してきた。石の性質を見きわめ、その用法を決定したシュメル人の知識が反映され、この部分は「目録」好きなシュメル人の面目躍如といった「石の目録」になっている。

ついでながら、「目録」好きについて、一言説明しておこう。

シュメル語で書かれた文学作品では、作品の流れとあまり関係があるように思えない物の名前をやたらと並べる傾向がある。理由のひとつは、文学作品は学校の教材でもあるから、生徒の知識を増やす目的があったようだ。

さて、『ルガル神話』であるが、本来この三つの話は別々の独立した話で、後代にひとつの物語に組み込まれ、さらに前後に讃歌がつけ加えられ、豊饒の神々を祀る年ごとの祭儀で、朗

誦された「英雄物語」であったようだ。

アサグを征伐し、世界に秩序をもたらす主人公ニンウルタは戦の神にして農業神という二つの面が、『ルガル神話』のなかで矛盾なく説明されている。そこで、次に物語の主人公であるニンウルタ神について話をしよう。

農業神にして戦の神

王の責務

世界中に数多の神話があるが、「英雄」といえば「ギリシア神話」のなかで大活躍するヘラクレスの名前がまずあげられるだろう。

では、「シュメル神話」の英雄は誰かといえば、第一にビルガメシュ神の名前があげられる。すでに第八章で詳しく紹介したように、『ギルガメシュ叙事詩』によって一大ロマンの主人公に仕立て上げられ、なんといっても知名度抜群である。ビルガメシュはウルク市の英雄で、フワワ退治などで武勇を誇る一方で、死の問題と向き合う哲学的英雄でもある。また、男振りが良かったので、イナンナ女神に懸想されている。

一方で、本章の主人公であるニンウルタ神であるが、ビルガメシュと並ぶシュメルの代表的英雄ではあるが、物語が「ルガル（王）」とはじまっているように、「王」の役割をはたす神であった。

治水・灌漑を行い、農業を中心とした豊饒な世界をつくりあげ、民衆を腹一杯食べさせてやる。同時に戦争ともなれば勇敢に戦って、敵から民衆を守ることはシュメルの王の二大責務であった。この責務を神話のなかで果たす神がニンウルタである。同じ英雄神であっても、ビルガメシュ神の行為は個人の「名をあげる」ための怪物退治であって、治水・灌漑などにはまったくかかわらない。

強い母神

英雄ニンウルタ神は女神とのロマンスとは縁遠いようで、エンリル神のような嫁取りの話とか、ドゥムジ神のようなイナンナ女神との怖い関係の話はない。

そのかわり、ニンウルタ神の登場する物語では『ルガル神話』や『アンズー鳥神話』に見られるように、影響力のある母神がしばしば登場している。怪力無双の英雄というのはやや暴走気味であって、思慮深い母が息子の欠点を補うことになる。

前の章で話したビルガメシュ神の物語でも、父神ルガルバンダ神は名前だけで、物語ではなんの役割も果たしていないが、母神ニンスン女神は英雄ビルガメシュを「まだまだ子供」として扱っていることを紹介した。『ルガル神話』では父神エンリルが息子を助け、父親としての役割を果たしてはいるが、なんといっても母親のほうが影響力がある。

強い母神が登場する背景には最古（ウルク文化期、前三五〇〇〜三一〇〇年）の「シュメル神統譜」が女神たちによって支配され、時代が経つにつれ男神の重要性が増して女神たちの息子としてニンウルタやニンギルスのような戦の神が興ったとの説があり、この説が妥当であることを示しているようだ。

ニンウルタの母神は物語によってニンマフ女神、ニンメナ女神、マミ女神などと名前は変わるが、ニンウルタはどの母親にも頭の上がらない息子であった。

『ルガル神話』では母神ニンマフ女神が息子を支配者にふさわしいと認めていないと紹介したが、この部分についてはニンマフは息子の行為を褒めるためにやってきたと説明している研究者もいる。

『ニンウルタ神と亀』

ニンウルタの強い味方である母神は『ニンウルタ神と亀』にも登場し、重要な役割を果たしている。

武勇に長けたニンウルタは多くの敵を征伐したが、傲慢不遜でもあった。この性格がわざわいし、あわや殺されそうになった。『ニンウルタ神と亀』あるいは『ニンウルタ神の傲慢と処罰』ともいわれるシュメル語の作品である。

9‐5　亀　カッシート朝時代のクドゥル（境界碑）に刻まれたエンキ神の象徴

ニンウルタがアンズー鳥の雛を激しく攻撃した。雛は「メ」「天命の粘土板」などを落とし、「メ」はアブズに戻ってしまった。ニンウルタは雛に手をとられ、アブズに赴く。

当初、アブズを支配するエンキ神はニンウルタを歓迎するが、ニンウルタがエンキに危害を加える意図があることを知って、エンキは従神のイシム神をアブズからニンウルタを追い出すために送ったが、ニンウルタは「メ」などを得ずにアブズを去ることを拒絶する。困ったエンキはアブズの粘土で大きな亀をつくった。亀がニンウルタを攻撃したので、ニンウルタは反撃した。そこでエンキは亀に穴を掘らせ、その穴のなかにニンウルタと亀は落ちてしまう。穴から這い出ることができないニンウルタをエンキは殺そうと考えていた。

そこに、ニンウルタの母ニンメナ女神が息子を助けにやってくる。彼女が以前にエンキの生命を助けたことを思い出させ、その結果ニンウルタの命は助けられることになった。

エンリル神の誠実な農夫

ニンウルタ神には戦の神にして農業神という、破壊と創造の両方にかかわる対照的な面が見られ、これはニンギルス神にも認められる。

前一八〜一七世紀頃の写本から知られている『農夫の教え』はシュメル語で書かれた全文一〇九行の優れた農業技術書で、中核となる話はウル第三王朝時代（前二一一二〜二〇〇四年）の耕地管理文書である。

「年老いた農夫がその息子に教えた」とはじまり、一年間の農作業を詳細に指導した後で、「エンリル神の息子、ニンウルタ神の教え。エンリルの誠実な農夫、汝を讃えることは良きかな」と結ばれている。つまり、文書冒頭の年老いた農夫とはニンウルタのことである。

ニンウルタは雨の神でもあって、春季の激しい洪水もニンウルタの司るところであった。『アトラ（ム）・ハシース物語』でも、「（ニンウルタ神に）いかせ、（堤防を）溢れさせよう」と書かれていて、大洪水を実行する神々の一柱である。こうした性格からグデア王の時代やウル第三王朝時代になるとニンウルタの好戦的性格が強調されることになったという。

9-6　ニントゥ女神と思われる女神　肩から新生児が出ているともいう（素焼き粘土の額。高さ11.5cm。古バビロニア時代）

戦の神

シュメルの戦の神はイナンナ女神以外は男神で、ネルガル神、ヌムシュダ神そしてニンウルタ神などの名前があげられる。

本章で扱っている『ルガル神話』のように、いくつかの神話はニンウルタの武勇を物語っている。戦いは主としてシュメルの敵、とりわけ「反乱者の国」とか「敵対する国」に対するもので、これらの国々はシュメル東方の山岳地帯を指す。二三九ページでも話したように、シュメルの王たちがもっぱら東方へ遠征した史実を踏まえての創作であろう。

周囲が開けているシュメル地方には周辺の蛮族がしばしば侵入した。なかでも、東方のエラムは「いなごのように群れるが、生きた人間に加えられない」と蔑視されていたが、その「いなご」にシュメルは長く手を焼き、ウル第三王朝にいたってはエラムによって前二〇〇四年頃に滅ぼされている。

ニンウルタ神信仰の復活

古バビロニア時代になると、ニンウルタは、世界の秩序を乱す象徴である「合成獣」を退治する「英雄」の地位をバビロン市の都市神マルドゥク神に取られてしまう。

一方、メソポタミア北部のアッシリアでは、中期アッシリア時代（前一五〇〇～一〇〇〇年）

以来、ニンウルタは畏怖すべき英雄神として出世した。さらに、新アッシリア帝国時代（前一〇〇〇～六〇九年）になるとニンウルタ信仰が復活し、神話にもとづいた祭儀劇が演じられている。

アッシリアの王たちは戦の神ニンウルタ礼拝に熱心であった。アッシュル・ナツィルパル二世（前八八三～八五九年）は新首都カルフ市にニンウルタ神殿を建てた。神殿正面入り口の両側の壁面を飾った石板浮彫（本章扉図上）には、両手に稲妻を握った有翼のニンウルタがアンズー鳥（あるいはアサグともいう）を打ち負かしている場面が描かれている。ニンウルタは春の雷雨の神でもあるから、稲妻をもつこともありうるし、天候神のアダド神を表している可能性もある。追いかけられるアンズー鳥は、獅子の胴体に猛禽類の翼とかぎ爪をもった姿である。新アッシリアの浮彫といえば写実的で大規模な戦争の場面や狩猟の場面がよく知られているが、この浮彫は神話の場面が刻まれている珍しい例である。

ニンウルタがアンズーを追う場面は円筒印章の図柄（本章扉図下）としても好まれたようで、武器として弓矢を使っていることもある。ところで、カルフの浮彫も円筒印章の図柄もニンウルタの両足は開いていて、走る姿を表しているが、これについては以下で説明しよう。

リスム徒競走

前一千年紀のアッシリアでは、「キスリム月」に国じゅうの神殿で「リスム」と呼ばれる徒

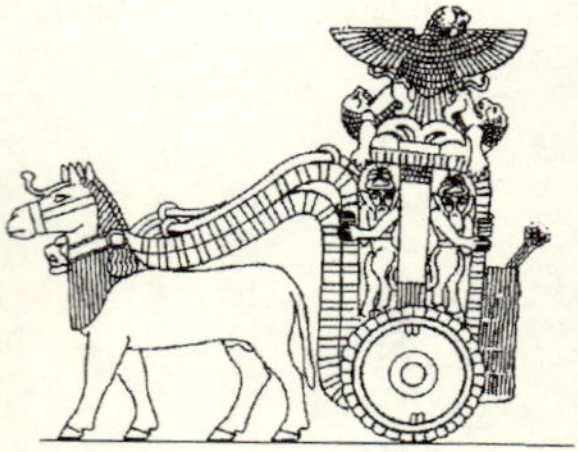

9－7　装飾した戦車復元想像図　グデア王の碑断片

競走が行われた。「キスリム月」とはメソポタミアで使われていた「標準暦」第九月で、現行太陽暦の一一月から一二月にあたる。「リスム」はニンウルタ神がアンズー鳥を退治したことにちなんだ祭儀であった。

アッシュル・ナツィルパル二世が建立したニンウルタ神殿の入り口を飾った浮彫の主題もこの徒競走である。

当時、『アンギン神話』にちなんだ祭儀劇も演じられ、アッシリア王自らが戦車に乗って凱旋するニンウルタ神の役を演じた。ニンウルタ神の勝利は徒競走あるいは戦車に乗っての凱旋の二種類の方法で象徴的に表現された。アッシリア王の「獅子狩り」も同じ意味で、王に殺される獅子はニンウルタに殺された合成獣を象徴していた。つまり、王は魔を退治し、宇宙の秩序を整える現身《うつしみ》のニンウルタ神であった。

ニンウルタ神が退治したものども

『アンギン神話』

前で紹介したように、『ルガル神話』ではニンウルタ神と「一一の勇士ども」の戦闘場面が詳細に書かれているわけではない。殺害されたものどもとして「一一の勇士ども」の名前だけがあげられている。この勇士どものうち、九勇士は『アンギン神話』にも登場する。『アンギン神話』は、「アンギン　ディンマ（シュメル語で『アン神のごとくつくられた』の意味）」と物語がはじまるので、古代メソポタミアの書名のように『アンギン神話』と呼ばれているが、その内容から『ニンウルタ神のニップル市への凱旋』などと呼ばれることもある。

この神話は、英雄神ニンウルタの具体的功業よりも、ニップル市への凱旋に重きを置いた作品で、全文二〇七行と、『ルガル神話』に比較して短い。

『ルガル神話』のなかで「山」で殺害したと一括された「一一の勇士ども」のうち、九勇士が登場する。『ルガル神話』では「一一の勇士ども」は「山」で殺されたことになっているが、矛盾していることにすべての勇士が「山」に生息していたのではないことが『アンギン神話』のなかで次のように書かれていることからわかる。

> エンリル神の息子、ニンウルタ神は輝く気高い家から六つ頭の野生牡羊を連れてきた。彼は「山」の大きな城塞《じょうさい》から勇士・竜を連れてきた。彼は［……］アブズからいなご船を連れてきた。彼は戦闘の塵から牛人間を連れてきた。彼は天と地の境からとんぼを連れてきた。彼は「山」の土壌から石膏を連れてきた。彼は粉々に壊された「山」から強き銅を連れてき

た。彼はハルブ・ハラン木からアンズー鳥を連れてきた。彼は七つ頭の蛇を「山」の［……］から連れてきた。

さらに、ニンウルタは『ルガル神話』では船でだったが、『アンギン神話』では戦車でニップルへ凱旋することになり、捕獲した牡牛、牝牛とともに戦勝記念にこれら九勇士で戦車を飾りたてた。

なお、『アンギン神話』の九勇士に、捕獲された牡牛、牝牛を足して『ルガル神話』と同様に一一勇士とみなす説もある。

勇士どもの数

殺された勇士の数が一一というのは不思議な数である。「ギリシア神話」の「ヘラクレスの一二の功業」はもとは「一〇の功業」だったが、オリエントの影響で「一二の功業」になったともいうが、そのオリエントでは一二ではなく、一一なのである。『ルガル神話』だけでなく、エニンヌ神殿の記念物（後述）、『エヌマ・エリシュ』のなかでティアマト女神がつくった合成獣も一一である。

『ルガル神話』	『アンギン神話』	グデア円筒碑文Ａ	エヌマ・エリシュ
とんぼ	６つ頭の野生牡羊	勇士・６つ頭の牡羊	７つ頭の蛇（ども）
竜	勇士・竜	サグアル（山）	凶暴な竜ども
石膏	いなご船	７つ頭の犬	竜（バシュム）
強き銅	牛人間	竜	ムシュフシュ
勇士・６つ頭の野生牡羊	とんぼ	なつめやし	ラフム神
いなご船	石膏	野牛の頭	巨大な獅子
主人・サマンアンナ神	強き銅	獅子	狂い獅子
牛人間	アンズー鳥	とんぼ	蠍人間
王・なつめやし	７つ頭の蛇	銅	凶暴な悪霊ども
アンズー鳥		いなご船	魚人間（とんぼ？）
７つ頭の蛇		牛人間	牛人間

9－8　勇士の一覧

七、五〇などならば、神話にもしばしば出てきているし、シュメル人がこだわる数字になる。
たとえば、ニンウルタに先駆けて合成獣を掌握していたと考えられるウトゥ神が「杉の山」に赴くビルガメシュ神に遣わしたのは異形の七勇士であった。また、二七一ページに話したようにニンギルスの聖数は五〇である。なお『ルガル神話』ではアサグをいれれば、一二になる。

エニンヌ神殿の記念物

『ルガル神話』『アンギン神話』に登場するこれらの勇士どもの起源はグデア王の時代にさかのぼる。

グデア王はニンギルス神のために、ラガシュ市のギルス地区（現代名テルロー）にエニンヌ神殿を建立する次第を「円筒碑文A」「円筒碑文B」に書き記した。

これらの碑文は、ニンギルス神自らがグデアの夢に現れ、神殿建立を命じることからはじまる長い話で、最

9－9　建築家グデア王像　膝の上に粘土板（エニンヌ神殿の図面）があり、葦ペン、ものさしも見える

古の文学作品ともいわれている。

当時、記念物として「合成獣の模型」などを都市や建造物の門前に設置することが行われていたようで、「円筒碑文A」第二五欄二四行以下に次のように書かれている。

兵器庫、その（エニンヌ神殿の）戦闘の門に、彼（グデア）は勇士・六つ頭の牡羊とサグアル（山）を据えた。都市のほうへの（エニンヌ神殿の）正面、恐怖を吹き込まれた場所に、彼は七つ頭の犬を据えた。シュガラム、光輝の門に、彼は竜となつめやしを据えた。東正面、決定をする場所に、彼はウトゥ神の象徴、野牛の頭を据えた。カスルラ、驚きの正面に、彼は神々の恐怖、獅子を据えた。タルシルシル、命令の場所に、彼はとんぼと銅を据えた。バウ女神の付属建物、和解の場所に、彼はいなご船と牛人間を据えた。

　これらは彼（ニンギルス神）によって殺された勇士であるので、彼（グデア）はそれらの口を「キアナグ」のほうへ向けた。ラガシュ市のエンシ（王）、グデアはそれらの名前を神々の間で輝かせた。

グデア王がエニンヌ神殿の各所に置いた記念物はニンギルス神が殺害した勇士どもであるという。つまり戦勝記念であった。その敵のなかに『ルガル神話』『アンギン神話』に含まれていたアンズー鳥の名前はない。ということは、グデア王の時代にはアンズー鳥はニンギルス神に敵対する「怪鳥」ではなかったことを意味している。

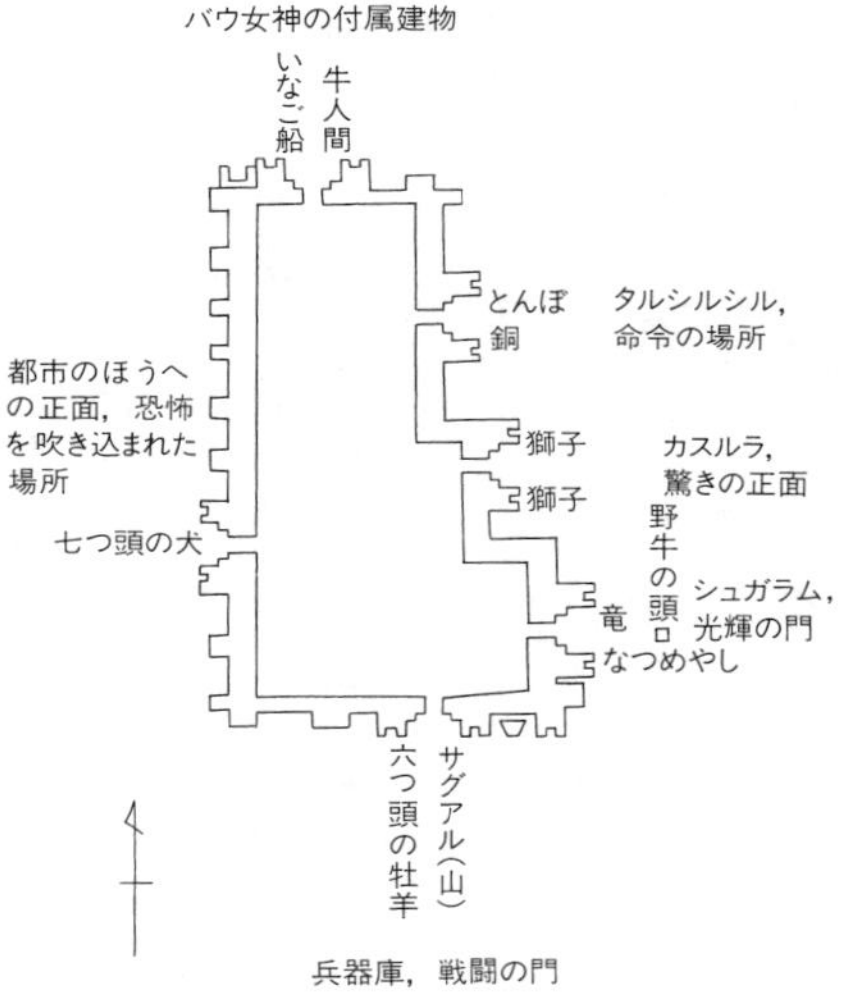

9－10　エニンヌ神殿（グデア王像の図面〔図9－9参照〕にもとづく）の門および記念物の配置想像図

『アンズー鳥神話』

ところで、「怪鳥」アンズー鳥をニンギルス神／ニンウルタ神が退治する次第を詳細にアッカド語で書いた『アンズー鳥神話』がある。『ルガル神話』でニンウルタが殺害した「一一の勇士ども」と一括したなかで、唯一殺害されるにいたる理由とその殺害過程がわかるのがアンズー鳥である。

前二千年紀初期にはすでに書かれていて、「天命の粘土板」を盗んだアンズー鳥をニンギルス／ニンウルタが苦心の末に征伐する物語である。

『ルガル神話』に登場するアンズー鳥以外の、ほかの勇士どもはニンウルタによっていかなる理由で、どのように退治されたかはわからないが、アンズー鳥は宇宙の秩序を破壊する象徴と考えられていた。アンズー鳥退治はニンウルタの誇るべき功業であったから、浮彫や円筒印章の図柄にされていた。

霊鳥アンズー鳥

『アンズー鳥神話』では、ニンウルタ神によってアンズーはみごとに退治されるが、これは後代の話であって、本来のアンズーは怪鳥ではなかった。

アンズー鳥がグデア王の「円筒碑文A」のなかで省かれているのは、アンズー鳥はラガシュ市においては「怪鳥」ではなく、「霊鳥」であったからである。グデア王の時代の王碑文では、ニンギルス神のエニンヌ神殿を「白いアンズー鳥であるエニンヌ神殿」のように形容していて、当然「霊鳥」になり、ニンギルス神の象徴であった。

だが、「霊鳥」アンズーは翼を大きくひろげた左右対称の姿で表され、ラガシュ市ではしばしば獅子を足元に従えている。獅子はニンギルス神を、そしてアンズー鳥はシュメルの最高神エンリル神を本来象徴していたとも考えられている。

アンズー鳥以外の勇士ども

「ギリシア神話」の英雄ヘラクレスがなしとげた「ヘラクレスの一二の功業」には「ネメアの獅子退治」や「レルネの水蛇ヒュドラ退治」などもあるが、そのすべてが怪獣退治ではなく、自然界にいる動物もありで、また「エリス王アウゲイアスの家畜小屋掃除」や「クレタ王ミノスの牡牛の捕獲」のような掃除や捕獲などもある。

9－11　英雄ヘラクレスのヒュドラ退治

ニンウルタによって殺された勇士どももそのすべてが「合成獣」とはいえないようである。明らかな「合成獣」は竜、牛人間、勇士・六つ頭の野生牡羊、七つ頭の蛇である。「合成獣」のほかに「無機物」や「植物」の名前が含まれている。以下、簡単に紹介しておこう。

竜と牛人間

竜（シュメル語でウシュム、アッカド語でバシュム）は『アンギン神話』では山の大きな城塞に生息しているが、牛人間は戦闘の塵のなかにいる。後者は『アンズー鳥神話』冒頭では海のなかにいることになっている。

牛人間はその頭と上半身は人間で、下半身は牡牛を合体し、しかも人間のように後足で立っている姿で表現される。古バビロニア時代以降はウトゥ神の従者でもあった。

六つ頭の野生牡羊と七つ頭の蛇

六つ頭の野生牡羊と七つ頭の蛇は、ニンウルタあるいはニンギルスの敵どものリスト以外には知られていないが、頭の数が多い、合成獣の典型である。

9-12　**牛人間**　(左)古バビロニア時代、(右)新アッシリア帝国時代

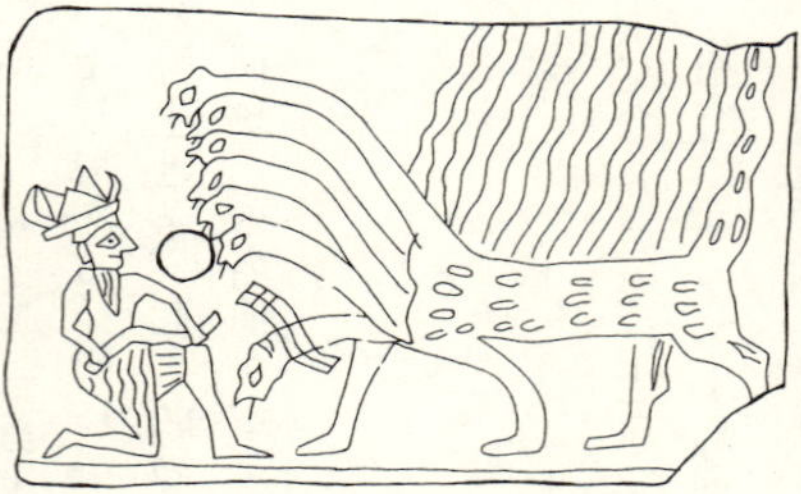

9-13　**7つ頭の蛇を退治するニンウルタ神**（貝製額。高さ3.9cm。初期王朝時代第Ⅲ期）

七つの長い首の上に七つの頭をもつ蛇は初期王朝時代（前二九〇〇〜二三三五年）の円筒印章印影図に見られ、ニンウルタ神が退治する図像もある。

ヘラクレスに退治されたヒュドラ（九つ頭の蛇）やケルベロス（冥界の三つ頭の番犬）、「記紀神話」でおなじみの須佐之男命《すさのおのみこと》が退治した八岐大蛇《やまたのおろち》、近くは怪獣映画でおなじみのキング・ギドラなどもまた複数の頭をもつ合成獣である。

とんぼといなご船

『アンギン神話』では、とんぼといなご船は水に結びつけられている。

とんぼはシュメル語でクリアンナといい、文字どおりには「天の友」の意味である。クリアンナはとんぼを指すが、「魚人間」と考える研究者もいる。

9－14 いなごの串 アッシリアでは食用にされていた。背後の男性がもつのはざくろ

もうひとつのいなご船はシュメル語ではマギルムという。これはマガンとメルッハの間を結ぶ「マギルム船」と同一名だが、この船のことではないようだ。マギルムのマはシュメル語で船を意味し、イルギルあるいはイルギスはアッカド語経由の外

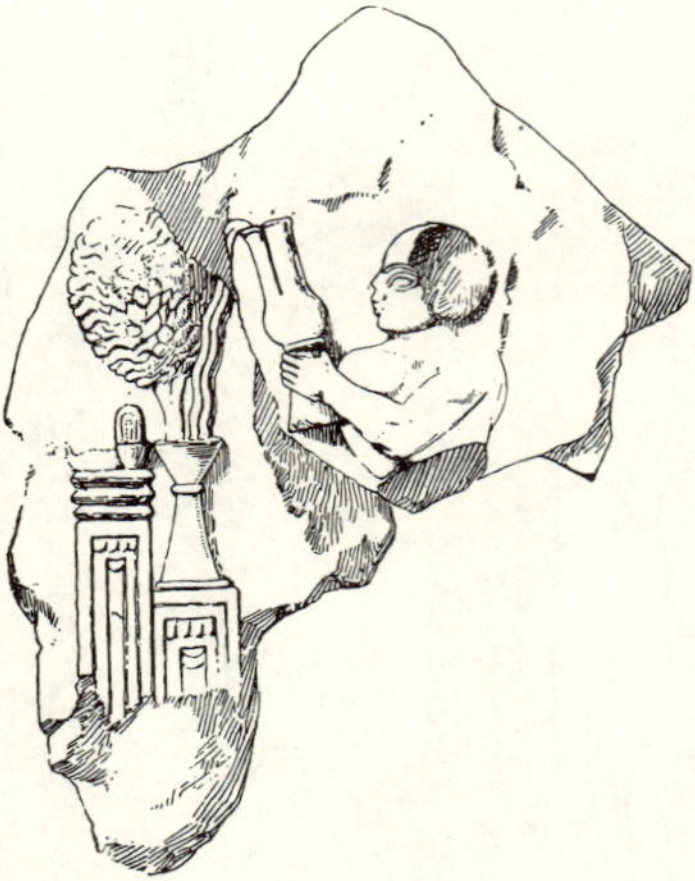

9－15　なつめやしに灌奠をおこなう　グデア王の碑断片

来語でいなごを指し、つまりマギルムは「いなご船」の意味になるという。

石膏と強き銅

銅と石膏は敵としてではなく、商品として山からもってこられたのではなかっただろうか。「強き」は銅を形容する美称で、論争詩『銀と銅』でも「強き銅」と書かれている。

当時、銅や石膏でできたなにものかがあったにちがいなく、銅製打楽器の可能性があるという。前で紹介したようにグデア王はエニンヌ神殿に「銅」を記念物として置いていたし、初期王朝時代の最末期（前二三四〇年）にラガシュ市のある祭の際には「銅」に対して供物が奉献されている。

「主人・サマンアンナ神」と「王・なつめやし」

主人・サマンアンナ神は『アンギン神話』にも、グデア王の「円筒碑文A」にも見られないが、サマン神は初期王朝時代最末期のラガシュ市では信仰されていたようで、サマンアンナとサマンは同一神と考えてよいだろう。サマンとは「鼻綱」のことで、サマンアンナは「天の鼻綱」の意味になる。

なつめやしも初期王朝時代最末期のラガシュ市の祭で、供物の対象に「銅のなつめやし」があり、なつめやしは聖樹であった。論争詩『なつめやしとタマリスク』では、なつめやしは「私がいないところで、王は灌奠《かんてん》をしない」と主張し、「グデア王の碑」や「ウルナンム王の碑」ではなつめやしにお神酒が注がれている。

また、「王・なつめやし」はネルガル神を指しているとの指摘もある。

ニンウルタあるいはニンギルスによって殺された「一一の勇士ども」のうち、なつめやし、野生の羊、銅とサマン（アンナ）はグデア王の時代よりも二〇〇年ほど前にさかのぼる記録がある。つまり初期王朝時代最末期ラガシュ市で行われた祭の際に、供犠の対象になっていることから、神聖視されていた。これらのものは、具体的な経過をたどる史料が欠けているものの、霊鳥から怪鳥へと貶《おとし》められたアンズー鳥と同じような運命をたどって、敵役とされた可能性がある。

ニンウルタ神の後継者マルドゥク神

第一章で話したように、「創世神話」『エヌマ・エリシュ』のなかで、マルドゥク神が神々の王になるためには、宇宙の秩序を乱す象徴である「合成獣」を殺す「英雄」の地位につく必要があったが、グデア王の時代にはニンギルス神が、間もなくニンウルタ神がその地位についていていた。

『エヌマ・エリシュ』で海の女神ティアマトがつくった「一一の合成獣」は『ルガル神話』の「一一の勇士ども」をもとにしている。『エヌマ・エリシュ』の作者は『ルガル神話』を当然知っていたことになる。

ニンウルタは「山」と戦うが、マルドゥクは「海」ティアマトと戦っている。ティアマトはシュメルの「原初の海」ナンム女神をモデルにし、「山」から「海」へと敵が転換したのはシリア・パレスティナからの影響であるともいう。

終章
大河のほとりで
シュメル人国家の終焉とその後の伝承

ウルのジクラト（発掘現場）　ウバイド文化期からヘレニズム時代にいたるまで約3000年間、バビロニア地方の聖都の１つとして存続しつづけたウルだったが、廃墟となり、忘却のかなたに置き去られてさらに2000年という歳月が流れた。20世紀前半に発掘作業が始まり、ウルナンム王が再建した３層のジクラトは下層部分が近年復元されている

『シュメルとウルの滅亡哀歌』――「燕のごとく」敵地に連行される王

登場する主な神々

アン神　天空神、ウルクの都市神
エンリル神　大気神、ニップルの都市神
ナンナ・スエン神　月神、ウルの都市神。ナンナ、スエンと別個に呼ばれることも。別称アシムバッバル
エンキ神　エリドゥの都市神、水神
ニンフルサグ女神　豊饒の女神。別称ニンマフ、ニントゥなど
ウトゥ神　太陽神
イッビ・シン神　ウル第三王朝最後の王

【第一歌】あるとき、大いなる神々がシュメルの命運を定めた
永らうべき治世を転覆させ、聖なる勅令を抹消するために、シュメルの秩序「メ」を滅ぼし、都市を滅ぼし、家畜小屋を滅ぼすために逆巻く嵐が洪水のように押し寄せる。羊たちは

繁殖せず、水路には苦い水が流れ、耕地には雑草が茂り、悲嘆草が生い茂る。

母は子供を構わず、父は妻を呼ばず、若妻は愛撫を楽しまず、若者はひ弱で、乳母は子守《こもり》唄《うた》を歌うことがない。王権はその所在地を替え、この国の王権は奪われる。

アン神、エンリル神、ニントゥ女神が自ら創りたまいし者たちを打っちゃってしまい、シュメルの秩序「メ」は滅ぼされ、ウルの王権の聖なる力は喪失し、ウルの神殿への供物も途絶える。人々はもはや町には住めず、敵のシマシュキやエラムの人々がここに住む。神イッビ・シン王は王宮で敵に捕縛され、捕虜としてエラムの地へと、険しい山岳地帯ザブを越えて海の近くの町アンシャンまで連行されていってしまい、家を追われた燕のごとく、王は自分の都市へ戻ってくることはない。

都市も城壁もすっかり破壊されて瓦礫《がれき》の山と化し、「黒頭の人々」シュメル人は皆殺しにされるのだ。大地は耕作されず、平原には牛追い歌も聞かれず、家畜小屋ではバターもチーズも製造されず、攪乳器が歌うこともなくなる。

アン神がシュメルを恐怖で脅し、エンリル神が邪悪な嵐を

終－1　神格化されたイッビ・シン王の名が彫られた印章の押された封泥（ウル第3王朝時代）

呼び起こし、ニントゥ女神は国じゅうの産屋の扉に閂をかけ、エンキ神はティグリス・ユーフラテス河の流れを途絶させ、ウトゥ神は公正なる正義を表明せず、イナンナ女神は反逆の徒に戦いの勝利をもたらす。

エンリル神は王家の人々を滅亡させ、グティ人を山岳地方からやってこさせる。彼らは大洪水のごとくに押し寄せ、大風が吹き荒れ、広大な平原もすっかり荒廃してしまう。ユーフラテス河には死体が漂い、王権も王冠も地に墜《お》ち、国々も不統一になってしまう。ウル王イッビ・シン神は、かつては喜びに溢れていた王宮エナムティラで激しく泣き崩れるばかり。反逆者たちの血飛沫が王家の人々の上に降り注ぐのだ。

【第一歌終わり】【答唱】「逆巻く嵐が洪水のように押し寄せるのです」

【第二歌】守護する都市を去る神々

キシュの神殿フルサグカランマが破壊され、ザババ神は住み慣れた地を去らねばならず、母なるバウ女神もエイリクッガ神殿を偲《しの》んで泣き崩れた。

都市カザルは混乱に巻き込まれ、ヌムシュダ神と妻ナムラト女神も去らねばならない。

イシンでは聖所が押し寄せた濁流によって倒壊し、国土の母なる女神ニンイシンナは破壊された都市と神殿を偲んで激しく泣いた。エンリル神はニップルの天地の繋ぎ目「ドゥルアンキ」に棍棒で一撃を加え、母なる女神ニンリルは破壊された都市を偲んで激しく泣いた。聳《そび》え立った都市ケシュはすっかり寂れ、川辺に延びた都市アダブは蛮族グティが棲みつき、蛇の棲処と化した。ニントゥ女神は自分の都市と神殿を偲んで泣いた。ザバラム市では聖所ギグヌが寂れた。イナンナ女神はウルクを見捨てて敵陣に去っていき、エアンナには敵が侵入して聖所ギパルのエン大神官職は冒瀆《ぼうとく》され、エン大神官はギパルから引きずり出されて敵地へと連行されてしまった。

凶暴な嵐がウンマに襲いかかり、シャラ神はエマフ神殿を去らねばならず、ニンムル女神は破壊された都市を偲んで泣いた。都市ギルスは雷光に撃たれ、ニンギルス神はエニンヌ神殿を去らねばならず、母なる女神バウは滅んだ都市を偲んで泣き崩れた。

エンリル神が敵軍エラムを高地からやってこさせ、ラガシュはエラム軍の手に陥《お》ちた。ナンシェ女神は脱出したが、グアッバ神殿のニンマルキ女神に火の手が迫る。「エンリル神がこの都市を嵐に手渡してしまわれた」とバウ女神は嘆いた。ナンシェ女神の町ニギン、愛する住居《すまい》シララは敵の手中に陥ちた。

ニンアズ神はエギダ神殿の一画を武器で撃った。ニンフルサグ女神のエヌトゥル神殿を邪悪な嵐が襲ったので、女神は鳩のごとく窓から飛び出して平原に立ち、激しく泣いた。

ギシュバンダ神殿は嘆きの葦原に倒壊し、ニンギシュジダ神とアジムア女神は破壊された都市と神殿を去った。クアラ市を大嵐が滅亡させ、人々は暗闇で生活せねばならなかった。ルガルバンダ神は神殿を去らねばならず、ニンスン女神は神殿を偲んで泣いた。

エンキ神が敵地に目を向けると、敵の本隊が押し寄せてきたので、エンキ神はエリドゥを去らねばならず、ダムガルヌンナ女神は破壊された都市と神殿を偲んで激しく泣いた。

かつて邪悪が我が物顔をすることなどなかったナンナ神の都市ウルを敵が闊歩している。南ではエラム軍が逆巻く大波のように殺戮し、人々は大風に吹きまくられた籾殻《もみがら》のように散り散りになってしまった。これはエンリル神がお定めになった運命なのだ。

【第二歌終わり】【答唱】(欠損。一部断片のみ残存)

【第三歌】ウルの飢餓と荒廃

ウルでは誰一人として食べ物や飲み物を調達に出掛ける者はいない。彼らは衰弱し、歩くことさえままならないのだ。エンリル神がこの都市に邪悪な飢饉を差し向け、人々を不満と裏切りの渦中に置いたが、老いも若きも立ち上がる元気さえなかった。

王宮にも食料はなく、かつてはあれほど美食に慣れた王も今では兵糧にさえがつがつする。陽が暮れると人々はますます飢餓を覚えたが、居酒屋にはビールもなく、ビールをつくるマッシュもなかった。ナンナ神の神殿にも穀物倉にもなにも貯えがなく、神々の大食堂には晩《ばん》餐《さん》も葡萄酒も甘味料もなく、牛や羊を捌けない肉屋の包丁は無聊《ぶりょう》をかこち、調理場には肉を焼く香ばしい匂いも漂うことがなくなってしまった。

ナンナ神の「輝く波止場」は水が減って、灯芯草《とうしんそう》がはびこり、嘆きの葦が蔓延《まんえん》した。祝祭もすっかり変わり、エンリル神への供物をニップルに届ける船の姿もない。水路に水がなく、船が航行できないのだ。

両岸には道もなく草が伸び放題、ナンナ神の立派だった牛舎も今は荒れ放題、果樹園の柵《さく》も破れ放題で、牝牛や仔牛《こうし》は敵陣に連れ去られ、「ムンゼル草」で特別に飼育された牛は今や平原で放《ほ》ったらかしだ。牛を大事にしていたガヤウ神は武器を糞《ふん》のなかに落っことしてしまった。今はもう牛舎ではちゃんとした攪乳器の音など聞こえない。

スエン神はエンリル神に涙しながら訴えた。「父よ、エンリル神よ。なにゆえにあなたはウルを見捨ててしまわれたのか。かつては初穂を積んだ船がもはや初穂を積むことはできず、エンリル神への供物ももはやニップルへ運ぶことができません。国じゅうのエン神官たちは風魔に攫《さら》われていってしまい、ウルは犂でならされた都市のように、ただの廃墟《はいきょ》と化し、エンリル神がお休みになる聖所ドゥウルは風魔の館《やかた》となってしまいました。

父よ、エンリル神よ。どうかウルに人々を増やしてやってください。忘れられたシュメルの聖なる力を回復させてください」

【第三歌終わり】【答唱】「佳き家よ、佳き家よ。その人々よ、その人々よ」

【第四歌】服喪するナンナ神とウルの復権

エンリル神は息子スエン神にお答えになった。

「これは呪われた都市、そのなかで嘆きの葦の生い茂る都市への哀歌なのだ。高貴な息子よ、ナンナ神よ。なにゆえにお前までそのように嘆くのだ。神々の会議で決定されたことは変えられず、アン神とエンリル神の言葉は覆されることはない。

ウルは確かに王権を与えられた都市ではある。しかし、それは永遠に続くものではない。悠久の昔、国土が誕生して以来、人々は繁茂し続けたが、永遠に続く一王朝などというものを見たことがあるだろうか。王権の治世は確かに長いが、それ自体は衰弱するものなのだ。ナンナ神よ、お前も無駄に嘆くことなく、お前の都市を見捨てるがよい」

そこで高貴な息子アシムバッバル、ナンナ・スエン神は愛する都市ウルを去らねばならず、ニンガル女神も敵地を彷徨《ほうこう》するために急いで服を着て都市から出ていった。

ウルの市壁周辺には嘆き声が響いていた。そこでは毎日殺戮が行われ、大きな斧が振り回され、弓や楯《たて》や投げ棒が集められ、雲霞のごとく弓矢が張り巡らされた。かつては敵に立ち向かったウルの人々は、今は武器を取る力もなく、手で首を叩いて泣くばかりだった。

ウル市内は飢えに襲われ、武器で死ななかった人々も後追いをする始末、飢えは水のように都市に充満した。人々は溺《おぼ》れたかのように口をパクパク開け、王宮では王が息も絶え絶えだった。

力強い牛のごときウルは捕らわれ、その角をへし折られた。宮居の大門の装飾は打ち倒され、欄干も破壊され、その前に家畜たちがまるで合い討ちの英雄のごとく累々と横たわっている。かつては芳香の松柏《しょうはく》のようだったナンナ神の玉座も破壊されてしまった。

かつては宣誓の声が聞こえたドゥブラマフ宮では今は証言がなされず、玉座は正義を執行し、判決するところではなくなってしまった。ナンナ神の聖なる寝室ではもはや楽の音は響かず、寝台も薬草を敷いて整えることなく、聖所の像は破壊され、神殿の料理番も夢占い師も玉璽《ぎょくじ》保管役も儀式を行う神官たちもみな敵地へ連れ去られてしまった。

ナンナ・スエン神は服喪の姿でエンリル神に嘆いた。「私を産みたもうた父よ、エンリル神よ。いつまでこんな敵が勝ち誇る状態が続くのでしょうか」

そこでエンリル神は息子なるナンナ・スエン神に優しいお言葉をおかけになった。「我が息子よ。ナンナ神よ。豊かさと喜びのうちにお前のために建造された都市ウルはお前の王国となったが、城壁が打ち壊され、暗い日々が訪れるのもお前の運命だったのだ。だがそれもやがては終わる。お前の都市ウルが立派に再建されて、人々がお前の前にひれ伏すだろう。

終－2　月神ナンナ・スエン（右）　個人神である女神によって紹介される商人ウル・ヌスク（左）（ウル第3王朝時代）

穀物神エジナが都市の基盤を豊かにして食卓を潤してくださり、太陽神ウトゥがウルの輝きをお慶びくださるように。天空神アンがウルに長き命を取り戻してくださらんことを」

エンリル神は「南方や山岳地方の国々がナンナ神に従い、山岳の道路がナンナ神のために整備され、アン神とエンリル神との決定どおりに事が運ばれるように」とおっしゃった。

父なるナンナ神は頭を高くして都市ウルへと向かった。若きスエン神は再びエキシュヌガル宮へお入りになり、ニンガル女神もウルのエキシュヌガル宮へお入りになることができた。

【第四歌終わり】【答唱】「呪われた都市、嘆きの葦の生い茂る都市への哀歌です」

【第五歌】大河のほとりに再興する豊かな世界

ウルを崩壊させた激しい大嵐は去ってゆき、今やそれはティドヌムやアンシャンやグティのところで大荒れに荒れ、飢饉が襲いかかっている。

アン神は天の掟「メ」と人々を正しく導く判決とを変更なさらぬように。国じゅうの道路を整備することも変更なさらぬように。ティグリス・ユーフラテス河の水がたっぷりと流れ、天には慈雨、地には斑入り大麦が、水路には水、畑には穀物が、沼地には魚や鳥類が豊かであり、アン神はそれを変更なさらぬように。古い葦も新しい葦も繁茂しますよう、アン神もエンリル神もエンキ神もニンマフ女神もそれを変更なさらぬように。

果樹園の泉で蜜もぶどうもたくさん取れるように。王宮には長命が、大海にはすべてが豊かであるように。国じゅうに南方にも山岳地方にも人類が満ち溢れ、それをアン神とエンリル神、エンキ神とニンマフ女神が変更なさらぬように。ウルの町が再建され、天地のすべてに人類が増え、幸せになりますように。

「ナンナ神よ。お前の王権は都市ウルに実り豊かに永らえるのだから、人々を良く導くように。いっさいの嘆きを振り捨てよ、ナンナ神よ。お前の都市よ、お前の家よ、お前の人民よ」

【第五歌終わり】

シュメルの遺産——シュメル社会からセム系社会へ

作品の題名と成立時期

都市滅亡を詠った『哀歌』はシュメル文学のひとつのジャンルで、類似の作品としては『ウル滅亡哀歌』があり、ほかには『ニップル哀歌』『エリドゥ哀歌』『ウルク哀歌』などがある。本篇は『第二ウル滅亡哀歌』とも呼ばれ、「ウシュバルアクデ・ギシュフルハラメデ（永らうべき治世を転覆させ、聖なる勅令を抹消するために）」というのが、古代の図書目録に記された題名である。

ウル第三王朝の最後の王イッビ・シンがエラム軍の捕虜となってザブ山岳地帯を越えたはるかかなたのアンシャンに連れ去られ、シュメル人社会が崩壊した（前二〇〇四年）という歴史的事実が述べられていることから、この作品の成立はもちろんイシン第一王朝時代以降ということになる。落魄《らくはく》の王でありながらも「イッビ・シン神」と神格化された表現がそのまま使用されているので、これはウル第三王朝の滅亡からそれほど遠くない時期の作品かと想定される。

作品の構成

物語は全体が五章の詩歌「キルグ」に分かれ、各歌の「幕間《まくあい》」にちょっとしたト書きもあって、史劇か舞台劇のような構成になっている。

第一歌では、シュメルの大いなる神々が集会して、シュメルの都市を破壊させる計画を立てたことから、大嵐が国じゅうを大混乱に陥らせると予言される。「大嵐」というのは、北方山岳地帯のグティ人、シマシュキ人や、南東方面のエラム人らのメソポタミア侵略を指し、ウル市民の苦境とともに、最後の王イッビ・シン神が捕虜となってエラムへ連行される史実も語られる。

第二歌では、シュメルの主な都市とその守護神の名前、諸神の司る属性などが列挙されていて大変興味深い。大いなる神の一員としてアン神とエンリル神の定めた「シュメル崩壊」を厳しく執行する傍ら、それぞれが慈しんできた自分の都市の破滅を嘆き、女神は在りし日を偲んで涙するという、「シュメルの神々」の性格がよく表れた場面である。

第三歌では、王朝の首都ウルの人々の戦時下での苦しい生活ぶりが詠われ、都市神ナンナが「父なる大神エンリル」に気持ちを和らげてウルの繁栄を戻してくださらないかと訴えかける。その描写はまるで二〇世紀世界大戦下の諸国民、現代のアフリカ、中央アジア、パレスティナの難民の状況さながらではないか。庶民が遭遇する「戦争の惨禍」は、四〇〇〇年の時空の隔たりなどまったく関係なく、いつだって悲惨なのだということを実感させる。

第四歌では、最高神エンリルが「息子なる神スエン」の問いかけに応答する場面からはじまるが、「人類の長い歴史のなかで普遍のものなど存在しなかった」という「王権」に関するエンリル神の意見は、まさに「最古の哲学」といえよう。

第五歌では、吹き荒れた大嵐もようやく去り、荒廃したウルの再建が神々によって保証され、都市の守護神ナンナを讃える言葉で終了する。歴史的に見ても、確かに「都市ウル」は修復や改築が行われ、王朝は代替わりしてもずっとメソポタミアの重要な聖都として存続する。しかしもうそこには歴史の表舞台から去ったシュメル人の姿は見られない。

どこへ去ったか、シュメル人

琵琶法師が語る『平家物語』の「壇ノ浦の合戦」(一一八五年)の段に涙しつつ耳をかたむけた鎌倉時代初期の聴衆のように、四〇〇〇年前のメソポタミアの人々もつい先頃滅んだ王朝の悲劇を身につまされながらしみじみと聴いたことだろう。

世はすでに西方からやってきたアモリ人中心で、シュメル人国家が復興することは二度となかったが、この哀歌が詠唱された時代には、まだまだシュメル語を話す人々が多かったにちがいない。頂点で政治を司る階級はアモリ人などのセム系人種だっただろうが、メソポタミア南部の諸都市周辺で農耕牧畜を営む労働者階級にはシュメル人も数多く含まれていたと考えられる。

ただもはや都会の住民でなくなったシュメル人は「シュメル文化」の自己保存などおよびもつかなかったことだけは確かである。当時の労働者階級はいわゆる「読み書き」ができないのが普通であった。農村に生き残ったシュメル人も、時代とともに他民族に吸収されていき、古バビロニア時代の最盛期となるバビロン第一王朝(前一八九四〜一五九五年)の頃にはメソポタミアの住民は完全にセム語族化する。

ウル第三王朝滅亡後の中央政府から税収管理などで派遣された役人たちはアッカド語やアモリ語を喋り、シュメル語など知らない者がほとんどで、今や「古典」となったシュメル語の素養のある人間は、王宮文書庫の管理や書記学校での古典教育に携わるなど、中央政府の重要な文書関係の仕事についていた。西欧文明のなかのラテン語と同じように、書き言葉としてのシュメル語はその後も神殿内部や書記学校の文書に生き残り、また古文書としてセレウコス朝時代（前二世紀）まで書写され続けている。

さてここで、シュメル人とアモリ人の関係を示す神話を見てみよう。

『マルトゥの結婚』

登場する主な神々

マルトゥ（神）	西セム系遊牧民アモリ人の若者
ヌムシュダ神	カザルの都市神
アドゥガルキドゥグ女神	ヌムシュダ神の娘

独り者のマルトゥ

昔、まだキリタブの町が存在していなかった頃から、すでにイナブは存在していた。聖なる宝冠が存在していなかったとき、すでに王冠は存在していた。聖なるレバノン杉が存在していなかったとき、すでに聖なる薬草は存在していた……。

イナブはあらゆる町のなかでも最も立派な町だった。イナブの支配者（エンシ）はティギシェムアラという者で、シャゲグルという名の妻がおり、子供もあった。

イナブの周辺に住む人々は罠を仕掛けてガゼルを狩り、人を殺すようにそれを殺した。ある日の夕方、某神の社殿の前で分け前を決めたのだが、既婚者の分け前は独身者の二倍、一人子持ちの場合は三倍とされた。ところがマルトゥはまだ独身だったにもかかわらず、二倍ついていた。そこでマルトゥは家に帰ると母親に「私の町では友人も知人もみんな結婚して妻が居るのに、私だけ居ないのです。独り身で子供も居ないのに割り当てだけは多かったので、半分だけ貰《もら》ってきましたよ」といった。

ところが次のときも同じことが起きたので、マルトゥは母親に「私も妻を貰って、母上にちゃんと分け前を頂いてきたいのです」といった。すると母親は「我が子よ。よく聞くのですよ。お前はね、自分が心底一番良いと思った人を妻とするのですよ」と忠告した。

その頃イナブで大きな祭礼が催された。そこでマルトゥは「町の祭礼に参加し、居酒屋にいこうよ」と仲間を誘った。祭礼にはヌムシュダ神が列席し、神の愛する娘アドゥガルキドゥグも愛らしい妻ナムラトも参加した。青銅のシェム太鼓が打ち鳴らされ、屈強な男たちのように七つのアラ太鼓が競演した。呼び物はイナブの神殿でヌムシュダ神に捧げる、帯を締めた屈強な男たちによる相撲大会であった。大勢の人々がイナブに詰め掛けていた。マルトゥもヌムシュダ神のために戦おうと境内をドシドシ歩いていった。ヌムシュダ神のために戦う剛者《つわもの》をみんなが探していた。マルトゥは次々と打ち負かし、広大な境内に死者の塚を築いた。

終－3　相撲の取組　様々な組み手が見られるが、日本の相撲の「四十八手」のような決まり手もあったのだろうか（奉納板浮彫断片。ハファジェ出土。バグダード、イラク国立博物館蔵）

マルトゥとヌムシュダ神の娘

大いにお慶びになったヌムシュダ神は、マルトゥに褒賞の銀を提供したが、マルトゥは辞退した。そこでヌムシュダ神は宝玉を提供したが、やはり辞退した。二度目も三度目も辞退して、「そのようなものは、私には向かないのです。私はあなたの娘さんのアドゥガルキドゥグを妻に頂きたいのです」とマルトゥは懇願した。

ヌムシュダ神は「いいだろう。嫁取りの結納として仔牛を、牛小屋で牝牛と仔牛を飼い、乳牛に仔牛を養

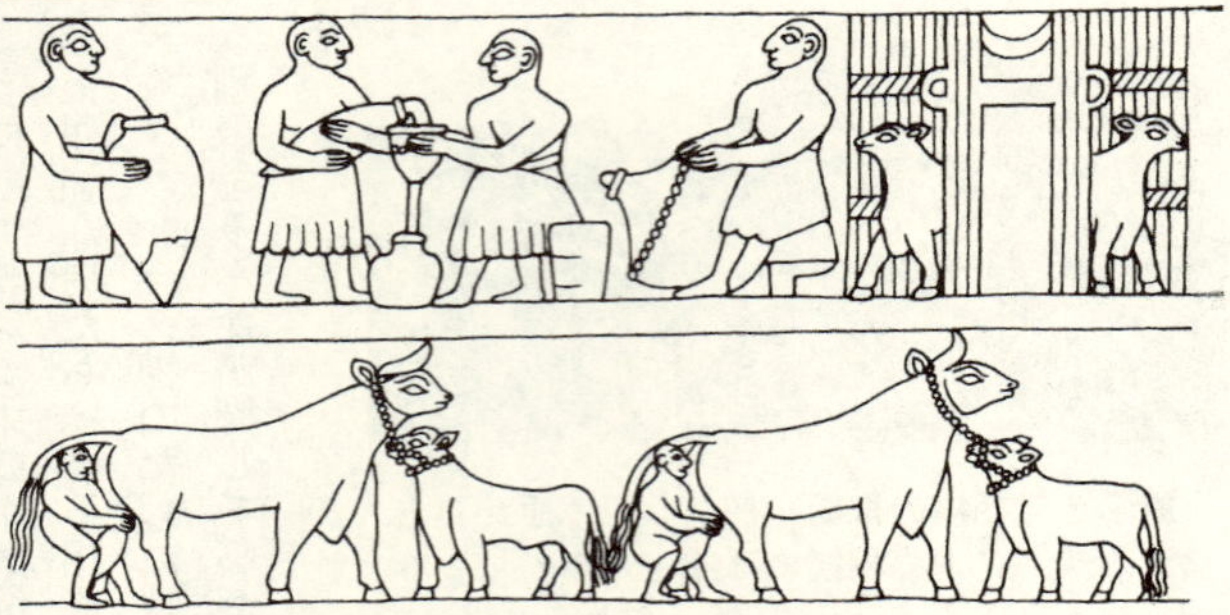

終－4　（上）乳製品を作る人々　右の人物が揺すっているのが攪乳器。（下）牝牛と仔牛と乳搾り　古代の搾乳は仔牛を見て母牛が乳を出す仕組みだった（アル・ウバイドのニンフルサグ神殿装飾モザイク。初期王朝時代。バグダード、イラク国立博物館蔵）

わせるのだが、そのようにできたら私の娘を嫁にやろう。また結納として仔羊や仔山羊についても同様にできたら、娘を嫁にやろう」と約束した。

町の長老たちを黄金の首輪で喜ばせ、町の老女たちに黄金の肩掛けを、そして町の人々、男女奴隷たちにも銀製品で喜ばせた。しかし日を重ねても、なかなか嫁取りは決定しない。

「ねえねえ、お聞きよ。あの人たちときたら、手は不器用だし、顔は猿みたい。ナンナ神が禁じていらっしゃるものを食べたりして、信仰心ももってない。ワアワア吼えてばかりだし、神殿を冒瀆する。ゴチャゴチャ考えもまとまらず、うるさいばっかり。着ているものといったら革袋だし、野《の》晒《ざら》しの天幕住まいで、ちゃんとお祈りすることもできないのよ。山に住んでて、神々のいらっしゃるところも知らず、山麓で松露《しょうろ》を掘ったりして、お辞儀のしかたも知らず、生肉を齧るのよ。生涯家をもつこともなく、死んでも墓地に埋葬されることもないわ。それでもマルトゥみたいな人と結婚するの？」と女友達が聞くと、アドゥガルキドゥグはあっさりと答えた。「そうよ。私はマルトゥと結婚するの」
イナブ、ウルム、アランマ。

都市生活者に移行する遊牧民

シュメル人とアモリ人

『マルトゥの結婚』はシュメル統一国家の北限でのアモリ人とシュメル人の接触を物語る神話で、最後のほうでシュメルの神ヌムシュダの娘に女友達が口汚くアモリ人をこき下ろしているが、都市文明を謳歌《おうか》するシュメル人が山岳地や砂漠の住民をどのように考えていたかがよくわかる。家畜とともに牧草を求めて転々と移動する天幕生活の遊牧民は、シュメル人やアッカド人のような定住の都市生活者から見れば「野蛮」以外の何者でもなかったのである。

シュメル語の「マルトゥ」は、アモリ（あるいはアムル）人を指す。この神話では「イナブの町の周辺に住む（野蛮な）人々」の代表となる主人公の名前を「マルトゥ」としている。しかしシュメル神統譜ではマルトゥはアン神やニンフルサグ女神の子神、戦士、南からの暴風を

終－5　シリア砂漠　セム族マルトゥの故郷。広大無辺の荒野で現在も遊牧生活をする人々の天幕

司る神として、また『マルトゥ神讃歌』では王権の守護者、牛舎や羊舎の保護者として賞讃されている。若者マルトゥは嫁取りの条件としてヌムシュダ神に課された文化的な牧畜を実行して、めでたくアドゥガルキドゥグ女神と結婚できたのであろう。

「キリタブの地が存在していなかった頃から、すでにイナブは存在していた」という対句ではじまる冒頭は声に出して朗誦すると心地よく、調子のよい語呂合わせのようでもある。イナブやキリタブの位置は不明だが、カザルの都市神ヌムシュダが祭礼に参加していることから、カザルに近い場所だったのだろう。カザルはバビロニア北部の都市で、アッカド王朝初期から文書に登場し、ウル第三王朝時代には北方の直属都市として外敵の前哨《ぜんしょう》線《せん》に立たされ、その後イシン第一王朝の支配下に入り、ハンムラビ大王時代の頃に滅亡した。

イナブの支配者ティギシェムアラは日本語に訳せば「デンデン銅鑼《どら》太鼓」といったところか、おかしな名前である。シェムもアラも打楽器の一種で、祭礼で盛大に打ち鳴らされ、ティギは礼拝奏楽に用いられることが多い。妻のシャゲグルは「願望のすべて／犠牲祈禱式」といったような意味で、夫婦でめでたい祭礼を表しているかのようである。「ウルム、アランマ」は

「ウルルママ（牛追い歌）」「アララ（歓喜の歌）」などとかかわりある囃《はや》し言葉かもしれない。

文明の証

女友達のあからさまな悪口にもかかわらずマルトゥとの結婚を決意したアドゥガルキドゥグは、マルトゥの一見粗野で荒々しいが、自然のなかで力強く生きる頼もしい男の「磨けば光る」素質を見抜いたのであろう。実際、西方のシリア砂漠から順次移動してきたアモリ人たちは次第にシュメル社会に浸透していき、都市国家の住民として、社会的地位も得るようになった。イッビ・シン王の将軍として活躍したイシュビ・エラは、シュメル・アッカドの地にアモリ人国家イシン第一王朝を樹立し、ウル第三王朝崩壊後は「シュメル文明継承」を喧伝《けんでん》するのである。

終-6　太陽神シャマシュ（右）から正義と王権を授与される王が浮き彫りされた「ハンムラビ法典碑」　バビロン第1王朝第6代王ハンムラビ（前1792－1750年）はバビロニア各地に法典碑を建立させた（玄武岩製。高さ約2.25m。ルーヴル美術館蔵）

バビロン第一王朝の大王ハンムラビもアモリ人で、現代の法の精神にも影響を与えた『ハンムラビ「法典」』は国家を唯一の法の権威とし、賠償を定めるなど進歩的な規定で有名であるが、「貴族（アモリ人）」、「平民（バビロニア人）」、「奴隷（戦争捕虜や債務者）」の身分制度の法制化など遊牧民の征服国家に特有の規定も含まれている。またアッカド語の法典であるが、法律用語はすべてシュメル語、都市や農耕に関する規定は従来のシュメル法にもとづいており、「都市生活」に関してはシュメル人を見習わざるをえなかったことがわかる。

現代に残るシュメル人の面影

シュメル人は他民族と混在して溶け込んでしまい、単体の民族としてはもう地上のどこにも存在しなくなってしまったが、その文化的伝統や神話、言葉などは、オリエント世界からギリシア・ローマを経て、西欧文明にも影響を与えてきた。

シュメル神話がバビロニアを経て伝播したと考えられる要素が『旧約聖書』の随所に見られることは、本書でもおりに触れて解説した。夢占いや星占い、神社の絵馬などの原型はシュメル人の風習にすでに見られ、エンキ神の司る深淵「アブズ」（アッカド語で「アプス」）は現代英語の「アビュス」（abyss「深海、混沌、奈落《ならく》」）の語源である。

宗教的な面を離れても、「シュメル文明」は現代社会の生活のなかにもかすかながらその残照が存在する。たとえば分度器や時計の「六〇進法」、暦の「一年一二ヵ月」、ビルの「定礎埋蔵物」などはシュメル人が最初に実行したもののひとつである。早春に可憐《かれん》な花を咲かせるクロッカスはアラビア語でクルクム。その語源もシュメル語の「クルギリンナ（ウコン草 Curcuma Domesutica：黄色い粉末の香辛料を採る）」にいきつくという説がある。シュメル時代には薬草として用いられ、『イナンナ女神とエビフ山』では女神イナンナが山の薬草クルギリンナで水浴すると述べられている（第三章参照）。ちなみに南欧料理に欠かせないサフランは秋咲きのクロッカスから採取する。

しかし最大の「シュメルの遺産」は「都市文明」そのものであろう。シュメル人が滅亡して以来四〇〇〇年の歳月が流れた今日、オリンピック競技に参加できる国だけでも二〇〇ヵ国以上あり、地球規模ではもっともっとたくさんの国家が存在している。それらの国々で「都市」が存在しない国というのはほとんどない。つまり現在の人間社会は「都市生活」を抜きには語れないのである。

前三五〇〇年頃に出現したシュメル人の都市は城壁に囲まれた都市部と周辺に点在する農村群から成り立ち、後者は生活物資を提供し、前者は「都市文化」を農村にもたらした。都市部には神々の聖域が設けられ、そのなかでひときわ目立つのが煉瓦構築の人工基壇「ジクラト」であった。ウル第三王朝の初代王ウルナンムがナンナ神のために再建した三層のジクラトは底面六二・五×四三メートルで高さ二一メートルと推定されている。『シュメルとウルの滅亡哀歌』にもあるように、王朝滅亡時（前二〇〇四年）には瓦礫の山と化してしまったが、その後も何度か復興され、約一五〇〇年後には新バビロニア帝国最後の王ナボニドスがウルに七層から成るジクラトを建造したという。帝都バビロンには国家神マルドゥクのジクラト「エテメンアンキ」（推定高さ約九〇メートル）が聳え立っていたが、これが『旧約聖書』の「バベルの塔」のモデルとなったようである。

それにしても、現代の中東産油国の高度経済成長は目覚ましい。古代のマガン、現代のオマンやアラブ首長国連邦の海岸に林立する高層建築群、シュメルのジクラトに端を発し、『旧約聖書』で天をめざした「バベルの塔」の末裔の高さ一〇〇〇メートルにも達する摩天楼を見たら、シュメル人はどんなに仰天することだろうか。

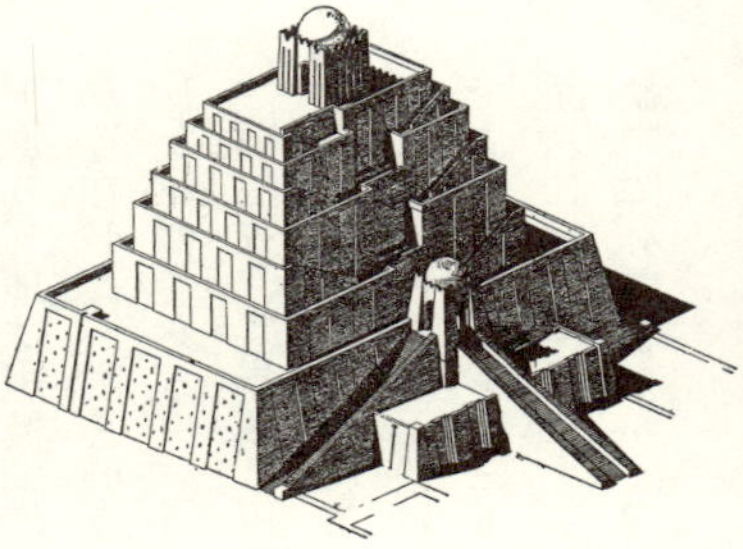

終－7　ナボニドス王が再建したウルのジクラト想像復元図

終－8　ドバイの超高層建築「ブルジュ・ハリファ」（高さ約800m）　シュメル以来、人類の摩天楼志向は5000年経っても変わらないどころか、1000mを超えるビルも計画されている

図版出典一覧

『古代シリア文明展』絵葉書　7 - 扉
『ティグリス - ユーフラテス文明展』中日新聞社，1974.　2 - 5

執筆分担

岡田　明子　序章，第３章，第４章，第７章，終章
小林登志子　はじめに，第１章，第２章，第５章，第６章，第８章，第９章

Safar, F., Lloyd, S. and others., *Eridu*, Baghdad, 1981.　4－2
Strommenger, E., *Fünf Jahrtausende Mesopotamien*, München, 1962.　序－4，3－12, 4－扉上, 4－8，7－2，7－8，7－9，終－3
Strommenger, E., *Habuba Kabira: Eine Stadt vor 5000 Jahren*, Mainz am Rhein, 1980.　7－4
Suter, C. E., *Gudea's Temple Building: The Representation of an Early Mesopotamian Ruler in Text and Image: Cuneiform Monographs* 17, Groningen, 2000.　1－扉，6－3，8－9上，9－3，9－7
Walker, A. S., ed., *Animals in Ancient Art: From the Leo Mildenberg Collection*, part. III, Mainz, 1996.　3－3左
Westenholz, J. G., ed., *Seals and Sealing in the Ancient Near East*, Jerusalem, 1995.　序－8
Wiggermann, F. A. M., "Transtigridian Snake Gods," *Sumerian Gods and Their Representations: Cuneiform Monographs* 7, Groningen, 1997.　5－10
Wiggermann, F. A. M., "Nergal. B," *RLA* 9・3 /4(1999), Berlin & New York.　5－3
C. Wilcke., "Huwawa/Humbaba," *RLA* 4 (1972–'75), Berlin & New York.　8－6
Wilson, J. V. K., *The Rebel Lands: An Investigation into the Origins of Early Mesopotamian Mythology*, London & New York, 1979.　3－10
Woolley, C. L., *Excavations at Ur: A Record of Twelve Years' Work*, London & New York, 1954(1963).　終－7
Zettler. R. L. & Horne L. eds., *Treasures from the Royal Tombs of Ur*, Philadelphia, 1998. 2－4，6－5，8－1，8－4，8－7，8－8

Alamy／PPS通信社　終－8
絵葉書　序－2，終－6
岡田明子　2－扉上，7－1，9－4，終－5
澤柳大五郎監修『ギリシアの神々』（岩波写真文庫〈復刻ワイド版〉）岩波書店，1990.　9－11
G. P. M. 著，末國章訳『羅馬とヴァチカン』Roma, 1978.　3－5
ダリィ，ステファニー「古代メソポタミアの饗宴」『古代中近東の食の歴史をめぐって』中近東文化センター，1994.　9－14
パロ，A他（青柳瑞穂，小野山節訳）『シュメール』（人類の美術）新潮社, 1965.　5－8
ビビー，J（矢島文夫他訳）『未知の古代文明ディルムン』平凡社，1975.　3－4
『古代シリア文明展』NHK，NHKプロモーション，1988.　4－3

4 - 5
Jeremias, A., *Handbuch der altorientalischen Geisteskultur*, Berlin & Leipzig, 1929. 3 - 9, 6 - 7, 9 - 15, 終 - 1
Johansen, F., *Statues of Gudea: Ancient and Modern: Mesopotamia* 6, Copenhagen, 1978. 8 - 10, 9 - 9
Keel-Leu, H. & Teissier, B., *Die vorderasiatischen Rollsiegel der Sammlungen «Bibel + Orient» der Universität Freiburg Schweiz*, Freiburg Schweiz, 2004. 3 - 1, 6 - 4
Kramer, S. N., *From the Tablets of Sumer*, Indian Hills, 1956. 2 - 3
Kramer, S. N., *The Sumerians: Their History, Culture and Character*, Chicago & London, 1963. 5 - 扉上
Labat, R., *Manuel d'Epigraphie akkadienne*, Paris, 1976[5]. 1 - 3, 3 - 3 右
Lambert, W. G., "Gilgamesh in Literature and Art: The Second and First Millenia," *Monsters and Demons in the Ancient and Medieval World: Papers Presented in Honor of Edith Porada*, Mainz on Rhine, 1987. 8 - 扉上, 8 - 2, 8 - 3, 8 - 5上・下
Lambert, W. G., "Sumerian Gods: Combining the Evidence of Texts and Art," *Sumerian Gods and Their Representations: Cuneiform Monographs* 7, Groningen, 1997. 5 - 6
Legrain, L., *Ur Excavations vol. III: Archaic Seal-Impressions*, London & Philadelphia, 1936. 序 - 扉上・下, 6 - 1, 7 - 7
Mallowan, M. E. L., *Early Mesopotamia and Iran*, London, 1965. 終 - 扉
Ministry of Information Directrate General of Antiquities, *Guide Book to the Iraq Museum*, Baghdad, 1976. 序 - 3左
Moortgat, A., *The Art of Ancient Mesopotamia: The Classical Mesopotamia*, London & New York, 1969. 序 - 9左・右, 3 - 11, 4 - 6, 7 - 10
McCown, D., Haines, R., Biggs, R., *Nippur II: The North Temple and Sounding E, OIP*, vol. XCVII, Chicago, 1978. 序 - 7
Okada, A., "Die Entstehung des frühesten Palastes bzw. der Residenz für die Sumerischen Herrscher in den archaischen Schichten in Uruk," *ORIENT* vol.30–31. 4 - 7
Postgate, J. N., *Early Mesopotamia: Society and Economy at the Dawn of History*, London & New York, 1992. 5 - 1, 8 - 9下
Pritchard, J. B., *The Ancient Near East in Pictures Relating to the Old Testaments*, Princeton, 1969[2]. 3 - 2, 4 - 9, 4 - 10, 5 - 4
Reade, J., *Mesopotamia*, London, 1991. 2 - 扉下, 2 - 7
Reade, J., "Sumerian Origins," *Sumerian Gods and Their Presentations: Cuneiform Monographs* 7, Groningen, 1997. 9 - 5

図版出典一覧

Allote de la Fuÿe, F. -M., *Documents présargoniques*, Paris, 1908–20.　8 - 11

Amiet, P., *L'Art Antique du Proche-Orient*, Paris, 1977.　3 - 扉, 4 - 1

Amiet, P., *La Glyptique mésopotamienne archaïque*, Paris, 1980.　6 - 2

Ascalone, E., *Mesopotamia*, Milano, 2005.　序 - 6, 7 - 5

Becker, A., *Uruk: Kleinfunde I: Stein (Ausgrabungen in Uruk-Warka Endberichte, Bd6)*, Mainz am Rhein, 1993.　4 - 扉下

Black, J. & Green, A., *Gods, Demons and Symbols of Ancient Mesopotamia*, London, 1992.　1 - 4, 5 - 9, 9 - 扉下, 9 - 6, 9 - 12

Boehmer, R. M., *Die Entwicklung der Glyptik während der Akkad-Zeit*, Berlin, 1965.　1 - 1, 2 - 1, 2 - 2, 5 - 5

Boese, J., *Altmesopotamische Weihplatten: Eine sumerische Denkmalsgattung des 3. Jt. v. Chr.: UAVA* 6, Berlin, 1971.　1 - 2

Caubet, A. & Poussegur, P., *The Ancient Near East*, Paris, 1997.　3 - 7

Charvat P., *Mesopotamia before History*, London & New York, 2002.　序 - 3右, 終 - 4上・下

Collon, D., *Ancient Near Eastern Art*, London, 1995.　7 - 3

Collon, D., "Moon, Boats & Battle," *Sumerian Gods and Their Representaions: Cuneiform Monogaraphs* 7, Groningen, 1997.　5 - 2

Doré, G., *London: A Pilgrimage*, London, 1872.　3 - 6

Eisenberg, J. M., *Glyptic Art of the Ancient Near East: "A Seal upon Thine Heart,"* 1998.　終 - 2

Frankfort, H., *Cylinder Seals: A Documentary Essay on the Art and Religion of the Ancient Near East*, London, 1965(1939).　3 - 8, 4 - 4, 7 - 6

Giblon, M., Hansen, D, P. & Zettler, R. L., "Nippur. B," *RLA* 9・7/8 (2001), Berlin & New York.　5 - 扉下

Green, A., "Mythologie. B. I," *RLA* 8・7/8(1997), Berlin & New York.　1 - 5, 5 - 7, 8 - 扉下, 9 - 1, 9 - 2, 9 - 13

Green, A., "Myths in Mesopotamian Art," *Sumerian Gods and Their Representations: Cuneiform Monogaraphs* 7, Groningen, 1997.　6 - 扉, 9 - 扉上

Gubel, E., "Phönizische Kunst," *RLA* 10・7/8(2005), Berlin & New York.　6 - 6

Heimpel, W., "The Gates of Eninnu," *Jouranal of Cuneiform Studies* 48/1 (1996).　9 - 10

Hunt, N. B., *Historical Atlas of Ancient Mesopotamia*, New York, 2004.

1978
ヘンダソン、K再話、レイ、J絵（百々佑利子訳）『ルガルバンダ王子の冒険――古代メソポタミアの物語』岩波書店、2007
ボテロ、J（松島英子訳）『メソポタミア――文字・理性・神々』（りぶらりあ選書）法政大学出版局、1998
ボテロ、J（松島英子訳）『最古の宗教――古代メソポタミア』（りぶらりあ選書）法政大学出版局、2001
前田徹『都市国家の誕生』（世界史リブレット）山川出版社、1996
前田徹「『ギルガメシュとアッガ』の解釈の試み」『オリエント』第43巻第1号、2000
前田徹『メソポタミアの王・神・世界観――シュメール人の王権観』山川出版社、2003
松島英子『メソポタミアの神像――偶像と神殿祭儀』（角川叢書）角川書店、2001
マッコール、H（青木薫訳）『メソポタミアの神話』（丸善ブックス）丸善、1994
松村一男『女神の神話学――処女母神の誕生』（平凡社選書）平凡社、1999
三笠宮崇仁編『古代オリエントの生活』（生活の世界歴史1）（河出文庫）河出書房新社、1991
三笠宮崇仁監修、岡田明子・小林登志子著『古代メソポタミアの神々――世界最古の「王と神の饗宴」』集英社、2000
三笠宮崇仁『文明のあけぼの――古代オリエントの世界』集英社、2002
森雅子『西王母の原像――比較神話学試論』慶應義塾大学出版会、2005
矢島文夫『メソポタミアの春――オリエント学の周辺』玉川大学出版部、1975
矢島文夫『メソポタミアの神話――神々の友情と冒険』（世界の神話1）筑摩書房、1982
矢島文夫『ミステリアスな文化史』中央公論社、1994
矢島文夫訳『ギルガメシュ叙事詩』（ちくま学芸文庫）筑摩書房、1998
吉川守他責任編集『メソポタミア・文明の誕生』（NHK大英博物館1）日本放送出版協会、1990
渡辺和子「メソポタミアの太陽神とその図像」『太陽神の研究』下（宗教史学論叢8）リトン、2003
渡辺和子「メソポタミアの異界往還者たち」『異界の交錯』上（宗教史学論叢10）リトン、2006
渡辺和子「メソポタミア神話にみる死の受容と悲嘆――エンキドゥとギルガメシュの場合」『死生学年報』第2巻、2006
渡辺和子「メソポタミアの『死者供養』」『死生学年報』第3巻、2007

守護神』として選ばれた神々の共通性に関する一試論」『古代オリエント博物館紀要』第16巻、1995
小林登志子「『グデアの碑』について2――『杖を持つ神』」『古代オリエント博物館紀要』第23巻、2003
小林登志子「『グデアの碑』について1――『椅子に座った大神』」『三笠宮殿下米寿記念論集』刀水書房、2004
小林登志子「『グデアの碑』について3――アンズー鳥の図像」『立正大学史学会創立八十周年記念宗教社会史研究』III、2005
小林登志子『シュメル―人類最古の文明』(中公新書) 中央公論新社、2005
小林登志子『五〇〇〇年前の日常――シュメル人たちの物語』(新潮選書) 新潮社、2007
コロン、D(久我行子訳)『円筒印章――古代西アジアの生活と文明』東京美術、1996
柴田大輔「古代メソポタミアにおける混成獣グループ(ティアーマトの被造物)――マルドゥク神学構築と転用のための戦略的手段」『宗教学年報』XVI、1999
杉勇他訳『古代オリエント集』(筑摩世界文学大系1) 筑摩書房、1978
月本昭男「古代メソポタミアの創成神話」『創成神話の研究』(宗教史学論叢6) リトン、1996
月本昭男訳『ギルガメシュ叙事詩』岩波書店、1996
日本オリエント学会監修『メソポタミアの世界』上・下(古代オリエント史) 日本放送協会学園、1988
日本オリエント学会編『古代オリエント事典』岩波書店、2004
ノイマン、E(福島章他訳)『グレート・マザー――無意識の女性像の現象学』ナツメ社、1982
パロ、A他(青柳瑞穂・小野山節訳)『シュメール』(人類の美術) 新潮社、1965
パロ、A他(小野山節・中山公男訳)『アッシリア』(人類の美術) 新潮社、1965
ビエンコウスキ、P他編著(池田裕・山田重郎監訳)『大英博物館版・図説古代オリエント事典』東洋書林、2004
フィネガン、J(三笠宮崇仁訳)『考古学から見た古代オリエント史』岩波書店、1983
フォーブス、R. J(平田寛他監訳)『古代の技術史』上・中・下I、朝倉書店、2003、2004、2008
フランクフォート、H他(山室静他訳)『哲学以前――古代オリエントの神話と思想』社会思想社、1971
フレイザー、J. G(吉川信訳)『初版金枝篇』上・下(ちくま学芸文庫) 筑摩書房、2003
ベアリング、A、キャシュフォード、J(森雅子訳)『図説世界女神大全I――原初の女神からギリシア神話まで』原書房、2007
ヘロドトス(松平千秋訳)『歴史』上・中・下(岩波文庫) 岩波書店、1977、

主要参考文献

（欧文文献は省略　著者名五十音順）

井本英一「異界訪問の文学２」『古代オリエント』第53号、1988
大江節子「ウル第三王朝時代の婚姻について」『ラフィダーン』第 VII 号、1986
大貫良夫他『人類の起原と古代オリエント』（世界の歴史１）中央公論社、1998
大林太良・伊藤清司・吉田敦彦・松村一男編『世界神話事典』（角川選書）角川書店、2005
岡田明子「神殿建築から見たシュメール王権の成立」『オリエント』第12巻第１－２号、1969
岡田明子「エアンナ地区の変遷について——ウルク期～ジェムデット・ナスル期を中心に」『日本オリエント学会創立二十五周年記念オリエント学論集』刀水書房、1979
岡田明子「エアンナ地区古拙 III 層について——Stampflehmgebäude を中心に」『オリエント』第25巻第１号、1982
岡田明子「ウルク・エアンナ・クルラブについて」『日本オリエント学会創立三十周年記念オリエント学論集』刀水書房、1984
岡田明子「古代メソポタミアの船——日常生活の船、『聖なる舟』、擬人化された舟」『古代オリエント博物館紀要』第23巻、2003
小野山節「Mesopotamia における帝王陵の成立」『西南アジア研究』第８号、1962
小野山節「Ur“王墓”の被葬者は王か、聖なる結婚の主演者か」『西南アジア研究』第10巻、1963
小野山節「ウル０－Ｉ王朝５代の王墓と王妃墓」『西南アジア研究』第56号、2002
クレマー、Ｎ（佐藤輝夫・植田重雄訳）『歴史はスメールに始まる』新潮社、1959
クレーマー、Ｓ．Ｎ（久我行子訳）『シュメールの世界に生きて——ある学者の自叙伝』岩波書店、1989
クレーマー、Ｓ．Ｎ（小川英雄・森雅子訳）『聖婚——古代シュメールの信仰・神話・儀礼』新地書房、1989
小林登志子「^{d}lugal-é-mùš 雑纂」『オリエント』第24巻２号、1982
小林登志子「Entemena 像への供物の意味」『オリエント』第26巻第１号、1983
小林登志子「エンエンタルジの ki-a-nag」『オリエント』第28巻第１号、1985
小林登志子「初期王朝期ラガシュ行政経済文書に見られるニンアズ神について（１）」『古代オリエント博物館紀要』第13巻、1992
小林登志子「グデアの『個人の守護神』ニンアズ——ラガシュ王碑文に見られる支配者達の守護神像の継続性について」『世界史説苑——木崎良平先生古稀記念論文集』木崎良平先生古稀記念論文集編集委員会、1994
小林登志子「『冥界の神』ニンアズ神、即ち『個人の守護神』——『個人の

【は　行】

【な　行】

【さ　行】

【た　行】

【か行】

索　引

【あ　行】

岡田明子（おかだ・あきこ）

1942年，東京都生まれ．早稲田大学文学部史学科大学院博士課程修了（論文未提出），慶應義塾大学文学部哲学科大学院修士課程修了．現在，NHK学園「古代オリエント史」講座講師．専攻・シュメル学，美術史学．

著書『古代メソポタミアの神々――世界最古の「王と神の饗宴」』（共著，集英社，2000）ほか

小林登志子（こばやし・としこ）

1949年，千葉県生まれ．中央大学文学部史学科卒業，同大学大学院修士課程修了．古代オリエント博物館非常勤研究員，立正大学文学部講師等をへて，現在，NHK学園「古代オリエント史」講座講師，中近東文化センター評議員．日本オリエント学会奨励賞受賞．専攻・シュメル学．

著書『シュメル―人類最古の文明』（中公新書，2005）
『文明の誕生』（中公新書，2015）
『五〇〇〇年前の日常――シュメル人たちの物語』（新潮選書，2007）
『古代メソポタミアの神々――世界最古の「王と神の饗宴」』（共著，集英社，2000）
ほか

シュメル神話《しんわ》の世界《せかい》
中公新書 *1977*

2008年12月20日初版
2017年9月5日5版

著者 岡田明子
　　 小林登志子
発行者 大橋善光

本文印刷 三晃印刷
カバー印刷 大熊整美堂
製本 小泉製本

発行所 中央公論新社
〒100-8152
東京都千代田区大手町 1-7-1
電話 販売 03-5299-1730
　　 編集 03-5299-1830
URL http://www.chuko.co.jp/

Published by CHUOKORON-SHINSHA, INC.
Printed in Japan ISBN978-4-12-101977-6 C1222

中公新書

世界史

e1

1353 物語 中国の歴史　寺田隆信
2392 中国の論理　岡本隆司
2303 殷―中国史最古の王朝　落合淳思
2396 周―理想化された古代王朝　佐藤信弥
2001 孟嘗君と戦国時代　宮城谷昌光
12 史記　貝塚茂樹
2099 三国志　渡邉義浩
7 宦《かん》官《がん》(改版)　三田村泰助
15 科《か》挙《きょ》　宮崎市定
1812 西《せい》太《たい》后《こう》　加藤徹
166 中国列女伝　村松暎
2030 上海　榎本泰子
1144 台湾　伊藤潔
925 物語 韓国史　金両基
1367 物語 フィリピンの歴史　鈴木静夫

1372 物語 ヴェトナムの歴史　小倉貞男
2208 物語 シンガポールの歴史　岩崎育夫
1913 物語 タイの歴史　柿崎一郎
2249 物語 ビルマの歴史　根本敬
1551 海の帝国　白石隆
1866 シーア派　桜井啓子
1858 中東イスラーム民族史　宮田律
1660 物語 イランの歴史　宮田律
2323 文明の誕生　小林登志子
1818 シュメル―人類最古の文明　小林登志子
1977 シュメル神話の世界　岡田明子・小林登志子
1594 物語 中東の歴史　牟田口義郎
1931 物語 イスラエルの歴史　高橋正男
2067 物語 エルサレムの歴史　笈川博一
2205 聖書考古学　長谷川修一